教育部人文社会科学研究项目（项目编号：21YJC860005）

中国传媒企业
多元化经营路径研究

窦瑞晴 ◎ 著

Research on
Diversified Management Paths of
Chinese Media Enterprises

中国社会科学出版社

图书在版编目（CIP）数据

中国传媒企业多元化经营路径研究/窦瑞晴著.—北京：中国社会科学出版社，2023.8
ISBN 978-7-5227-2518-5

Ⅰ.①中… Ⅱ.①窦… Ⅲ.①传播媒介—产业发展—研究—中国 Ⅳ.①G219.2

中国国家版本馆 CIP 数据核字（2023）第 165838 号

出 版 人	赵剑英	
责任编辑	任睿明	刘晓红
责任校对	周晓东	
责任印制	戴　宽	
出　　版	中国社会科学出版社	
社　　址	北京鼓楼西大街甲 158 号	
邮　　编	100720	
网　　址	http://www.csspw.cn	
发 行 部	010-84083685	
门 市 部	010-84029450	
经　　销	新华书店及其他书店	
印　　刷	北京君升印刷有限公司	
装　　订	廊坊市广阳区广增装订厂	
版　　次	2023 年 8 月第 1 版	
印　　次	2023 年 8 月第 1 次印刷	
开　　本	710×1000　1/16	
印　　张	13.75	
字　　数	220 千字	
定　　价	79.00 元	

凡购买中国社会科学出版社图书，如有质量问题请与本社营销中心联系调换
电话：010-84083683
版权所有　侵权必究

摘 要

多元化经营是企业提高内部资源使用效率，扩大规模和提高收益的重要手段。西方发达经济体中的企业在产业发展进程中会普遍采用包括相关多元化和非相关多元化在内的多元化经营战略，而当多元化发展到一定阶段会出现回归主营业务，即"归核化"的趋势。中国的传媒企业主要可以区分为传统媒体和新媒体两类，其中大多数传媒企业涉足了多元化经营领域。传统媒体由于主业发展遭遇瓶颈，受众资源被新媒体抢占，传统媒体纷纷选择了以非相关多元化为主导的发展战略，试图通过多产业经营的利润增益维持企业生存，弥补由广告和主营业务的式微所带来的财务缺口；和传统媒体不同的是，新媒体由于没有事业属性的限制，资本和技术在企业成立初期便是企业的重要内部资源，因而大多选择以核心竞争力为主的相关多元化经营作为企业的首要发展策略。

多元化与绩效关系研究长期以来一直是战略管理和产业发展理论中重要的研究内容之一，企业多元化经营的绩效状况如何则需要通过实证研究来检验。欧美国家多元化经营的理论体系是以西方发达国家的产业实践为基础的，学者基于此展开了实证研究，得到了多元化溢价、多元化折价等不同的结论，但至今仍存在争议。事实上，对于不同经济体中的企业，或同一经济体中不同行业的企业来说，多元化经营都有可能产生不同的绩效水平，因而在讨论传媒企业多元化经营时，不能盲目参照其他经济体或其他行业的既有结论。相关理论对我国传媒企业是否适用、实证结论能否直接导入我国传媒产业的多元化理论体系之中，都需要立足于我国传媒企业的多元化实践，利用合理的财务数据得到的实证结果来进一步验证，从而为传媒企业的经营决策提供理论依据。但是目前对于我国传媒企业多元化与绩效关系的实证研究极少，已有的研究虽然填补了我国多元化经营理论体系中传媒业的样本空缺，但仍存在诸多研究缺陷。

本书在对国内外多元化经营与绩效关系和传媒业多元化经营进行梳理的基础上，重点探讨了三方面的内容：①我国传媒企业的多元化经营现状如何？②传统媒体和新媒体在采取多元化战略时分别倾向于非相关多元化和相关多元化经营，传统媒体和新媒体不同的多元化类型对于企业绩效的影响，从短期和长期来看分别是什么？③传媒企业的多元化发展是否会呈现出专业化、高度多元化时的绩效低于适度多元化的情况？传统媒体和新媒体从短期和长期来看多元化到何种程度是对绩效最优的？为解决上述问题，本研究综合管理学、经济学和传播学的学科知识，以沪、深两市 2012—2019 年 77 家传媒上市公司共计 389 条非平衡面板数据为样本，使用赫芬达尔指数、熵指数等指标，综合运用描述性统计、相关分析、多元回归分析等方法做数据分析和假设检验，对中国传媒上市公司的多元化与绩效关系进行实证分析。

本书共分为七章。第一章是绪论，从研究缘起出发，明确本书的研究问题、研究框架和研究方法。第二章是相关文献梳理，对多元化经营的理论、多元化与绩效关系实证研究、传媒企业多元化与绩效研究进行回顾和梳理，为之后的实证研究提供理论和研究方法支撑。第三章是实证研究设计，对本书的研究样本、变量设计进行说明，并提出研究假设。第四章是中国传媒上市公司多元化经营现状的描述性统计分析，利用多元化哑变量、多元化业务单元数、熵指数和赫芬达尔指数四个变量来呈现传媒企业的多元化状况。第五章是中国传媒上市公司多元化类型与绩效关系实证分析，探讨了传统媒体和新媒体企业分别采用相关多元化、非相关多元化时对短期、长期绩效的影响。第六章是中国传媒上市公司多元化程度与绩效关系实证分析，验证传媒企业不同多元化程度与绩效之间的关系，并计算出传统媒体和新媒体的多元化合理边界。第七章是研究结果与讨论，归纳实证研究结论，指出研究不足和展望。

本书得到的结论主要有以下几点：①中国传媒上市公司开展多元化经营是相当普遍的，传媒类上市公司多元化程度高于中国上市公司的整体多元化程度。新媒体上市公司整体多元化程度、相关和非相关多元化程度均低于传统媒体公司。②不同传媒上市公司的不同多元化类型会对企业绩效产生不同的影响。传统媒体从事非相关多元化经营可以在短期提供资金支持，但从长期来看，在利用非相关多元化维持生存的同时，还要坚持相关多元化发展，着眼于构建完整的文化产业价值链，目标是建立跨行业的综合性文化传媒集团，以此维护传统媒体的竞争力和影响力。新媒体企业目前来看只适合从事以核心竞争力为基础的相关多元化经营，非相关多元化不能使短期和长期绩效提升。③多元化程度是有合理边界的，传媒上市公司要在合理的多元化程度内开展多元化经营。④政府对于不同的传媒上市公司要提供不同的政策支持。本书得出的实证结论有利于传媒企业选择合理的多元化路径和可操作的市场竞争策略，避免实施盲目的多元化扩张战略，为传媒业的转型升级提供决策依据，对提升传媒企业的竞争力有现实指导意义，也为政府指导传媒业经营的制度设计提供参考。

关键词： 中国传媒企业　企业类型　企业绩效　多元化类型　多元化程度

目　　录

第一章　绪论……………………………………………………… 1
 第一节　研究背景与问题的提出……………………………… 1
 第二节　研究意义……………………………………………… 5
 第三节　研究内容与研究方法………………………………… 7
 第四节　技术路线与结构安排………………………………… 8
 第五节　研究创新点…………………………………………… 10

第二章　相关文献梳理…………………………………………… 12
 第一节　企业多元化经营、绩效研究综述…………………… 12
 第二节　理论研究综述………………………………………… 26
 第三节　实证研究综述………………………………………… 37
 第四节　传媒企业多元化经营与绩效关系研究综述………… 53
 第五节　文献述评……………………………………………… 61
 第六节　本章小结……………………………………………… 66

第三章　实证研究设计…………………………………………… 67
 第一节　研究样本与收集……………………………………… 67
 第二节　变量定义和测度……………………………………… 74
 第三节　研究假设……………………………………………… 89
 第四节　实证思路、模型检验方法和工具…………………… 101
 第五节　本章小结……………………………………………… 103

第四章　中国传媒上市公司多元化经营现状的描述性统计分析 …… 104

第一节　多元化指标的整体性描述分析 …………………………… 104
第二节　不同业务单元数下绩效对比分析 ………………………… 106
第三节　是否多元化的绩效对比分析 ……………………………… 111
第四节　依据熵指数中位数分组的绩效对比分析 ………………… 115
第五节　依据 H 指数中位数分组的绩效对比分析 ………………… 124
第六节　本章小结 …………………………………………………… 127

第五章　中国传媒上市公司多元化类型与绩效关系实证分析 …… 128

第一节　实证模型设定和变量说明 ………………………………… 128
第二节　描述性统计 ………………………………………………… 130
第三节　实证模型相关检验 ………………………………………… 132
第四节　回归结果和分析 …………………………………………… 137
第五节　本章小结 …………………………………………………… 150

第六章　中国传媒上市公司多元化程度与绩效关系实证分析 …… 151

第一节　实证模型设定和变量说明 ………………………………… 151
第二节　描述性统计 ………………………………………………… 153
第三节　实证模型相关检验 ………………………………………… 154
第四节　回归结果和分析 …………………………………………… 160
第五节　最优多元化程度测算
　　　　——基于面板门槛模型 …………………………………… 164
第六节　稳健性检验 ………………………………………………… 171
第七节　本章小结 …………………………………………………… 175

第七章　研究结果与讨论 …………………………………………… 176

第一节　假设检验结果汇总 ………………………………………… 176
第二节　实证研究结果 ……………………………………………… 177
第三节　研究结果的启示 …………………………………………… 183
第四节　研究局限和展望 …………………………………………… 189

参考文献 ………………………………………………………………… 192

第一章

绪 论

本章是全书的概况介绍。首先阐述了本书的研究背景，明确本书的研究问题，然后归纳了本书的研究思路和逻辑，梳理各章节的安排和研究方法，最后提出本书的创新点。

第一节 研究背景与问题的提出

一 研究背景

（一）多元化经营是传媒业转型升级的重要路径

多元化经营是现代企业发展到一定规模之后为了获取更多收益而普遍采取的一种发展战略。多元化经营扩大了企业的经营范围，深刻改变了企业的运营和管理模式，是企业扩张过程中广泛采取的发展方式，长期以来也一直都是企业经营与管理领域的研究热点内容之一。

美国自20世纪50年代开始了多元化经营的实践，许多大公司采用兼并、重组等方式，至20世纪70年代左右，形成了跨产品、跨行业、跨地域的国际性企业。中国企业开始多元化经营战略的时间虽然滞后，但对于多元化的经营方式十分热衷，将其作为企业发展到相当规模后，继续做大做强的首选方式。

中国传媒产业的多元化实践自20世纪90年代左右开始初步涉及，并且延续至今，特别是在2012年之后达到高峰。一方面，随着制度层面多项文件的出台，媒介规制对于资本运营相对放松了管制，许多积累了原始资本的传媒企业，开始或深入了多元化扩张的进程；另一方面，随着中国传媒产业的转型升级和媒介融合的深入发展，传媒企业的业绩出现分化，为了维持盈利或扩大经营范围，传媒企业（特别是传统媒体）开始普遍地采用多元化这一发展路径。传媒产业和其他产业一样，热衷于多元化经营，这不仅是传媒产业在实践层面的现实选择，也是传媒企业寻求转型升级的重要战略。我国目前的广播电视类、新闻出版类的传统媒体和游戏动漫、互联网等新媒体都涉足了相关多元化和非相关多元化经营。

（二）传媒业的特殊性决定了传媒业的多元化经营有别于其他产业

我国的传统媒体从改革开放以来实行"事业单位，企业化管理"，兼具"事业"和"产业"的双重属性，相对于其他产业而言，传媒业的特殊性在于其既肩负着传播社会主义意识形态、引导社会舆论的作用，又要谋求自身经济的独立和发展。媒介资源的行政配置代替市场配置的方式至今也没有发生根本性的变革[①]，这种混合型体制在一定程度上束缚了传媒产业的纵深发展。

在2003年实施文化体制改革之后，传媒业又被划分为公益性文化事业和经营性文化企业两大类。但是这种"两分开"政策的落实并不彻底，报业和广播电视业以"制播分离""采编和经营两分开"等部分剥离的方式来回应文化体制改革的制度安排，这种现实路径既是对"两分开"政策的一种曲解，更是我国传媒业在转型升级和媒介融合发展进程中主要的内在冲突。

传媒产业的双重属性和"两分开"的不彻底，是传媒产业存在的特殊基因，这就决定了我国传媒产业进行产业转型和升级的路径将会同样具有特殊性，在制度安排和行业需求合谋的背景下，我国的传媒产业多元化进程必然会区别于我国其他产业的多元化路径，所以基于发达国家资本市场经验的多元化策略和理论，并不一定完全适用我国传媒产业多元化的实际情况。

我国的传媒业中还包含了新媒体企业，这些企业一般成立时间较晚，只具有产业属性，资本和技术高度密集，因此从本质上来说新媒体企业和传统媒体是有差异的。这种差异会直接导致企业采取的多元化战

---

① 胡正荣、李继海：《我国媒介规制变迁的制度困境及其意识形态根源》，《新闻大学》2005年第1期。

略的不同。目前我国对于传媒产业多元化经营的梳理和研究极其稀缺，而且我国的传媒企业多元化研究几乎都将研究主体默认地设定为传统媒体，尚未有研究将新媒体企业纳入到传媒业的多元化与绩效关系研究之中。但实际上，传统媒体和新媒体的属性差异、传统媒体和其他产业的差异，都应该是相关研究需要考虑到的内容。因此，本书试图对我国传媒业所包含的传统媒体和新媒体进行分类梳理，探讨两类企业的多元化现状、多元化经营与绩效关系等问题。

（三）传媒业多元化经营的绩效如何亟须实证层面的探讨

长期以来，多元化经营与绩效的关系研究一直都是战略管理的重点研究问题之一，但研究的结果至今尚未有定论[1]。学者根据不同的理论，如内部资本市场理论、交易成本理论、代理理论、资源基础理论、制度基础理论等，使用多种研究方法从多个角度检验多元化与企业绩效之间的关系，得出"多元化溢价""多元化折价"等存在争议的结论。

Hoskisson 等[2]提出应该根据企业采取多元化战略的出发点来阐释多元化战略和经营绩效之间的关系。Goold 和 Luchs[3]认为企业采取多元化的目的主要是为了追求协同效应，即范围经济。范围经济理论认为，企业多元化可以带来范围经济，也就是说当企业同时生产两种产品或服务时，所产生的费用低于生产每种产品的费用之和，范围经济就会发生作用。因此，范围经济是企业采取多元化战略，即"多元化溢价"的理论依据，也是研究企业生产经营范围与绩效关系的基础。

目前学界主流的研究取向认为多元化经营会损害企业的价值和收益，Stulz[4]提出美国企业多元化经营对于企业绩效的增长没有贡献的结论，另外也有诸多学者认为多元化与绩效呈负相关关系。"多元化折

---

[1] Palich, L. E., et al., "Curvilinearity in the Diversification-Performance Linkage: An Examination of over Three Decades of Research", *Strategic Management Journal*, Vol. 21, No. 2, 2000, pp. 155-174.

[2] Hoskisson, R., et al., "Construct Validity of an Objective (Entropy) Categorical Measure of Diversification Strategy", *Strategic Management Journal*, Vol. 14, No. 3, 1993, pp. 215-235.

[3] Goold, M., Luchs, K., "Why Diversify? Four Decades of Management Thinking", *Academy of Management Executive*, Vol. 7, No. 3, 1993, pp. 7-25.

[4] Stulz, R., "Managerial Discretion and Optimal Financing Policies", *Journal of Financial Economics*, Vol. 26, No. 1, 1992, pp. 3-27.

价"的理论基础之一是经典的竞争理论，竞争理论认为，企业的竞争优势来自于异质性资源，企业不应该随意涉足非相关的行业。从业界的现实情况来看，美国自20世纪70年代开始，出现了两次大规模的业务剥离、清理非核心业务的浪潮，呈现出适度多元化的"归核化"发展取向，这被认为是对六七十年代企业盲目多元化行为的一种修正[①]。

不管是学界的主流论调，还是国外企业的实际操作，企业的发展路径都主要呈现出从"专业化"到"多元化"，再到"归核化"的动态发展轨迹。但是中国的企业依旧热衷于多元化经营，这是因为处在发展中国家或转型经济体国家中的企业，有着更多的需求和理由参与多元化经营[②]。传媒企业也并没有独善其身，特别是传统媒体，纷纷涉足相关多元化和非相关多元化领域，媒介融合更是加速了多元化经营的步伐，但这并不意味着只要参与多元化经营就可以取得良好的绩效。

我国的多元化与绩效关系实证研究开始于20世纪90年代，目前依然处于起步阶段[③]。传媒业的多元化经营和绩效实证研究数量极少，研究结论有争议，也尚未真正涉及业务相关性和多元化程度的研究领域。我国的传媒企业概括地说可以区分为传统媒体和新媒体两大类，传统媒体和新媒体在采取多元化战略时是否有差异？传统媒体和新媒体多元化类型与绩效影响是否相同？传统媒体和新媒体多元化到何种程度是最优的？无论理论层面的视角差异，还有实证检验层面的结论差异，都需要我们从传媒企业的多元化状况和业绩水平出发，提供现实层面的实证样本，来回应传媒企业多元化经营的合理发展路径问题，探讨多元化战略与绩效之间的具体关联，为传媒企业的战略管理实践提供借鉴。

二 问题的提出

有关传媒产业多元化与绩效关系的验证，传播学界的学者都较少涉及，但是从一般产业层面或其他具体产业角度来阐释多元化与绩效关系

---

① 李雪峰：《多元化经营与公司绩效关系研究》，博士学位论文，华中科技大学，2011年。
② Li, M., et al., "Diversification and Economic Performance: An Empircal Assessment of Chinese Firms", *Asia Pacific Journal of Management*, Vol. 20, No. 2, 2003, pp. 243–265.
③ 姚俊等：《我国上市公司多元化与经济绩效关系的实证分析》，《管理世界》2004年第11期。

的研究，是学者较早涉及并且长期关注的问题之一。由于产业对象不同和产业环境差异，不同行业多元化和绩效关系的实证结果不尽相同，现代的企业制度能否导入到传媒企业之中需要探讨，再加上传媒企业从企业性质角度来说可以区分为传统媒体和新媒体，二者属性的差异会造成战略决策的不同。

本书从传媒产业的角度出发，以传媒上市公司的面板数据为样本来源，将传统媒体和新媒体的多元化进行区分，探讨传媒业应该继续实施多元化战略，还是在多元化盛行的环境里保持有所为有所不为的克制。利用实证分析的方法主要回答以下三个问题：

（1）我国传媒企业多元化经营的现状如何？是否多元化、多元化业务数等因素对于绩效有何影响？

（2）传统媒体和新媒体在采取多元化战略时分别倾向于非相关多元化和相关多元化经营，传统媒体和新媒体不同的多元化类型对于企业绩效的影响，从短期和长期来看分别是什么？

（3）我国传媒企业是否会和其他产业一样，多元化发展呈现出专业化、高度多元化时的绩效低于适度多元化（呈现倒"U"型曲线关系）的情况？传统媒体和新媒体从短期和长期来看多元化到何种程度对绩效是最优的？

第二节　研究意义

一　理论意义

本书可以充实和完善中国传媒企业多元化经营的实证检验。传媒业多元化经营问题的研究，尤其是传媒企业多元化与绩效关系的研究都处于初级阶段，大多是基于理论或者个案的研究，实证研究成果非常少，而且研究结论仍有争议。新时期传媒企业多元化经营较之前有本质差异，现代企业制度如何合理导入传媒企业，产业多元化经营和企业绩效的具体关联如何等问题，都需要使用传媒企业的财务数据重新度量。本研究以传媒企业多元化经营现状为起点，利用实证研究分析了传统媒体和新媒体采取不同类型多元化对于绩效的短期和长期影响，以及多元化程度与绩效之间的关系，深入探讨了传媒上市公司多元化经营和绩效之间的内在联系和作用机理,从而弥补中国传媒企业多元化经营研究经验探讨多、实证研究少且研究结论不统一的问题。

本书可以补充中国企业多元化经营行业层面的实证样本,丰富多元化相关理论体系。我国的企业战略研究基本是从西方企业战略管理理论中引进、发展起来的,而我国的企业战略研究在寻求理论突破的时候,首先要回归到本土的战略实践样本中来,将理论嵌入具象的情景之中,才能更好地指导我国企业的管理实践。西方发达经济体中一般用资源基础理论、内部资本市场等理论来阐释企业的多元化决策,在这种理论的指导下,欧美国家的企业经历了由专业化经营到多元化经营,再到"归核化"经营的转变,企业的内部资源也逐渐回归到核心业务中来。但是中国的企业依然热衷于高度的多元化经营,传媒企业也不例外,甚至有着更高程度的多元化水平,而且传媒企业更多地受到特定的制度的影响,因而还要参照制度基础理论的范式。本书建构的理论基础中,将传统媒体和新媒体受到的正式的规则和非正式的约束纳入其中,和范围经济、内部资本市场、交易成本等理论一起阐释传统媒体和新媒体的多元化战略。本书的研究能够对国内多元化实证分析做行业层面的补充,检验多元化经营绩效理论对我国企业的适用性,丰富和完善多元化相关理论成果。

二 实践意义

我国大部分传媒企业都存在多元化经营的特点,从研究样本的结果来看,完全专业化的传媒企业数量不多,多元化经营已成为国内传媒企业扩张的现实选择。传媒产业的特殊性决定了传媒业的多元化经营区别于其他产业的多元化路径,因此研究中国传媒产业多元化经营和绩效关系具有深刻的现实意义。

本书立足于中国传媒企业所处的经营环境,结合经济学、管理学和传播学的学科知识,以我国传媒上市公司为样本,对中国传媒产业多元化经营与绩效的关系展开实证研究,在此基础上探讨传媒企业多元化的特征和规律,使传媒企业客观的认识多元化经营对企业绩效的影响,有利于传媒企业选择合理的多元化路径和可操作的市场竞争策略,避免实施盲目的多元化扩张战略。并且厘清媒介融合背景下中国传媒产业多元化经营背后的发展逻辑,为传媒业的转型升级提供决策依据,对提升传媒企业的竞争力有现实指导意义，也为政府指导传媒业经营的制度设计提供参考。

第三节　研究内容与研究方法

一　研究内容

本书的研究内容从多元化与绩效关系的文献理论梳理出发，确定研究框架和研究假设，接着围绕传统媒体和新媒体的多元化类型和多元化程度与绩效之间的关系展开研究。具体包括三个方面的内容：①传媒企业多元化现状的描述性分析，主要包括多元化经营和专业化经营、业务单元数、熵指数和赫芬达尔指数测量的多元化与绩效之间的关系；②传统媒体和新媒体的相关多元化经营和非相关多元化经营与企业短期、长期绩效的具体关联；③传统媒体和新媒体多元化程度与绩效之间的关系，以及最优多元化程度的界定。本研究利用中国传媒上市公司的非平衡面板数据，对提出的研究假设和研究模型进行合理和规范的实证分析，并在实证分析的基础上，归纳出结论和发展建议。

二　研究方法

本书针对研究问题，采用定性研究与定量研究、规范研究与实证研究相结合的方法，主要使用到的研究方法如下。

（一）文献研究法

文献研究是本书的理论和实证的基础。本书在对相关性高的研究文献进行搜集后，对研究过程中涉及的企业多元化经营、绩效、多元化与绩效关系等内容进行文献梳理，厘清相关概念，对相关内容做了梳理和评述；结合传媒企业的相关实证研究内容，选择研究切入点；根据理论基础推演研究假设和实证结论分析；并通过研究国内外多元化与绩效关系所使用的变量指标和实证工具，设计本书的实证内容。

（二）数理统计法

本书选取沪、深两市的传媒上市公司2012—2019年的非平衡面板数据为样本，采用基于产业分类码的连续测量方法（赫芬达尔指数法、熵指数法等）和多元化哑变量、业务单元数四个指标，使用Stata 13.0等软件，建立动态面板系统GMM两步法模型，运用描述性统计、相关分析、多元回归分析等方法，对中国传媒上市公司的财务指标进行实证分析，从量化分析的角度阐释中国传媒上市公司多元化经营与绩效的相关性。

第四节　技术路线与结构安排

一　技术路线

本书的技术路线如图 1-1 所示。

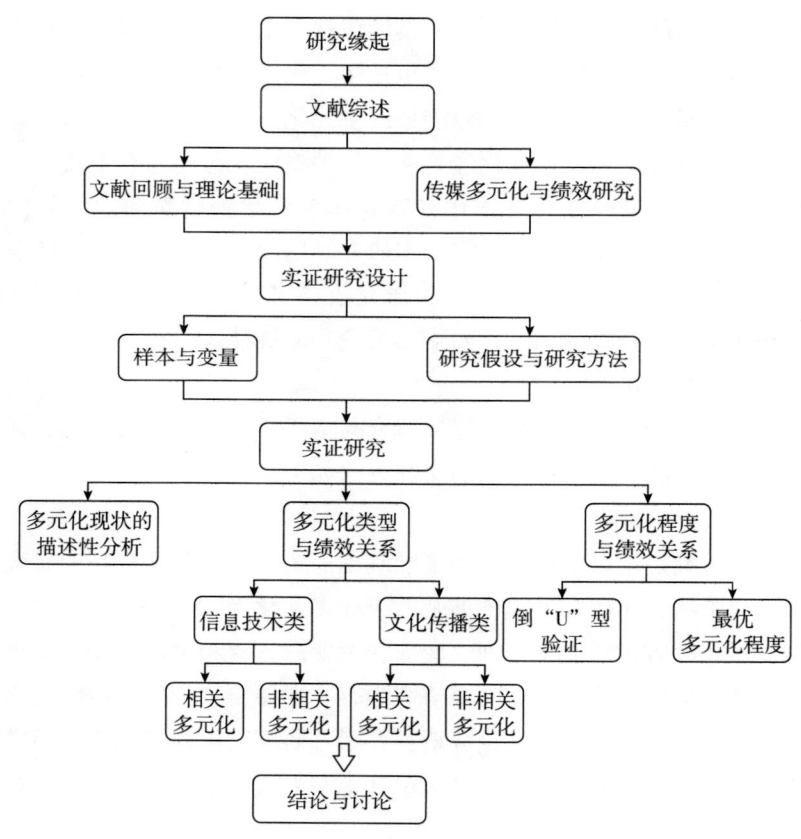

图 1-1　研究技术路线

二　结构安排

本书按照"提出问题—文献理论梳理—提出假设—验证假设—提

出建议"的逻辑顺序展开研究。本书一共分为七章，具体的结构安排如下：

第一章是绪论。论述研究缘起，提出研究的主要问题，概况本研究的研究内容、研究意义和研究方法，最后介绍本书的研究技术路线和结构安排。

第二章是相关文献梳理。首先概括企业多元化经营与绩效的内涵和测量指标，接着回顾了多元化经营的相关理论文献，然后梳理了多元化经营与企业绩效关系的研究综述，以及传媒企业多元化与绩效关系的研究综述。本章是本书的文献理论基础，为接下来的实证研究假设、模型建立和结论阐释提供学术支撑。

第三章是实证研究设计。阐释研究样本和数据收集的依据，确定实证研究的多元化、绩效和控制变量的内涵和测度，接着在理论和文献分析的基础上提出5组共计12个研究假设，并介绍实证研究的思路、模型检验方法和实证工具。

第四章是中国传媒上市公司多元化经营现状的描述性统计分析。选取我国77家传媒上市公司2012—2019年的非平衡面板数据为样本来源，对我国传媒上市公司多元化经营的现状从五个方面进行对比描述性分析，一是多元化指标的整体性描述，二是不同业务单元数下绩效对比分析，三是多元化哑变量的绩效对比分析，四是依据熵指数中位数分组的绩效对比分析，五是依据赫芬达尔指数中位数分组的绩效对比分析。初步的、直观地描述我国传媒上市公司的多元化现状。

第五章是中国传媒上市公司多元化类型与绩效关系实证分析。首先对实证模型和变量进行解释说明，然后对传媒上市公司的多元化类型与绩效关系进行描述性统计，接着对传统媒体和新媒体的多元化类型与短期绩效、长期绩效进行回归分析，并按照规范的实证分析对实证模型进行了相关检验，对回归分析的结果做了稳健性检验，验证前四组的研究假设内容。

第六章是中国传媒上市公司多元化程度与绩效关系实证分析。首先对实证模型和变量进行设定，然后对我国传媒上市公司的多元化程度与绩效进行描述性统计，接着对实证模型进行回归分析，并进行了相关检验，利用面板门槛模型计算出了传统媒体和新媒体的最优多元化程度，并提供了相关的稳健性检验。

第七章是研究结果与讨论。首先对本书的假设检验结果做了汇总，接着梳理了传媒上市公司多元化现状、多元化类型、多元化程度与绩效关系的研究结论，得出五点实践管理启示，总结本书存在的研究局限，提出未来的研究展望。

第五节 研究创新点

相对于既有文献，本书的创新点主要体现在以下三个方面：

创新点一：考察了新媒体企业多元化与绩效之间的关系。我国的传媒企业按照企业属性和业务分类可以区分为传统媒体和新媒体两类，传统媒体主要包含的是广播电视和新闻出版类企业，新媒体主要包含的是影视传媒、互联网和游戏动漫类企业。传统媒体的转型升级受到学者的长期关注，从文献梳理中可以看出，学者在探讨"传媒"时，往往设定的研究主体是"传统媒体"，而没有将同归属于传媒业的新媒体纳入研究范畴，现有的传媒企业多元化与绩效关系探讨收集的样本也没有涉及新媒体企业。考察传统媒体在媒介融合背景下的市场竞争策略、转型路径等问题显然具有其重要的现实意义，但不能忽略新媒体在文化体制改革、构建完整文化产业体系中的重要作用，这种主体内涵的混淆也不利于把握传统媒体和新媒体差异性的发展策略。

本书创新性地将新媒体纳入研究主体，在选取的研究样本中有27家新媒体企业（划分为"信息技术类"企业），具体探讨了新媒体的整体多元化、相关多元化、非相关多元化与企业绩效的关系，新媒体企业多元化程度与绩效关系等内容，并将新媒体和传统媒体企业的多元化和绩效进行对比分析，在此基础上得到适合传统媒体和新媒体各自的多元化战略决策。

创新点二：拓宽了传媒企业多元化类型和绩效衡量的研究范围，对传媒企业多元化类型研究进行了深入。已有的传媒企业多元化与绩效关系研究所选用的多元化变量和绩效变量都较为单一，这会直接导致研究结论的偏差。本书的多元化指标包含了赫芬达尔指数、熵指数、多元化哑变量和业务单元数四个指标，还将绩效指标创新性地区分为短期指标和长期指标。短期指标考察的是传媒企业在采取多元化、相关和非相关多元化战略在短期内对于绩效的影响。选取总资产收益率、净资产收益率、每股营业利润等七个反映传媒上市公司收益能力的短期绩效指标，利用因子分析法，计算得到这七个指标的权重并进行赋值，最终得出一个衡量上市公司绩效的综合短期指标。长期指标用总资产增长率来体现，考察了传媒企业多元化经营的长期发展趋势和成长能力。

传媒企业多元化类型得到的研究结论也具有突破性，传统媒体在短期可采取非相关多元化战略，而在长期则需要兼顾相关多元化和非相关多元化战略来提升企业的绩效水平，而新媒体企业则不同，从短期和长期来看都适合专注于以核心竞争力为主导的相关多元化经营。对多元化绩效指标进行长短期的区分可以克服以往研究中绩效指标衡量维度单一的局限，为传媒企业多元化战略在绩效表现方面的差异提供更加全面的解释依据。

创新点三：系统论证了传媒企业多元化程度与绩效之间的关系，发现了传媒企业多元化程度的合理边界，这是以往研究没有涉及的内容。企业多元化经营按照研究维度可以划分为多元化类型和多元化程度，本书除了考察传媒企业多元化类型对于绩效的影响之外，还重点考察了传媒企业多元化程度对于绩效的影响。研究发现传统媒体总体多元化与短期和长期绩效存在倒"U"形曲线关系，新媒体总体多元化与短期和长期绩效则不存在倒"U"形曲线关系。另外，本书还使用了研究变量之间非线性关系更为有效的面板门槛模型，并通过面板门槛模型估计得到由正向影响转变为负向影响的多元化程度"拐点"或门槛值，即能够促进企业绩效提升的最优多元化程度。

传媒企业多元化程度与绩效关系的研究，是目前传媒企业多元化研究领域较少涉及的内容，而最优多元化程度的求解则是既有研究中从未有过的内容。本书突破了现有传媒企业多元化研究仅从传统媒体出发，考察业务多元化类型的研究维度的局限性，从动态和静态的视角阐释中国传媒企业多元化经营的作用机理，从而为中国传媒企业的多元化经营提供有实践操作性的借鉴，以及全面和准确的应用性参考。

第二章

相关文献梳理

本章是研究的文献理论梳理,为后续的研究工作提供理论依据和研究方法的基础。本章首先对多元化经营、企业绩效研究的概念进行界定,并对多元化与绩效的测量指标做了回顾;其次,对多元化经营的理论进行整理,为研究假设的提出和研究结论的阐释提供理论依据;再次,对多元化经营与绩效关系的相关研究,以及传媒企业多元化与绩效关系的相关研究进行梳理;最后,对文献理论进行简单评述,总结既有研究的贡献和不足,寻找研究的切入点。

第一节 企业多元化经营、绩效研究综述

一 多元化经营研究综述

(一)企业多元化经营的内涵

企业多元化(Diversification)又被称为"企业多角化"。在20世纪40年代引起了管理学界、经济学界的广泛关注[1]。Rumelt[2]指出在多元化经营与管理研究方面,尽管获得了丰富的研究成果,但是目前仍然没有一个被普遍接受的多元化定义与标准的研究方法。Ramanujam 和

---

[1] 潘瑞娇:《多元化理论与中国上市公司多元化经营影响因素研究》,博士学位论文,复旦大学,2005年。

[2] Rumelt, R. R., *Strategy, Structure, Economic Performance*, Boston, Harvard University Press, 1974.

Varadarajan[①]在总结前人研究的基础上指出，多元化是企业通过内部业务的发展或兼并收购等行为进入新的活动区域，并且使企业的管理结构和管理过程发生变化的状态和过程。这个解释说明，多元化兼具企业经营多种业务的静止状态和进入新业务领域的动态过程。多元化的定义随着企业多元化的行为不断发展也不断被注入新的内涵，学界至今对于多元化经营的定义依然没有统一的定论，学者们从不同的视角阐释了多元化经营的内涵。

多元化经营的定义主要可以分为两大类，第一类认为多元化是企业进入新行业的一种动态过程。Ansoff[②]通过对美国1909—1948年100家企业的观察和总结，最早提出了多元化经营的概念，他认为企业通过在既有市场内的增长、开拓新的市场、研发新产品和多元化战略来实现企业的发展，多元化是企业发展到一定阶段，为了获得持续发展和更多利润而采用的一种经营策略。在随后很多年的企业经营管理研究中大多都延续并拓展了这种阐释。Penrose[③]认为企业多元化是企业基本保留原有产品线的基础上，扩张产品生产线的过程，多元化主要指的是企业所产出的产品种类的扩大、企业参与领域的增多和纵向一体化的发展。Gort[④]认为企业多元化经营是企业经营不同产品和服务不同属性市场数量的增加，异质性意味着企业生产的两种产品交叉需求弹性较低，短期内生产两种产品的要素资源也难以互相转移，强调不同产品进入不同市场的行为才能算是多元化经营。Chandler[⑤]认为企业多元化指的是企业最终生产的产品线的增加，这种拓展将会使企业的组织管理能力面临挑战，多元化会使得企业的组织结构从"U"形转变为"M"形结构，并且指出对组织结构调整是企业多元化成功的关键。

---

① Ramanujam, V., P. Varadarajan., "Research on Corporate Diversification: A Synthesis", *Strategic Management Journal*, Vol. 10, No. 6, 1989, pp. 523–551.

② Ansoff, "Strategies for Diversification", *Havard Business Review*, Vol. 9, No. 10, 1957, pp. 113–124.

③ Penrose, E. T., *The Growth of the Firm*, New York and Oxford, New York: USA, 1959.

④ Gort, M., *Diversification and Integration in American Industry*, Princeton, N. J.: Princeton University Press, 1962, p. 128.

⑤ Chandler, A. D., *Strategy and Structure: Chapters in the History of the American Industrial Enterprise*, Cambridge, MA: MIT Press, 1962.

第二类认为多元化是企业同时经营多种业务的一种静止状态。Berry[1]认为多元化是企业在经营过程中涵盖不同的产业的状态，将多元化划分为同心、垂直、水平和混合这四种类型，多元化主要通过兼并、收购、重组等方式。Pitts和Hopkins[2]用"业务"一词来代替"行业"，并且指出多元化战略是企业同时经营多种业务时在技术上或者在市场上具有相关性，或不具有相关性的情况。尹义省[3]认为多元化是指企业经营的产品或服务涵盖一个以上的行业。毛蕴诗[4]则认为多元化经营是企业的产品或服务涉及两个或两个以上产业的经营形式。

结合上述经典的多元化概念阐释，本研究将企业多元化的概念概括为以下两点：①本书认为，对多元化概念的理解要结合动态和静态两方面的阐释，多元化既是企业进入新行业的动态过程，也是企业经营多种业务的静态行为。②企业的多元化经营是现代企业组织为了扩大经营范围，获取规模经济和范围经济，在发展到一定规模和程度之后普遍采取的发展策略。多元化是企业经营活动中外向扩张的一种异质性增加的经营战略，所以本书将"企业多元化经营""企业多元化战略"等专业术语等同于一个概念，不做严格的区分。本研究对于传媒企业多元化的界定将在第三章中具体说明。

（二）多元化经营的研究维度

根据不同的研究视角和研究目的，衍生出了不同的多元化经营维度的研究。早期学者将多元化的研究维度局限于业务多元化，将多元化经营按照业务单元进行划分，如Pitts和Hopkins[5]把多元化企业定义为在两个或两个以上的业务单元从事经营活动的企业。虽然按照业务单元划分出来的"产品""行业"多元化在本质上都是企业的产品或服务跨业

---

[1] Berry, C., "Corporate Diversification and Market Structure", *Bell Journal of Economics and Management Science*, No. 5, 1974, pp. 196-204.

[2] Pitts, R. A., D. H. Hopkins, "Firm Diversity: Conceptu Alization and Measurement", *Academy of Management Review*, Vol. 7, No. 4, 1982, pp. 620-629.

[3] 尹义省：《适度多角化——企业成长与业务重组》，生活·读书·新知三联书店1999年版。

[4] 毛蕴诗：《多元化经营三维模型及多元化经营的几个命题》，《中山大学学报》（社会科学版）2004年第6期。

[5] Pitts, R. A., D. H. Hopkins, "Firm Diversity: Conceptu Alization and Measurement", *Academy of Management Review*, Vol. 7, No. 4, 1982, pp. 620-629.

务领域的经营，但是在既有的研究中，很难将企业的"产品多元化""行业多元化""产业多元化"等概念完全区分开来，往往是被交替或重叠的使用，所以还需要考虑更为合理的业务多元化研究维度。

随着研究的深入，有学者将多元化经营区分为业务多元化和地域多元化（或市场多元化），其中地域多元化包括国内地域多元化和跨国地域多元化两种形式。如Cassano[1]按照产品多元化和市场多元化这两个维度研究了美国企业的多元化经营状况。Hoskisson等[2]的研究中认为，多元化要包含地域多元化这一维度，甚至认为地域多元化比产品多元化对绩效能产生更大的影响。毛蕴诗[3]对多元化维度进行了较为全面的概括，构建了多元化经营更加立体和全面的三维度模型，多元化经营的维度应该涉及业务、空间（地域）和职能的多元化，业务多元化指的是企业从事的相关多元化、非相关多元化的程度，空间多元化是企业经营地域的多元化程度，职能多元化是企业涉及的制造、物流、服务等业务活动，并以此建立了多元化经营的三维模型加以讨论。

中国传媒产业具有特殊的行业属性，其发展和扩张路径并不能完全参照其他行业。目前已上市的广电、出版类传媒企业，大多脱胎于各省份的广电、出版类传媒集团，经营范围没有明显的跨地域特征。因此，若要研究我国传媒上市公司的多元化经营状况，就要重点考察其业务多元化这一维度。业务多元化研究最常关注的是多元化程度和多元化类型两个维度。

1. 多元化程度

多元化程度考察的是企业将多元化进行到什么程度对绩效的影响是最优的，这是产业经济学和财务管理学领域重点考察的内容之一，而且已有多种指标来测量企业多元化的程度。

---

[1] Cassano, J., "The Link between Corporate Strategy, Organization, and Performance Chap. 7", in Babian, H. and H. Glass eds., *Handbook of Business Strategy*, 1987.

[2] Hoskisson, R. E., et al., "Corporate Divestiture Intensity in Restructuring Firms: Effects of Governance, Strategy, and Performance", *Academy of Management Journal*, 1994, pp. 1207 – 1251.

[3] 毛蕴诗：《多元化经营三维模型及多元化经营的几个命题》，《中山大学学报》（社会科学版）2004年第6期。

Gort[①]以标准产业编码（Standard Industrial Classification，SIC）中的四位数行业标准为参考，采用非连续性的指标（包括经营项目计数和多元化哑变量等），用定量的方式考察企业是否多元化和多元化的程度，这是对多元化程度进行实证研究的一项重要突破。使用基于行业代码的经营项目计数、多元化哑变量等非连续性指标来度量多元化程度，虽然简单易行，但是受主观影响较大，而且不能反映企业在每种业务之中的相对重要性。

在之后的研究中，有学者使用连续性的多元化指标来测量多元化程度。Berry[②]使用赫芬达尔指数（Herfindahl）来衡量企业的多元化程度，该指数能够在 SIC 分类的条件下，体现出企业在每种业务之中的相对重要性，但不能反映每种业务的相关程度。熵指数（Entropy）在一定程度上修正了赫芬达尔指数的不足，可以反映多元化的异质性和业务间的相关性。Caves 等[③]设计了同心指数（Concentric Index），可以用于更加细致的多元化程度测量。

2. 多元化类型

多元化类型考察的是企业采用什么类型的多元化对绩效影响最优，也是战略管理研究涉及的内容。多元化类型的研究，以 Wrigley[④]、Rumelt[⑤]、Ansoff[⑥]的分类为代表。

Wrigley 是最早对多元化战略进行分类的学者，他在 1970 年对 500 家企业做了实证研究，使用关联比率（RR）和专业化比率（SR）把企业多元化分为四种类型：①当企业的专业化比率大于等于 95% 时，说

---

① Gort, M., *Diversification and Integration in American Industry*, Princeton, N. J.: Princeton University Press, 1962, p. 128.
② Berry, C. H., "Corporate Growth and Diversification", *Journal of Law and Economics*, Vol. 14, 1971, pp. 371-383.
③ Caves, R. E., et al., *Competition in the Open Economy: A Model Applied to Canada*, Cambridge, MA: Cambridge University Press, 1980.
④ Wrigley, L. W., *Divisidnal Autonomy and Diversification*, Cambridge: Harvard Business School, 1970.
⑤ Rumelt, R. R., *Strategy, Structure, Economic Performance*, Boston, Harvard University Press, 1974.
⑥ Ansoff, H. I., "Managing Strategic Surprise by Response to Weak Signals", *California Management Eeview*, Vol. 18, No. 2, 1975, pp. 21-33.

明企业主要通过扩大原有产品的规模来实现企业的发展，属于单一产品型；②当企业的专业化比率在70%—95%时，企业仍然专注于从事主导产业，实行小规模的多元化，属于主导产品型；③当企业的专业化比率小于70%，且关联比率大于70%时，说明企业从事的新的产业活动和原先的产业有关，属于相关产品型；④当企业的专业化比率小于70%，且关联比率也小于70%时，说明企业从事的新的产业活动和原先的产业关联不大，属于不相关产品型。Wrigley分析了美国500家企业在1967年的多元化状况，发现从事相关产品型多元化的企业占据60%，从事不相关产品型多元化的企业占据20%，从事主导产品型多元化的企业占据14%，只有6%的企业从事的是单一产品型。

Rumelt[1]在Wrigley[2]多元化类型研究的基础上，将企业业务相关性等因素考虑进去，增加了垂直一体化比率和核心比率等指标，将企业的多元化类型划分为九类：单一业务型多元化、垂直主导型多元化、关联主导业务型多元化、约束主导型多元化、不相关主导型多元化、关联相关型多元化、约束相关型多元化、被动非相关型多元化和混合联合型多元化。

Ansoff[3]最早提出了多元化战略，他认为企业应该按照一定的顺序开展多元化经营：要先在现有市场上获取更多的市场份额，然后以现有产品为基础拓展新的市场，或在现有市场上开发出新的产品，最后才是在新的市场上开发出新的产品，即多元化战略。他还将企业的多元化类型分成四类，包括水平多元化、垂直一体化、同心圆多元化和混合型多元化，其中同心圆多元化又可以细分为三类：销售相关型、技术相关型、销售和技术相关型。

以上三种多元化战略分类对于企业实际操作来说稍显复杂，在随后的研究中，学者们主要根据连续性的多元化指标将企业的多元化类型区分为相关多元化和非相关多元化这两种。

---

[1] Rumelt, R. R., *Strategy, Structure, Economic Performance*, Boston, Harvard University Press, 1974.

[2] Wrigley, L. W., *Divisidnal Autonomy and Diversification*, Cambridge: Harvard Business School, 1970.

[3] Ansoff, H. I., "Managing Strategic Surprise by Response to Weak Signals", *California Management Eeview*, Vol. 18, No. 2, 1975, pp. 21–33.

（三）多元化的测量指标

在对企业多元化程度和多元化类型进行度量的时候，需要确定合适的多元化测量指标，经过国内外众多学者对多元化测度的发展，目前已有多种多元化测量指标，主要的度量方法如下：

1. 多元化哑变量（Dum）

多元化哑变量在统计时，假设企业在 i 年的主营业务收入所包含的行业数 N＝1，则 D 值为 0，说明企业实行的是专业化经营；实施多元化经营的企业 D 值赋值为 1。这种测量方法方便易操作，可以用来区分专业化企业和多元化企业，但是这种区分只是浅层次的，还不能够体现企业的多元化程度，还需要结合其他的多元化测量指标来描述企业的多元化状况。

2. 经营项目计数法

经营项目计数法是以企业分布的行业数量来测量企业的多元化程度。Ansoff[①] 使用企业生产的产品个数来衡量企业多元化的程度。Gort[②] 以 SIC 编码来测量企业的多元化程度[③]，采用经营项目计数法来衡量企业的多元化程度，其结果和多元化程度正相关，使用 SIC 编码可以稳健地反映企业多元化的程度，而且便于重复性的操作，但是缺点是不能体现出企业所经营业务占各自行业的比重。

3. 赫芬达尔指数（Herfindahl Index）

赫芬达尔指数最开始用来计算产业的集中程度，由 Berry[④] 引入多元化程度的测量之中，计算公式为：

$$HDI_1 = \sum_{i=1}^{n} p_i^2$$

其中，n 表示企业在 SIC 编码中的行业数目，p_i 表示企业属于某 2

---

① Ansoff, "Strategies for Diversification", *Havard Business Review*, Vol. 9, No. 10, 1957, pp. 113-124.

② Gort, M., *Diversification and Integration in American Industry*, Princeton, N. J.: Princeton University Press, 1962, p. 128.

③ SIC 编码是由美国国家统计局（National Bureau of Census）根据企业的产业类别所编制的行业分类标准代码，由 4 位编码组成，其中前两位代码表示一个行业部门或一个行业大类，后两位代码表示具体的产品门类。

④ Berry, C. H., "Corporate Growth and Diversification", *Journal of Law and Economics*, Vol. 14, 1971, pp. 371-383.

码、3 码或 4 码中各业务单元的销售份额或资产份额占企业的总销售额或总资产的比重。该指标可以反映企业所经营的行业数目及各行业在企业经营中所占的比重，但是该指数与企业的多元化程度成反比，因此在实际操作中经常会使用修正后的赫芬达尔指数。

Gollop 和 Monahan[①] 对赫芬达尔指做了修正，提出了广义的赫芬达尔指数（GH）。计算公式为：

$$GH = \frac{1}{2}\left[\left(1 - \frac{1}{n}\right) + \sum_t \left(\frac{1}{n^2} - S_t^2\right) + \sum_t \sum_{t \neq k} S_t S_k \sigma_{tk}\right]$$

其中，$\sigma_{ik} = \left(\sum_j \frac{w_{kj} - w_{ij}}{2}\right)^{\frac{1}{2}}$（$0 \leq \sigma_{ik} \leq 1$），$W_{kj}$ 表示生产第 k 种产品时第 j 种投入品的成本占全部成本的比重，W_{ij} 表示生产第 i 种产品时第 j 种投入品的成本占全部成本的比重，S_i 和 S_j 表示 2 码、3 码或 4 码中产品的销售额或资产额占企业的总销售额或总资产的比重。修正后的赫芬达尔指数与企业的多元化程度成正比，能够同时测量企业和行业的多元化情况，不过赫芬达尔指数对企业多元化的数据精准度要求较高。

4. 熵指数（Entropy Index）

赫芬达尔指数可以体现企业多元化的程度，而不能体现企业的业务单元之间的相关程度，有学者建议采用熵指数法来测量企业的多元化程度[②]，熵指数还可以分解成相关多元化和非相关多元化两部分，计算公式为：

$$DT_{i,t} = \sum_{i=1}^{n} P_{i,t} \ln\left(\frac{1}{P_{i,t}}\right)$$

$$DU_{j,t} = \sum_{j=1}^{m} P_{j,t} \ln\left(\frac{1}{P_{j,t}}\right)$$

$$DT_{i,t} = DU_{j,t} + DR_{j,t}$$

其中，DT 为总体多元化程度，DU 为非相关多元化程度，DR 为相关多元化程度；$P_{i,t}$ 表示企业在 i 行业里面第 t 年中的销售额占总销售

---

① Gollop, F. M., Monahan, J. L., "A Generalized Index of Diversification: Trends in U. S. Manufacturing", *Review of Economics and Statistic*, Vol. 73, 1991, pp. 318-330.

② Jacquemin, A., Berry, C., "Entropy Measure of Diversification and Corporate Growth", *Journal of Industrial Economics*, Vol. 27, 1979, pp. 359-369.

额的比重；n 是企业 4 码的业务指标；$P_{j,t}$ 表示企业在 j 行业里面第 t 年中的销售额占总销售额的比重；m 表示企业 2 码的业务指标。相关多元化和非相关多元化的加和为总体多元化。熵指数在一定程度上修正了赫芬达尔指数的不足，可以反映企业多元化和行业间的相关性，也可以重复操作。

5. 同心指数法（Concentric Index）

该指标主要用来考察企业中各业务单元经营范围的分布情况，由 Caves 等[1]提出，计算公式为：

$$CONDI = \sum_{i=1}^{n} p_i \sum_{k \neq i} p_i d_{ij}$$

其中，p_i 和 p_j 表示 i 和 j 的 4 码行业的业务在企业中所占的销售份额，d_{ij} 的值根据 i 和 j 处于同在一个 3 码行业、同在一个 2 码行业和不同的 2 码行业，分别赋值为 0、1 和 2（或 2、1 和 0），该指标可以计算出企业的中心化程度。有学者将其简化为[2]：

$$CONDI = \sum_{i=1}^{n} p_i d_{ij}$$

其中，d_{ij} 表示业务 i 和主营业务 j 之间的距离，赋值方法和上式一样。同心指数法考虑到了企业在不同行业间的行业布局及其交互关系。

6. 多样性方法（Diversity）

Lamont 和 Polk[3] 使用多样性的指标来描述企业的多元化程度，计算公式为：

$$\zeta_{PK1} = \sqrt{\sum_{j=1}^{n} \left(w_j I_{\text{lnd},j} - \frac{1}{n} \sum_{i=1}^{n} w_i I_{\text{lnd},i} \right)^2 / n - 1}$$

$$\sigma_{PK2} = \sqrt{\frac{n}{n-1} \sum_{j=1}^{n} W_j \left(I_{\text{lnd},j} - \sum_{i=1}^{n} W_i I_{\text{lnd},i} \right)^2}$$

这两个公式分别用来计算资产加权行业投资的标准差和行业投资的

---

[1] Caves, R. E., et al., *Competition in the Open Economy: A Model Applied to Canada*, Cambridge, MA: Cambridge University Press, 1980.

[2] Chartterjee, S., "Excess Resources and Mode of Entry: Theory and Evidence", *Academy of Management Journal*, Vol. 33, 1990, pp. 780–800.

[3] Lamont, O. A., Polk, C., "Financial Constraints and Stock Returns", *The Review of Financial Studies*, Vol. 14, No. 2, 2002, pp. 529–554.

加权标准差。其中，I_{Ind} 表示 2 码行业中专业化企业的行业投资的中间数；用 σ_t 来表示每个企业在 t 年的多样性水平，也就是不同业务单位 I_{Ind} 的标准差；W_j 表示企业资产在业务 j 中的比例；多样性的变化用 $\Delta\sigma_t$ 表示。

多样性方法可以规避测量误差，但是计算难度大，用标准差衡量企业的多元化程度不能全面地反映企业的多元化经营状况。

7. 战略分类法

Wrigley[①] 最早提出了战略分类法，战略分类法使用相关性来衡量企业的多元化程度和多元化类型。Wrigley 根据关联比率和专业化比率将企业的多元化划分为四种类型。

表 2-1　　　　　Wrigley 的企业多元化战略分类法

专业化比率（SR）	关联比率（RR）	多元化类型	多元化程度
SR≥95%		单一产品型	单一化
95%>SR≥70%		主导产品型	低度多元化
SR<70%	RR>70%	相关产品型	中度多元化
SR<70%	RR<70%	不相关产品型	高度多元化

注：SR 表示企业最大经营项目的销售额占企业总销售额的比重；RR 表示企业最大业务单位的销售额占企业总销售额的比重。

Rumelt[②] 对战略分类法做了修正。Rumelt 在 Wrigley 方法的基础上采用四种比率（专业化比率、垂直一体化比率、关联比率和核心比率），将企业多元化划分成 9 种类型。

表 2-2　　　　　Rumelt 的多元化战略分类

多元化类型	专业化比率（SR）	关联比率（RR）	垂直化率（VR）
单一业务型多元化	SR≥95%		

---

① Wrigley, L. W., *Divisidnal Autonomy and Diversification*, Cambridge：Harvard Business School, 1970.

② Rumelt, R. R., *Strategy, Structure, Economic Performance*, Boston, Harvard University Press, 1974.

续表

多元化类型	专业化比率（SR）	关联比率（RR）	垂直化率（VR）
垂直主导型多元化			VR≥70%
关联主导业务型多元化	95%>SR≥70%	RR≥0.5（SR+1）	VR<70%
约束主导型多元化	95%>SR≥70%	RR≥0.5（SR+1）	VR<70%
不相关主导型多元化	95%>SR≥70%	RR<0.5（SR+1）	VR<70%
关联相关型多元化	SR<70%	RR>70%	VR<70%
约束相关型多元化	SR<70%	RR>70%	VR<70%
被动非相关型多元化	SR<70%	RR<70%	VR<70%
混合联合型多元化	SR<70%	RR<70%	VR<70%

注：SR 表示企业最大经营项目的销售额占企业总销售额的比重；RR 表示企业最大业务单位的销售额占企业总销售额的比重；VR 表示企业垂直一体化生产过程中业务链的销售额占总销售额的比重。

综上所述，多元化测度的适用性根据研究角度和研究背景的变化而有所不同，测量指标总的来说可以划分为两种：一种是以 SIC 为基础的定量的连续分类方法，以计算出的数值体现企业的多元化程度；另一种是定性的战略分类法，将企业的多元化战略归属于某一种类型。

这两种测量方式各有优劣。连续分类法的优点是测量结果客观，测量过程可操作性强，而且可以重复，不同的测量方法可以对应地解决不同的研究问题，虽然每种测量方法的计算方式有差异，但是在实证结果的验证中相关性很强。而这种定量的研究方法以 SIC 编码为基础，SIC 编码体系自身的缺陷就会直接影响指标和测量结果的准确性。

战略分类法可以体现企业业务之间的相关性，能比较全面地反映企业的多元化水平，并将其归纳为某一类型，具有较高的内容效度。但是这种定性的归纳方式往往要依靠研究者自身的主观判断，这就使得研究结果可重复性差，研究结论的差异也会很大，而且战略归纳法在实际应用中可操作性不强，研究者偏向于使用 Wrigley 的分类方式，或者简单地把企业的多元化类型分为相关多元化和非相关多元化两种。

二 企业绩效研究综述

（一）企业绩效的概念

企业绩效是战略管理研究和组织管理研究的重点研究领域，是企业在一定时期中经营效果的体现，也是企业经营管理效率的表征。国内外学者对企业绩效的概念进行了界定，但在学术界至今没有一个统一的结论。Ramanujam 和 Varadarajam[①]认为由于研究者的研究取向和研究兴趣差异，所研究的企业组织类型有别，因此所获得的研究价值和绩效的意义也会不一样。

大多数学者认为绩效是评价企业经营行为的标准。刘志彪[②]认为"绩效"是企业经营者在合理配置企业可利用资源的基础上，实现其既定目标的程度。Ruekert 等[③]认为企业绩效要包含企业生产的效果、效率和适应性这三个方面，效率用组织向市场提供的产品或服务来衡量，效率用组织的投入和产出比来衡量，适应性则指的是企业的市场适应能力。

无论学者从哪个角度来探讨企业绩效的含义，都不难看出，企业绩效是企业价值的直接呈现形式，绩效是企业实施战略情况的检验和评价，是一个由多目标构成的用来评价企业经营优劣的评价标准和体系，一个有良好绩效的企业是其战略运营成功的体现。

（二）绩效的测量指标

企业绩效的测量对于多元化的实证研究来说是一个重要环节，因此选择合适的测量指标就显得尤为重要。采用不同的测量方式所得的结论可能存在很大差异，而且 Plaich 等[④]的研究认为学者对于采用何种测量指标进行多元化与绩效关系的实证，还没有形成共识。

从目前既有的实证研究来看，学者普遍采用的绩效测量指标可以分为四种类型：财务绩效指标、市场绩效指标、超额价值和股票收益。这四类绩效指标测量都可以体现企业多元化的绩效水平，但是测量的角度和方式不同，得出的结论也不尽相同。

---

① Ramanujam, V., P. Varadarajam, "Research on Corporate Diversification: A Synthesis", *Strategic Management Journal*, Vol. 10, No. 6, 1989, pp. 523-551.

② 刘志彪：《市场结构和公司结构的决定》，《产业经济研究》2004 年第 2 期。

③ Ruekert, R. W., et al., "The Organization of Marketing Activities: A Contingency Theory of Structure and Performance", *Journal of Marketing*, No. 9, 1985, pp. 13-25.

④ Palich, L. E., et al., "Curvilinearity in the Diversification-Performance Linkage: An Examination of over Three Decades of Research", *Strategic Management Journal*, Vol. 21, No. 2, 2000, pp. 155-174.

1. 财务绩效指标

现有的财务绩效指标建立在杜邦分析的框架之内，而且企业的财务绩效指标一直都是绩效评价的重点，主要包括企业的盈利能力、偿债能力、发展潜力、运营水平等指标。概况如下：盈利能力指标（净资产收益率、总资产收益率、销售净利润率、总资产利润率、每股净资产、每股营业收入、每股净利润等指标）；偿债能力指标（现金流动负债率、有形资产债务率、流动比率、资产负债率等）；发展潜力指标（销售增长率、净利润增长率、净资产增长率、总资产增长率等）；运营水平指标（总资产周转率、应收账款周转率、产品销售率等）。现有的研究大多只选取其中一种或几种指标进行测量，也有学者采用综合的测量方法进行研究①。

采用财务绩效指标测量企业的多元化绩效，优点是数据比较易得，因此是使用最广泛的绩效指标。缺点是财务绩效不能反映不同企业在例如会计惯例、税收待遇、企业系统性风险等方面的不同，而且要实现多元化的目的，往往会有"时滞"效应的出现，也就是说企业的多元化成果可能要经历超过一个会计季度才能体现出来。但是会计指标主要是用来评价企业的短期绩效水平，所以如果采用财务绩效指标来测量的话，就需要进行适当调整。

2. 市场绩效指标

企业的市场价格是市场对企业经营状况预判的体现，可以体现企业的股东价值。基于市场绩效的测量指标主要包括：股票年收益率、市盈率、市净率、市场占有率、市值/账面值比、Tobin's Q 值等。其中最常用的是 Tobin's Q 值。

Wernerfelt 和 Montgomery② 最早使用了 Tobin's Q 值来测量企业绩效，Tobin's Q 值假设市场在完全有效的前提下，企业的市场价值应该是

---

① Orlando Richard, B. M. A. K., "The Impact of Racial Diversity on Intermediate and Long-term Performance: The Moderating Role of Environmental Context", *Strategic Management Journal*, No. 28, 1992, pp. 1213-1233.

② Wernerfelt, B., C. Montgomery, "Tobin's Q and the Importance of Focus in Firm Performance", *American Economic Review*, No. 78, 1988, pp. 247-250.

未来现金流现值的无偏估计。Lang 等[①]运用"专营店法"（Chop-Shop Approach）对 Tobin's Q 值进行了行业调整，调整后的 Tobin's Q 值为企业各个部门所属的行业内所有专业化企业 Q 值平均数的加权平均，权重是各个部门资产所占总资产的比重。Tobin's Q 值可以规避风险调整，也可以避免用差额股票收益所产生的度量偏差，但是 Tobin's Q 值对于市场的有效性要求很苛刻，而且国内企业的 Tobin's Q 值不能单以股价来计算，得出的多元化程度和绩效关系会呈现负相关关系。

3. 超额价值

Berger 和 Ofek[②] 采用该方法对企业的多元化和绩效关系进行了度量。超额价值是将企业的各个业务单元假设为单一的业务企业的业务加和来体现企业多元化的估价，具体方法是运用行业乘数法计算企业的"估算价值"（imputed value），然后用总资本和"估算价值"来计算"超额价值"（excess value），从而判断企业多元化经营的绩效水平。超额价值的计算公式为：

$$IV = \sum_{i=1}^{n} AI_i \times (Ind_i(V/AI)_{mf})$$

$$EV = \ln(V/IV)$$

其中，IV 表示企业的估算价值；AI_i 表示 i 部门的估算价值；$(Ind_i(V/AI)_{mf})$ 表示 i 部门的估算价值和总资本市值比值的中位数；EV 表示企业的超额价值；V 表示企业总资本的市值。如果计算出 $EV>0$，则说明企业多元化和绩效正相关；如果 $EV<0$，则说明企业多元化和绩效负相关。

超额价值法计算思路简单，但是只考虑进了企业各部门价值对于绩效的影响，各部门的价值由同行业中单一业务公司的平均近似值得到，所以在测量结果上会产生一定误差。

4. 股票收益

采用股票收益来测量企业绩效一般多是事件研究所采用的的方法，

[①] Lang, L., et al., "Corporate Diversifieation and Firm Performance", *Journal of Political Economy*, No. 102, 1992, pp. 1248-1280.

[②] Berger, P., E. Ofek, "Diversifieation's Effect on Firm Value", *Journal of Financial Economics*, No. 37, 1995, pp. 39-65.

即将企业在多元化经营一段时期中普通股股价的超额收益,作为衡量企业多元化和绩效关系的依据。Comment 和 Jarrell[1]使用企业采取多元化战略之前的 26 个月到多元化之后的 6 个月期间的超额收益来测量企业多元化和绩效的关系。

通过股票收益来体现多元化与绩效的关系,优势是可以通过上市公司股票收益的增减直接地体现出来。但是缺点也是很明显的,这种方法必须依托于成熟稳定的证券市场,对于非上市公司或者不成熟的证券市场来说,采用股票收益来衡量多元化和绩效的关系就会产生计量上的偏差;另外,Lang 等[2]认为使用股票收益需要加入风险因素,不然股票收益高的企业同样意味着投资风险也高,需要高的收益作为风险溢价来补偿股东;而且这种事后分析方法会产生事后度量偏差,在采取多元化战略期间股价可能受到多方面的影响,比如资本市场的系统性波动、政策变化、企业多元化模式变化等因素,而不单纯是企业的多元化行为所导致的绩效变化。

第二节 理论研究综述

企业的多元化经营一直以来是产业经济学、战略管理学等领域的重要研究内容之一。经过几十年的发展研究,国内外学者已经对多元化经营形成了一系列的观点和理论,按照理论所产生的研究导向主要可以区分为四种:认为多元化可以提高企业绩效的理论;认为相关多元化可以提高企业绩效的理论;认为非相关多元化可以提高企业绩效的理论;多元化程度与绩效相关理论。其中主要包含了内部资本市场理论、范围经济理论、制度基础理论、资源基础理论、分散风险理论、交易成本理论和代理理论。

一 认为多元化可以提高企业绩效的理论

(一)内部资本市场理论

内部资本市场理论认为企业选择多元化经营战略可以帮助企业的资

---

[1] Comment, R., Jarrell, G. A., "Corporate Focus and Stock Returns", *Journal of Financial Economnics*, No. 37, 1995, pp. 67-87.

[2] Lang, L., et al., "Corporate Diversifieation and Firm Performance", *Journal of Political Economy*, No. 102, 1992, pp. 1248-1280.

金在企业内部间配置，为企业经营提供更稳定和更充足的现金流量，建立合理有效的内部资本市场[1]。内部资本市场和外部资本市场相比优势更明显，主要原因有三个：

一是内部资本市场可以在一定程度上解决交易成本高的问题。多元化企业通过内部资本市场进行投融资活动，既可以节省信息搜索成本，也可以规避投资风险。Chatterjee 和 Wernerfelt[2]认为当企业的交易成本和管理成本高于企业的组织成本，便会出现市场失灵的状况，多元化可以缓解这种状况。多元化企业的内部资本市场筹集资金的成本和交易成本都相对要低，也为企业融资创造了更便利的环境，使企业可以用较低的成本获得资本投入到净现值为正的业务单元之中，从而提高企业的绩效和企业价值[3]。Williamson 等[4]指出企业在交易成本较高时，为了对企业内部资源进行合理配置，会倾向于通过多元化经营建立内部资本市场。

二是内部资本市场能够减少信息不对称带来的问题，降低企业融资成本。

内部资本市场可以解决信息不对称的问题，降低资金成本，还可以提高资金的利用效率。因为当企业的管理者与投资者之间存在信息鸿沟时，两者之间掌握的信息是不对称的，企业有可能因为资金的问题放弃一些盈利能力好、净现值为正的投融资项目，那么通过建立内部资本市场可以在一定程度上缓解这一问题[5]。

三是内部资本市场可以提高企业资金的投资效率，把资金从效率低的业务单元转移到效率高的业务单元。多元化企业在内部市场中合理配

---

[1] Barney, J., *Gaining and Sustaining Competitive Advantage*, Reading, MA: Addison - Wesley, 2002.

[2] Chatterjee, S., Wernerfelt, B., "Related or Unrelated Diversification: A Resource based Approach", *Academy of Management Best Paper Proceedings*, Vol. 12, No. 7, 1988, pp. 7-11.

[3] Stulz, R., "Managerial Discretion and Optimal Financing Policies", *Journal of Financial Economics*, Vol. 26, No. 1, 1992, pp. 3-27.

[4] Williamson, et al., *Analysis and Antitrust Implications: A Study in the Economics of Internal Organization*, New York: Free Press, 1975.

[5] Myers, S. C., "Determinants of Corporate Borrowing", *Journal of Financial Economics*, No. 5, 1977, pp. 147-175.

置资源，有利于实现企业战略目标，将内部资源投入合理的部门中[①]。Stein[②]构建了模型，结果显示内部资本市场使企业管理者得到更多主动权，企业的管理者可以利用掌握的信息资源将企业的资金合理分配，优先投入到优质的项目之中来提高企业价值，而避免让获得信息不充分的外部投资者干扰公司的投融资决策，多元化的战略可以把企业内部资本从获利少的业务单元转移到更能盈利但缺少资金的业务单元之中，进而使得企业的价值提升。Martin和Sayrak[③]认为在外部资本市场融资困难时，多元化建立的内部资本市场可以把企业外部的市场行为变更为企业内部行为，减少企业在资本市场上失败的概率，为企业股东谋取更多的利益。因而企业通过多元化经营建立的内部资本市场资源配置效率要显著地高于外部资本市场。

（二）范围经济理论

范围经济（Economies of Scope）指的是企业同时生产两种或更多种产品的成本低于生产其中每一种产品的加和时的成本所出现的情况，即被称为范围经济，或者协同效应。范围经济可以增加企业收益，使企业价值提高[④]，企业的多元化经营会使企业出现范围经济，企业的运营成本会低于独立运营每个业务单元时所需的成本[⑤]。范围经济是在投资总额一定的情况下，产品种类齐全的企业要比只生产某种产品的企业运营成本低、销售收入高，企业通过把企业内在的能力与外部条件进行有效配置来拓展新的业务，企业实施投融资、运营等战略安排来匹配企业的生产要素与内外部资源优势，并拓展新的发展空间。范围经济认为企业经营多个业务单元时，可以充分利用企业的剩余资源，从而降低企业的

[①] Li, S. X., Greenwood, R., "The Effect of within Industry Diversification on Firm Performance Synergy Creation, Multi-market Contect and Market Structuration", *Strategic Management Journal*, Vol. 25, 2004, pp. 1131–1153.

[②] Stein, J., "Internal Capital Markets and the Competition for Corporate Resources", *Journal of Finance*, Vol. 52, 1997, pp. 111–133.

[③] Martin, J., A. Sayrak, "Corporate Diversification and Shareholder Value: A Survey of Recent Literature", *Journal of Corporate Finance*, No. 9, 203, pp. 37–57.

[④] Goold, M., et al., *Strategy and Styles: The Role of the Center in Diversified Corporations*, Basil Blackwell, Oxford, 1986.

[⑤] Teece, D. J., "Ecoonomics of Scope and the Scope of the Enterprise", *Journal of Economic Behavior and Organization*, Vol. 80, No. 1, 1980, pp. 223–247.

运营成本。范围经济一般来自企业同时生产多种产品时，由共享管理和生产要素所节约的成本和收益的提升，这种共享要比单独生产其中某一种产品时的组织生产、管理、销售等方面更加有效率。也有学者通过协同效应来侧面反映企业多元化带来的范围经济效应，多元化业务相互协同之后，绩效可以达到大于分别经营各自业务单元的绩效之和，学者们对此观点的认识基本趋同，也就是说企业在通过多元化战略提高了企业价值时，其实最主要的是企业充分发挥了协同效应和范围经济，实现资源的优势互补，当企业开展多元化战略利用业务之间的相关性可以获得协同效应，为企业创造更多竞争优势和成本优势。多元化战略中的相关性是企业多元化行为和业务之间互相维系和补充的程度[1]。具有相关性的多元化业务之间能够共享资源和能力，可以用价值链分析多元化企业所涉及的生产经营活动，而这些活动就会产生范围经济[2]。多元化给企业带来的协同效应主要有财务、技术和经营层面的协同，其中财务协同效应可以直接地提高企业的绩效水平，这是因为多元化企业相对于专业化企业来说，既可以用内部资本市场以低成本投融资，规避了外部资本市场融资的高风险和交易费用，还可以得到更高程度的外部融资效应。

（三）制度基础理论

制度基础理论认为任何组织都离不开制度安排，组织和个体都是处在制度环境之中[3]，且经济和技术上受到制度的影响[4]，这些制度可以深刻地影响企业组织的战略决策。制度可以建立行为主体之间的稳定联结而降低交易成本，而且组织可以在制度环境中建立平衡并利用制度安排提高组织绩效。North[5] 指出制度是可以提供激励架构的社会博弈规

---

[1] Davis, P. S., et al., "Business Unit Relatedness and Performance: A Look at the Pulp and Paper Industry", *Strategic Management Journal*, Vol. 13, No. 5, 1992, pp. 349–361.

[2] Barney, J., *Gaining and Sustaining Competitive Advantage*, Reading, MA: Addison-Wesley, 2002.

[3] Busenitz, L. W., et al., "Country Institutional Profiles: Unlocking Entrepreneurial Phenomena", *Academy of Management Journal*, 2000, pp. 994–1003.

[4] Newman, K. L., "Organizational Transformation during Institutional Upheaval", *Academy of Management Review*, 2000, pp. 602–619.

[5] North, D. C., *Institutions, Institutional Change, and Economic Performance*, Cambridge University Press, 1990.

则，企业作为一种组织形式是社会博弈的参与者，则需要遵守社会规则，并与政府建立关联。制度理论强调的是社会环境、政治制度对于企业行为的影响和作用机制，企业受制于正式和非正式的制度安排，正式制度包括政策法规、契约等，非正式制度包括行为准则等，二者都是由特定的社会意识形态决定的[1]。特别是随着新兴经济体的逐步壮大，制度安排更是极大地影响着该经济体的战略模式选择，企业实施多元化战略要依赖的外部市场和资源都受到制度的作用[2]，学者们基于此提出了以制度基础理论为核心的多元化战略研究方向[3]。

制度基础理论认为社会管理者制定的制度与市场机制同样重要，社会管理者也就是政府对于社会资源有分配权，企业要利用市场资源和非市场资源获得发展，就要在符合市场规则的基础上依赖制度的安排。由于我国传媒业的特殊属性，制度及行政力量在我国传媒业的发展过程中提供了资源和政策扶持，发挥了重大的推动作用。制度的力量和市场力量对于传媒企业来说同样重要，我国传媒企业多元化的经营战略一定程度上是行政力量的直接作用的结果，在传媒企业特别是传统媒体发展转型的重要时期，制度安排可以作为企业缺失或不健全的市场规制的补充和替代，指导传媒企业多元化实践并对冲市场风险。

二 认为相关多元化可以提高企业绩效的理论

（一）资源基础理论

资源基础理论在20世纪80年代被引入企业战略管理研究领域，并且对企业多元化战略进行了补充和发展。资源基础理论认为企业的经营活动都是建立在内部资源和外部环境的基础之上，企业只有通过发展内部独特的资源和能力，以及充分挖掘企业内部缺乏的资源才能在市场上保持长久的竞争优势。因此企业实施多元化经营战略是充分发挥企业内外部资源的一种合理的战略选择，多元化经营可集约地利用企业现有的内部资源和未开发完全的外部资源。Penrose[4]指出资源对于企业的重

---

[1] Scott, R., *Institutions and Organizations*, Thousand Oaks, CA: Sage Publications, 1995.

[2] Ingram, P., et al., *The New Institutionalism in Strategic Management*, JAI, 2002.

[3] Peng, M. W., et al., "What Determines the Scope of the Firm over Time? A Focus on Institutional Relatedness", *Academy of Management Review*, Vol. 30, No. 3, 2005, pp. 622-633.

[4] Penrose, E., *The Theory of the growth of the Firm*, New York: John Wiley. 1959.

要性，企业可以说是资源的组合，企业没有完全利用的资源会在多元化经营中得到转移，让资源得到合理的配置，从而提高企业经营效率。Ramaswamy 等[1]最早提出了资源基础的观点（RBV），他指出企业是有形资源和无形资源的集合，要从资源的角度而不是产品和行业的角度考虑企业战略，将制定企业战略的基础由专注外在的市场竞争分析转移到了关注内在资源基础上，企业获得竞争优势，也就是获得超过市场平均收益的前提是企业要掌握战略性资源。

以资源为基础的战略研究视角随后被更多的学者关注和发展。企业既要拥有资源又要合理使用资源，能把资源生产率和财务绩效最大化的资源使用方法才是最合理的资源配置方式[2]，核心竞争力[3]、有形资源和无形资源[4]等合理使用资源的概念也被提出。Prahalad 和 Hamel[5] 认为核心能力是企业的积累性学识，能为企业进入不同市场提供保障，如果企业中独有的或珍稀的资源和核心竞争力能够在企业不同业务单元之间互相转换，那么多元化经营就可以提高企业绩效。Barney[6] 认为企业的异质性资源和资源的流动性差异使得企业创造出来的价值也有差异，当企业的有形和无形资源是有价值且难以替代时，企业便会持有基于资源的独特竞争优势。

资源基础观认为资源可以决定企业的绩效，这种资源必须是稀缺和难以模仿的[7]，资源离开原有的企业组织，使用价值就会受到制约，而

---

[1] Ramaswamy, K., et al., "Variations in Ownership Behavior and Propensity to Diversify: A Study of the Indian Corporate Context", *Strategic Management Journal*, Vol. 23, No. 4, 2002, pp. 345-358.

[2] Mahoney, J. T., Pandian, J. R., "The Resource-based View within the Conversation of Strategic Management", *Strategic Management Journal*, Vol. 13, No. 5, 1992, pp. 363-380.

[3] Prahalad, C., Hamel, G., "The Core Compentency of a Corporation", *Harvard Business Review*, Vol. 68, No. 3, 1990, pp. 79-91.

[4] Barney, J., "Firm Resources and Sustained Competitive Advantage", *Journal of Management*, Vol. 17, No. 1, 1991, pp. 99-120.

[5] Prahalad, C., Hamel, G., "The Core Compentency of a Corporation", *Harvard Business Review*, Vol. 68, No. 3, 1990, pp. 79-91.

[6] Barney, J., "Firm Resources and Sustained Competitive Advantage", *Journal of Management*, Vol. 17, No. 1, 1991, pp. 99-120.

[7] Wernerfelt, B. C. Montgomery, "Tobin's Q and the Importance of Focus in Firm Performance", *American Economic Review*, No. 78, 1988, pp. 247-250.

且无法在市场上出售，因而企业内部的资源共享便是理性的选择，多元化战略可以在一定程度上提高资源配置效率[1]。

资源基础理论的观点被提出之后，更多的企业意识到以核心竞争力业务为主业的战略更有利于提高企业的长期绩效水平，基于资源基础理论的回归主业观点为企业战略研究提供了一个视角。Barney[2]指出企业内部资源的稀缺性和独特性使得相关多元化能够产生超额利润。企业一般情况下会首先进入与主业相关的产业，多元化的类型选择依赖于企业是否拥有特殊组织资产和无形资产[3]。Goold和Luchs[4]认为企业在回归主业和多元化经营之间做选择的时候应该考虑三个方面：一是企业多元化要注重业务之间的内在协同关系，企业内部的资源也要实现共享和协同；二是不同业务之间交集的核心竞争力应该被合理利用；三是企业是否实施多元化还要考虑企业高管的管理风格。企业的资源具有可持续性和可再生性，企业规模逐渐扩大的过程也是企业内的资源被不断开发和利用的动态过程，多元化扩张的路径就是企业利用资源的表现，诸多研究都发现企业回归主业的经营，而不是盲目多元化的战略更有利于企业价值的提升[5]。这说明资源基础理论为相关多元化合理性提供了理论来源，有其合理的指导意义和应用价值。

三 认为非相关多元化可以提高企业绩效的理论

企业通过多元化，特别是非相关多元化来试图分散风险，是企业多元化战略决策的重要动因之一。企业的多元化经营可以有效降低企业现金流和利润流的波动，通过将资源分散到不同领域达到降低风险的目

---

[1] Grant, R., *Contemporary Strategy Analysis*. Oxford: Blackwell, 1998.

[2] Barney, J. B., "Is the Resource-based View a Useful Perspective for Stategic Management Research? Yes", *Academy of Management Review*, Vol. 26, No. 1, 2001, pp. 41–56.

[3] MacDonald, J. M. R. "R&D and the directions of diversification", *The Review of Economics and Statistics*, Vol. 67, No. 4, 1985, pp. 583–590.

[4] Goold, M., Luchs, K., "Why Diversify? Four Decades of Management Thinking", *Academy of Management Executive*, Vol. 7, No. 3, 1993, pp. 7–25.

[5] Berger, P. G., Ofek, E., "Causes and Effects of Corporate Refocusing Programs", *Review of Financial Studies*, Vol. 12, No. 2, 1999, pp. 311–345.

的[1]。Chang 和 Thomas[2] 认为企业多元化经营所涉及的行业越多，之间的关联越不紧密，那么该战略分散风险的能力就越强。现代资产组合理论认为企业要通过对不同风险和收益的资产进行合理配置来分散企业风险，企业在经营中面临的风险主要有系统性和非系统性风险两种，系统性风险是难以通过投融资等财务手段进行分散的，而非系统性风险是由企业所生产产品的不同特质、市场需求弹性、所处的生命周期不同等原因所引起的风险。因此企业通过多元化经营就可以在不降低收益的情况下利用不相关的业务来分散非系统性风险，从而减少收益的波动性。

相关多元化和非相关多元化两种战略，哪个更利于企业分散风险仍有争议。有学者主张非相关多元化可以更好地分散风险[3]。Lewellen[4] 认为企业选择多元化战略的财务动机是为了降低加权资金成本，非相关的业务经营单元可以降低企业现金流的波动，显著地提高企业的负债能力，而且不同的业务之间具有保险效应，多元化业务带来的收入离散性可以减少企业中某个产品收入带来的波动性，从而减少企业破产风险。Amit 和 Livnat[5] 认为企业使用多元化战略可以进入与现有业务不相关的领域降低非系统性风险。Amihud 和 Lev[6] 指出企业通过非相关多元化经营可以将企业内部不相关或关联性小的资金流联系起来，从而降低财务风险。也有学者认为相关多元化可以更好地降低企业的系统性风险，而非相关多元化的企业一般负债率较高，因而企业的非相关多元化

---

[1] James Robin "A Resource-based Approach to the Multibusiness Firm: Empirical Analysis of Portfolio Interrelationships and Corporate Financial Performance", *Strategic Management Journal*, Vol. 5, No. 4, 1995, pp. 277-299.

[2] Chang, Y., Thomas, H., "The Impact of Diversification Strategy on Risk-Return Performance", *Strategic Management Journal*, Vol. 10, No. 3, 1989, pp. 271-284.

[3] Williams, J., et al., "Conglometrate Revisited", *Strategic Management Journal*, Vol. 9, No. 5, 1988, pp. 403-414.

[4] Lewellen, W. G., "A Pure Financia l Rationale for the Conglomerate Merger", *Journal of Finance*, No. 26, 1971, pp. 521-537.

[5] Amit, R., Livnat, J., "Diversification and the Risk-return Trade-off", *Academy of Management Journal*, Vol. 31, 1988, pp. 154-166.

[6] Amihud, Y., Lev, B., "Risk Reductionas a Managerial Motive for Conglomerate Mergers", *The Bell Journal of Economics*, Vol. 12, No. 2, 1981, pp. 605-617.

具有较高的系统性风险[1]。Lubatkin 和 Chatterjee[2] 指出，相关多元化可以降低企业风险，专业化经营和非相关多元化经营的风险都较高。

四 多元化程度与绩效相关理论

前三种理论研究综述都是围绕着多元化类型与绩效关系展开，除此之外，多元化程度与绩效的相关理论也被学者提出。

（一）交易成本理论

交易成本理论是阐释企业组织形式和经济产出的经典经济学范式，重点是研究企业与市场之间的关系[3]。交易成本是新制度学派产业组织理论的重要概念，交易成本指的是企业和市场在交易中由于信息不对称、机会主义等原因所产生的各项成本，包含协商成本、执行契约成本等。由于市场存在的缺陷，企业通过市场进行交易的费用较高时，企业会代替市场决定企业业务的合理边界。

企业多元化经营涉及多元化程度的问题，交易成本中对企业边界做了阐释，企业内部组织对外部交易活动的替补作用，内部组织成本和外部交易成本共同决定了企业经营的合理边界，因此可以作为多元化经营的理论依据。Coase[4] 指出，交易成本的存在使得企业来组织生产经营活动比市场来组织生产更有效率，也更具优势，企业的合理规模是企业的内部组织成本等于市场交易成本时，当企业扩大生产增加的费用大于市场交易内部化的成本时，企业就会停止扩大再生产，因此企业的规模并不会无限扩大。Bromiley 和 Cummings[5] 认为，当企业的内部组织成本比外部的市场交易成本更高时，企业降低多元化程度将有利于效率提升，这是因为组织中的信任水平可以帮助企业降低内部市场的组织成

---

[1] Montgomery, C. A., "The Measurement of Firm Diversification: Some New Empirical Evidence", *Academy of Management Journal*, Vol. 25, 1982, pp. 299-307.

[2] Lubatkin, M, Chatterjee, S., "Extending Modern Portfolio Theory into the Domain of Corpoate Diversification: Does it Apply?", *Academy of Management Journal*, Vol. 37, No. 1, 1994, pp. 109-136.

[3] Williamson, et al., *Analysis and Antitrust Implications: A Study in the Economics of Internal Organization*, New York: Free Press, 1975.

[4] Coase, R. H., "The Nature of the Firm", *Economica*, Vol. 4, No. 16, 1937, pp. 386-405.

[5] Bromiley, P., Cummings, L. L., "Transactions Costs in Organizations with Trust", *Research on Negotiation in Organizations*, Vol. 5, 1995, pp. 219-250.

本。企业会从生产活动的内部化中获益,并且当多元化的边际成本等于边际收益时,企业才会停止多元化[1]。

多元化企业的组织结构从内部组织效率来说可以节约交易成本,不同的多元化类型决定了不同的交易成本效率。Teece[2] 认为,当多个企业之间的合作被交易成本或其他问题裹挟的时候,多元化经营可以利用市场治理成本和企业的内部组织成本来提高价值。Williamson[3] 认为,当市场交易成本较高时,企业会倾向于把资产内部化,企业组织结构可以克服有限理性,减少不确定性,多元化为企业的战略管理和资源配置创造了有效的条件,进而使业绩提升。企业采取相关多元化经营可以获得范围经济,在企业建立内部合作型的结构,而非相关多元化则可以利用内部资本市场的财务优势,在企业建立内部竞争的结构[4]。

(二) 代理理论

代理理论重点是研究企业内部组织结构和企业管理者之间的代理关系,该理论建立在公司治理机制不完善的前提下[5]。代理理论认为由于企业的经营者与所有者、所有者和债权人等代理关系的存在,会导致企业利益的折损[6]。多元化经营的企业内部设置更加复杂,各经营单元之间的代理成本高,尤其是基于此的高度多元化扩张行为其本质是企业的管理者为实现个人私利而做出的非理性经营策略。Fama 和 Jensen[7] 指出,现代企业中的所有权和控制权的分离导致了委托人和代理人之间的

---

[1] Bergh, D. D., "Predicting Diverstiture of Unrelated Acquisitions: An Integrative Model of Ex ante Conditions", *Strategic Management Journal*, Vol. 18, No. 9, 1997, pp. 715–731.

[2] Teece, D. J., "Towards an Economic Theory of the Multiproduct Firm", *Journal of Economic Behavior and Organization*, Vol. 3, No. 3, 1982, pp. 39–63.

[3] Williamson, O. E., *The Ecomomic Institutions of Capitalism: Firms, Markets and Relational Contracting*, New York: Free Press, 1985.

[4] Hill, C. W. L., et al., "Corperative and Competitive Structures in Related and Unrelated Diversified Firms", *Organization Science*, Vol. 3, 1992, pp. 510–521.

[5] Jensen, M. C., Meckling, W. H., "Theory of the Firm: Managerial Behavior, Agency Costs and Ownership Structure", *Journal of Financial Economics*, Vol. 3, No. 4, 1976, pp. 305–360.

[6] Berle, A., Means, G., *The Modern Corporation and Private Property*, New York: MacMillian, 1932.

[7] Fama, E. F., Jensen, M. C., "Agency Problems and Residual Claims", *Journal of Economics*, Vol. 26, 1983, p. 327.

利益差异，代理人会优先考虑自己的利益最大化，因而会牺牲委托人的利益。企业的管理者也就是代理人利用手中的权力，会从事高度多元化的扩展经营行为，多元化扩张可以在企业规模扩大的同时获得个人的声誉，提高对企业的掌控权，进而提高管理者自身的薪酬和价值。企业的管理者为了个人利益，作出的战略投资决策往往会产生过度投资的问题，而背离企业发展的初始理念，忽视公司具有的资源优势，企业的多元化经营行为也可以相应地降低企业管理者个人承担的风险，满足管理者个人的需求[1]。除了这些动机之外，企业经理人通过管理高度多元化的企业，其实是为了体现其统筹复杂企业架构的管理能力，使其在个人的职业发展中获益[2]，让经理人在企业中的地位更加稳固[3]，通过多元化行为增加职位的安全性和安全感，使得董事会在解雇他们的时候损失会变大[4]，另外还可以降低经理人非分散化人力资本的投资风险[5]。

用代理理论解释多元化程度也是学者研究的重点。Hoskisso 等[6]指出企业的委托人更希望企业从事专业化经营或低程度的多元化经营，但是企业代理人往往更倾向于高程度的多元化经营。Chatterjee 等[7]从代理理论出发，研究发现企业因高度多元化而导致业绩不佳更换代理人之后，采取专业化或低程度多元化会提高企业的绩效，维持企业的继续发

---

[1] Muller, D. C., "A Theory of Conglomerate Mergers", *Quarterly Journal of Economics*, No. 83, 1969, pp. 643-659.

[2] Gibbons, R., K. Murphy., "Optimal Incentive Contracts in the Presence of Career Concerns: Theory and Evidence", *Journal of Political Economy*, Vol. 100, No. 3, 1992, pp. 2479-2506.

[3] Shleifer, A. and Vishny, R. W., "Politicians and Firms", *The Quarterly Journal of Economics*, Vol. 109, No. 4, 1994, pp. 995-1025.

[4] Berger, P., E. Ofek., "Diversifieation's Effect on Firm Value", *Journal of Financial Economics*, No. 37, 1995, pp. 39-65.

[5] Amihud, Y., Lev, B., "Risk Reduction as a Managerial Motive for Conglomerate Mergers", *Bell Jounal of Economics*, Vol. 12, 1981, pp. 605-617.

[6] Hoskisson, R. E., et al., "Corporate Divestiture Intensity in Restructuring Firms: Effects of Governance, Strategy, and Performance", *Academy of Management Journal*, 1994, pp. 1207-1251.

[7] Chatterjee, S., Harrison J. S., Bergh, D. D., "Failed Takeover Attempts, Corporate Governance and Refocusing", *Strategic Management Journal*, Vol. 24, No. 1, 2003, pp. 87-96.

展。Amihud 和 Lev[①] 研究发现，企业在管理者控制下的多元化程度要比在所有者控制下的多元化程度高，而且更倾向于非相关多元化经营。

第三节 实证研究综述

一 多元化经营与企业绩效关系实证研究

自 20 世纪 60 年代开始，学者就企业多元化与绩效关系展开了深入的研究，该问题一直是战略管理和产业经济学等学科视域下一个重点探讨的话题，虽然研究成果颇丰，但至今尚未得出一致的结论。学者从不同的研究角度，对不同行业、不同地域、不同年份的数据进行了实证检验，得出的结论可以归纳为四种：多元化有助于绩效的提升，即多元化溢价；多元化损害企业绩效，即多元化折价；多元化与企业绩效无关，即多元化中性；多元化与绩效呈倒"U"形。

（一）多元化溢价

国外学者，尤其是欧美的学者基于自身成熟的市场经济背景，对企业多元化与绩效关系进行了大量的研究，并且产生了许多经典的研究框架。20 世纪 60—70 年代，学者根据当时许多企业大量采取多元化战略的现状，提出了多元化理论，部分学者对多元化战略持乐观态度，并且建立了多元化溢价模型，该模型的核心假设是企业采用多元化战略与企业绩效之间存在正向的线性关系。随后的很多实证研究结论也表明开展多元化有助于提升企业绩效，具有溢价效应（diversification premium）。

Alchiain 和 Demsetz[②] 认为，多元化可以优化企业的资源配置，通过降低信息不对称性来提升企业绩效。Rhoades[③] 使用 1958—1963 年 241 家公司的数据进行分析，研究结果发现专业化比率与边际毛利率之间呈

[①] Amihud, Y., Lev, B., "Risk Reductionas a Managerial Motive for Conglomerate Mergers", *The Bell Journal of Economics*, Vol. 12, No. 2, 1981, pp. 605–617.

[②] Alchiain, A., Demsetz, H., "Production Information Costs, and Economic Organizations", *American Economic Review*, Vol. 62, 1972, pp. 777–795.

[③] Rhoades, S., "The Effect of Diversification Onf Industry on Industry Profit Performance：1963", *Review of Economics and Statistecs*, No. 55, 1973, pp. 146–155.

正相关关系。Levit[①]的研究结果显示多元化经营能够有效地改善公司的经营业绩,并且可以增加股东财富。Chandler[②]通过对374家世界500强企业的数据进行实证研究,结果表明企业多元化程度与净资产收益率(ROE)呈正相关关系。Teece[③]认为实施多元化战略可以增强企业抵御风险的能力,达到范围经济、规模经济的效果,从而提升企业的绩效水平。Stulz[④]提出企业实施多元化经营可以将新筹得的资金用于净现值为正的项目中,建立有效的内部资本市场,从而可以提高企业的绩效。Villalonga[⑤]使用决定公司多元化的概率模型的预测值确定了多元化企业和专业化企业,研究发现多元化企业和同行业中的专业化公司相比,具有显著的溢价。Hadlock等[⑥]认为多元化与企业绩效正相关的原因是投资者和企业之间的信息不对称,而使得多元化经营的公司比专业化经营的公司能够更好地利用资本。并且通过1983年至1992年间新发行股票的641家企业的市场反应,发现多元化经营的公司股票发行公告的平均市场反应和专业化经营的公司相比,负相关性更少,因此得出企业多元化与绩效正相关的结论。Maksimovic和Philips[⑦]通过观测多元化公司并购前后的绩效变化,发现了公司的全要素生产率在被并购前较低,在并购以后公司的全要素生产率提高,说明多元化经营可以提高企业的绩效

[①] Levit, T., "Dinosaurs among the Bears and Bulls", *Harvard Business Review*, No. 53, 1975, pp. 41–53.

[②] Chandler, A., *The Visible Hand*, Belknap Press, 1977.

[③] Teece, D. J., "Economies of Scope and the Scope of the Enterprise", *Journal of Economic Behaviour and Organization*, No. 1, 1980, pp. 223–247.

[④] Stulz, R., "Managerial Discretion and Optimal Financing Policies", *Journal of Financial Economics*, Vol. 26, No. 1, 1992, pp. 3–27.

[⑤] Villalonga, B., *Diversification Discount or Premium? New Evidence from BITS Establishment-level Data*, Unpublished Manuscript, Anderson Graduate School of Management, University of California, Los Angeles, 2000.

[⑥] Hadlock, C., et al., *Corporate Structure and Equity Offerings: Are There Benefits to Diversification*, Journal of Business in Press, 2002.

[⑦] Maksimovic, V., Philips, G., "Do Conglomerate Firms Allocate Resources Efficiently", *Journal of Finance*, 2001.

水平。另外，Graham 等[1]、Campa 等[2]的研究也都发现多元化经营能够提高企业价值。

我国的企业多元化经营与绩效关系的实证研究开始于 20 世纪 90 年代，学者研究了不同行业、不同时间段的多元化经营和企业绩效之间的关系，大多以上市公司为样本，实证检验结果亦有差异，部分研究结果表明多元化与绩效呈正相关关系。

苏东蔚[3]使用 1999 年之前上市的 1026 家公司的财务数据，探讨了我国上市公司多元化经营与绩效之间的关系，实证结果显示，多元化经营存在显著的多元化溢价效应，多元化公司具有较大的市值—账面值比、超额价值和托宾 Q 值，在控制了企业规模、财务杠杆、股利政策等因素之后，多元化溢价仍然高达 0.09—0.16。而且作者发现我国上市公司存在多元化溢价的主因是上市企业更倾向于展开多元化经营，通过多元化经营建构的内部资本市场是有效的，验证了内部资本市场理论。姜付秀等[4]使用沪深两市 899 家非金融类上市公司的财务数据，实证检验了多元化程度和托宾 Q 值和每股收益波动之间的关系，实证结果显示我国上市公司多元化经营可以提高企业价值，多元化经营降低了企业收益的波动幅度。杨林[5]选取了 2001—2004 年中国制造业上市公司的财务数据，实证检验了多元化程度、多元化类型和多元化模式与绩效之间的关系，研究结果显示多元化程度与企业的盈利能力指标和扩张能力指标呈正相关。魏成龙和刘建莉[6]分析了我国商业银行多元化经营的绩效水平，研究发现多元化经营对我国商业银行绩效产生了正向的影

---

[1] Graham, J., et al., "Does Corporate Diversification Destroy Value", *Journal of Finance*, No. 2, 2002, pp. 695-720.

[2] Campa, J. M., S. Kedia, "Explaining the Diversification Discount", *Journal of Finance*, Vol. 57, No. 4, 2002, pp. 1931-1962.

[3] 苏冬蔚：《多元化经营与企业价值：我国上市公司多元化溢价的实证分析》，《经济学刊》2005 年第 10 期。

[4] 姜付秀等：《多元化经营、企业价值与收益波动研究——以中国上市公司为例的实证研究》，《财经问题研究》2006 年第 11 期。

[5] 杨林：《多元化发展战略与企业价值关系：理论、实证及其战略调整研究》，博士学位论文，南京大学，2006 年。

[6] 魏成龙、刘建莉：《我国商业银行的多元化经营分析》，《中国工业经济》2007 年第 12 期。

响。何郁冰和丁佳敏[1]研究了2005—2013年中国制造业上市公司的多元化战略与绩效之间的影响,认为产品和技术多元化的协同与绩效之间正相关。何秉卓[2]研究了保险公司多元化经营和绩效之间的关系,研究结果显示保险公司实施产品多元化可以增加保费收入、保费净收入和省份市场占有率。

(二) 多元化折价

20世纪70—80年代,欧美国家的企业出现了归核化浪潮,企业逐渐由多元化战略转向专业化经营或者从事相关多元化经营,学界对于多元化与绩效关系的评价也逐渐转向负面,提出多元化折价模型,并在实证层面获得了广泛的认可。多元化折价(diversification discount)指的是企业多元化的经营会损害企业的绩效,即多元化与绩效存在负向的线性关系。

Palepu[3]以30家食品工业企业1973—1979年的数据为基础,探讨了企业多元化与绩效的关系,实证结果显示在研究年份中,对那些长期经营策略不变的企业多元化与绩效负相关,而多元化和盈利能力之间关系不显著。Wernerfelt和Montgomery[4]以246家企业为依据,使用赫芬达尔指数和托宾Q值检验了多元化和绩效关系,作者认为企业多元化有损于绩效。Lang等[5]通过比较美国1970—1980年多元化公司与专业化公司的托宾Q值,发现多元化公司的托宾Q值显著低于专业化公司,作者为了克服行业、公司特征因素等可能产生的偏差,使用"专营店法"对托宾Q值进行了调整,调整后仍然有多元化折价效应。Lang和Stulz认为,之所以会出现这样的结果,是因为选择多元化的公司在此之前绩效水平就较差,寄希望于多元化来寻找发展机会。另外,他们还

---

[1] 何郁冰、丁佳敏:《企业多元化战略的内部关联及其对绩效的影响——来自中国制造业上市公司的经验证据》,《科学学研究》2005年第11期。

[2] 何秉卓:《中国保险公司多元化经营与绩效的关系研究》,博士学位论文,浙江大学,2016年。

[3] Palepu, K., "Diversification Strategy, Profit Performance and the Entropy Measure", *Strategic Management Journal*, Vol. 6, No. 3, 1985, pp. 239-255.

[4] Wernerfelt, B., C. Montgomery, "Tobin's Q and the Importance of Focus in Firm Performance", *American Economic Review*, No. 78, 1988, pp. 247-250.

[5] Lang, L., et al., "Corporate Diversification and Firm Performance", *Journal of Political Economy*, No. 102, 1992, pp. 1248-1280.

认为多元化经营并不能提高公司的绩效，但是多元化在多大程度上损害公司绩效还不能完全确定。Berger 和 Ofek[1] 使用超额价值来度量企业绩效，选取了 CIS 数据库中年销售额在 2000 万美元以上的企业 1986—1991 年的数据，研究结果显示多元化折价与企业经营项目数正相关，多元化折价在 18.1%—21.7%，每家企业平均损失大约为 2.35 亿美元（1986—1991 年）。Berger 和 Ofek 认为企业多元化与绩效负相关，多元化经营会导致企业盈利能力的下降，多元化经营企业的 ROA 和 ROE 都比专业化经营的企业要低，企业过度投资和部门之间的横向补贴会引致多元化折价效应。Comment 和 Jarrel[2] 采用历史纵向比较的方法，研究了 1978—1989 年在 NYSE 和 ASE 上市的公司多元化与绩效的关系，作者将多元化企业分为多元化程度不变、多元化程度提高和多元化程度降低的公司，研究发现多元化程度降低的公司股票收益率更高；专业化的提高程度与公司股票收益率呈显著正相关；多元化经营并不会降低企业对外部资本市场的依赖程度。John 和 Ofek[3] 采用事件研究法，选取了 1986—1988 年 321 个公司的数据，研究结果表明通过资产剥离降低了多元化程度的企业在资产剥离之后绩效得到改善，剥离带来的超额收益与绩效正相关。Servaes[4] 的研究得出多元化经营导致企业盈利能力下降的结论。William 等[5] 的研究显示企业的绩效与企业的专业化程度正相关，企业如果实施会导致专业化程度下降、多元化程度提升的并购行为，将使企业股东利益、企业现金净流量都不同程度地减少。

中国企业处在最大的发展中国家和新兴市场经济体之中，自 20 世纪 90 年代起中国企业的多元化经营与绩效的关系逐渐成为关注的热点。国内的相关研究起步较晚，已有众多研究表明多元化经营会对企业绩效

---

[1] Berger, P., E. Ofek, "Diversification's Effect on Firm Value", *Journal of Financial Economics*, No. 37, 1995, pp. 39-65.

[2] Comment, R., Jarrell, G. A., "Corporate Focus and Stock Returns", *Journal of Financial Econnomics*, No. 37, 1995, pp. 67-87.

[3] John, Ofek, "Asset Sales and Increases in Focus", *Journal of Financial*, Vol. 37, 1995, p. 105.

[4] Servaes, H., "The Value of Diversification during the Conglomerate Mergerwave", *Journal of Finance*, Vol. 11, No. 4, 1996, pp. 1201-1226.

[5] William, L. et al., "The Determinants of Posituve Long-term Perfprmance in Strategic Mergers: Corpoeate Focus and Cash", *Journal of Banking Finance*, No. 3, 2004, pp. 523-552.

产生折价效应。

　　李玲和赵瑜纲[①]使用1993—1997年A股上市公司的数据,探讨多元化经营与企业价值之间的关系,结果显示上市公司多元化经营程度与企业价值呈负相关关系,即多元化存在折价效应。这是较早利用我国的上市公司数据来研究企业多元化与绩效关系的实证研究,随着我国证券市场的披露机制逐步完善,规范程度逐步加强,有关上市公司多元化与绩效关系的实证研究也逐步增多。姚俊等[②]以我国593家上市公司1999—2001年的数据为样本,研究企业多元化程度、股权结构和绩效之间的关系,研究发现企业多元化程度与净资产收益率没有显著相关的关系,但是与资产回报率显著负相关。张翼等[③]以2002年沪深两市的1022家非金融类上市公司为样本,选取资产收益率(ROA)和托宾Q值为绩效衡量指标,使用赫芬达尔指数和经营单元数为多元化衡量指标,实证检验了企业多元化与绩效之间的关系,研究结果表明企业的多元化程度与资产收益率负相关,与托宾Q值正相关,作者还认为多元化并不会降低企业降低财务困境的概率,也就是说,多元化经营不仅与绩效负相关,而且还不能降低企业的经营风险。余鹏翼等[④]以1998—2002年的399家上市公司的财务数据为样本,研究认为上市公司在采取多元化行为之后,短期绩效提升而长期绩效降低,这说明上市公司在采取多元化行为时,不仅要看到多元化的短期收益,还要看到多元化对企业的长远发展是否有利。洪道麟和熊德华[⑤]的研究结果显示多元化会损害公司绩效。采用事件研究法,李善民和朱滔[⑥]使用事件研究的方

　　[①] 李玲、赵瑜纲:《中国上市公司多样化经营的实证研究》,《证券市场导报》1998年第5期。

　　[②] 姚俊等:《我国上市公司多元化与经济绩效关系的实证分析》,《管理世界》2004年第11期。

　　[③] 张翼等:《中国上市公司多元化与公司业绩的实证研究》,《金融研究》2005年第9期。

　　[④] 余鹏翼等:《上市公司股权结构、多元化经营与公司绩效问题研究》,《管理科学》2005年第1期。

　　[⑤] 洪道麟、熊德华:《中国上市公司多元化与企业绩效分析:基于内生性的考察》,《金融研究》2006年第11期。

　　[⑥] 李善民、朱滔:《多元化并购能给股东创造价值吗?——兼论影响多元化并购长期绩效的因素》,《管理世界》2006年第3期。

法，研究结果表明企业采取多元化并购后，公司股东会遭受财富损失。林晓辉和吴世农[1]使用2002—2004年887家A股上市公司的数据，系统考察了多元化与绩效之间的关系，结论表明多元化经营会降低企业的绩效，二者呈弱负相关关系，而且多元化经营对企业绩效的影响程度和所从事的多元化相关性有关。高帅[2]研究了中国房地产市场的公司治理结构、多元化经营和企业绩效三者之间的关系，其中房地产上市公司的多元化对企业绩效有折价效应。

（三）多元化中性

多元化中性指的是企业采取多元化战略对企业绩效没有显著的影响，即多元化与绩效之间是不相关关系，或者二者要通过其他要素来产生相互作用。Gort[3]使用美国111家公司1947—1957年的财务数据，通过计量方法发现，不同行业中的企业多元化发展程度也存在差异，而且企业多元化与盈利能力两者不存在显著性关系。Arnould[4]使用赫芬达尔指数和会计指标对104家食品加工企业进行了实证分析，研究结果显示多元化与企业的盈利能力之间并不存在显著的相关关系。Mansi和Reeb[5]的研究认为多元化经营与绩效没有显著影响。刘力[6]研究发现企业的多元化程度与资产收益率、资产负债率间并不存在显著性关系。金晓斌等[7]认为，多元化战略与企业价值没有关系，既不会造成折价也不会造成溢价。李志辉和李梦雨[8]研究了50家商业银行多元化经营与绩

---

[1] 林晓辉、吴世农：《股权结构、多元化与公司绩效的研究》，《证券市场导报》2008年第1期。

[2] 高帅：《中国房地产上市公司治理结构、多元化与企业绩效研究》，博士学位论文，清华大学，2016年。

[3] Gort, M., *Diversification and Integration in American Industry*, Princeton, N.J.: Princeton University Press, 1962, p. 128.

[4] Arnould, R., "Conglomerate Growth and Public Policy", in Gordon, L. ed., *Economicss of Conglomerate Growth*, Department of Agricultural Economics, Corvallis, OR, Oregon State University, 1969, pp. 72-80.

[5] Mansi, S. A., Reeb, D. M., "Corporate Diversification: What Gets Discounted", *Journal of Finance*, Vol. 57, 2002, pp. 2167-2183.

[6] 刘力：《多元化经营及其对企业价值的影响》，《经济科学》1997年第3期。

[7] 金晓斌等：《公司特质、市场激励与上市公司多元化经营》，《经济研究》2002年第9期。

[8] 李志辉、李梦雨：《我国商业银行多元化经营与绩效的关系——基于50家商业银行2005—2012年的面板数据分析》，《南开经济研究》2014年第1期。

效的关系，发现二者存在非线性关系。崔涛[①]研究了煤炭企业多元化与企业绩效的关系，发现企业多元化通过协同效应对绩效产生溢价传导。张毅等[②]研究了上市物流企业多元化经营与绩效的关系，认为二者产生影响要通过成本效率来实现。

  还有一类研究对多元化折价这一结果提出了质疑，争论的焦点认为绩效折价并非是由多元化经营引起的，而是企业在进行多元化战略之前折价就已经存在了。持这类观点的研究者认为，多元化企业和专业化企业不同，多元化企业具有内生型，要对多元化的内生型进行控制，否则就会使研究结论出现偏差。例如，Graham 等[③]通过分析在 1980—1995 年数百家使用并购来扩展业务范围的企业，研究发现被收购企业在作为独立企业的最后一年，出售是大约有平均 15% 的折价，并且企业收购的目标企业自身存在折价，才导致企业并购后价值降低。Hyland[④] 发现，多元化企业的绩效在采取多元化战略之前就已经较差，而采取多元化经营目的是得到更好的发展机会。Campa 和 Kedia[⑤] 的研究发现，多元化企业在规模、行业增速、销售收入等方面与专业化经营的公司有差异，多元化企业其实在实施多元化战略之前就已出现了折价，当控制这些差异了之后，企业的欧元和折价会减少甚至消失，这表明多元化折价的主要原因是由企业内生性的问题引起的。Lamont 和 Polk[⑥] 认为，多元化折价是多元化企业和专业化企业在期望报酬和现金流量上理性的体现，多元化折价是对预期收益和预期现金流差异的回报。

---

  ① 崔涛：《煤炭企业多元化、产业协同与企业绩效研究》，博士学位论文，中国矿业大学，2015 年。
  ② 张毅等：《中国上市物流企业多元化战略与绩效：成本效率中介作用研究》，《管理运作》2013 年第 2 期。
  ③ Graham, J., et al., "Does Corporate Diversification Destroy Value", *Journal of Finance*, No. 2, 2002, pp. 695-720.
  ④ Hyland, D., *Why Firms Diversify: An Empirical Examination*, Unpublished Manuscript, University of Texas at Arlington, 1999.
  ⑤ Campa, J. M., Kedia, S., *Explaining the Diversification Discount*, Unpublished Manuscript, Harvard Business School, No. 4, 1999.
  ⑥ Lamont, O., Polk, C., *The Diversification Discount: Cash Flows vs. Returns*, Unpublished Manuscript, University of Chicago, 1999.

（四）倒"U"形曲线关系

随着研究的深入，许多学者意识到多元化与绩效之间可能存在着更加复杂的关系，并不是简单的正相关或负相关关系。部分学者以曲线关系替代线性关系来解释多元化与绩效之间的关系，其中最具代表性的是多元化与绩效呈倒"U"形曲线关系，即企业绩效随着多元化程度的深入先升后降。

Palich 等[1]使用元分析的方法，研究了 30 年来发表在期刊中的 55 篇多元化与绩效关系的文献，并且结合模型得出多元化与绩效其实是倒"U"形曲线关系。Kreye[2]使用德国的样本数据也表明，企业多元化与绩效呈倒"U"形的关系。Qian 等[3]对美国 123 家跨国企业做了 7 年的跟踪调查，得出区域多元化与企业绩效之间同样存在倒"U"形的关系。郑华和韦小柯[4]认为企业在多元化初期的时候，多元化与绩效正相关，随着多元化程度的加深，二者呈负相关关系，从整体上看，多元化与绩效呈倒"U"形曲线关系。张平[5]选择沪深两市的企业进行实证分析，发现多元化与绩效存在倒"U"形曲线关系，多元化程度低时绩效与多元化正相关，多元化程度加深时与绩效负相关。

综合国外和国内学者的相关研究结果来看，多元化与绩效的关系至今没有统一的定论，这种情况产生的原因主要有以下几点：

第一，研究者选取的样本不同。国内外的学者就多元化与绩效关系展开了半个多世纪的讨论，实证研究了多个国家和地区、不同产业、不同年份的企业多元化绩效，样本的不同会导致研究结果的差异。比如，国家和地区的同一产业，选取不同年份同一行业的数据，或相同年份不

---

[1] Palich, L. E., et al., "Curvilinearity in the Diversification-Performance Linkage: An Examination of over Three Decades of Research", *Strategic Management Journal*, Vol. 21, No. 2, 2000, pp. 155-174.

[2] Kreye, T. R., *The Impact of Corporate Industrial and International Diversification on Firm Value: Evidence from Germany*, The University of St. Gallen, Doctor Dissertation, 2007.

[3] Qian, G. M., et al., "The Performance Implications of Intra-and Inter-regional Geographic Diversification", *Strategic Management Journal*, Vol. 31, No. 9, 2010, pp. 1018-1030.

[4] 郑华、韦小柯：《企业多元化战略对绩效的非线性影响》，《生产力研究》2008 年第 3 期。

[5] 张平：《我国企业集团行业多元化与绩效的实证研究》，《科技管理研究》2011 年第 12 期。

同行业的数据，得到的结果可能会有差异；发达国家和新兴经济体国家同一时间段内多元化绩效水平也会不同。

第二，研究者使用的研究方法不同。多元化与绩效的测量指标经过几十年的发展，衍生出了不同的测量指标，每种指标都有自己的适用范围和使用局限，选取不同的多元化和绩效指标，会直接导致研究结果的不同。

第三，研究者选择的数据不同。国内外的研究者在进行相关研究时，数据的筛选会根据研究的取向做相关调整，即便是同一行业同一时间段的企业，由于研究者主观筛选的数据不同，也会导致研究结论的差异。

第四，研究所处的时间段和经济周期不同。处在不同经济周期中的行业，会受到经济大环境的影响，相应的多元化策略也会对绩效产生不同的影响。

以此看来，对于多元化与绩效关系的研究，虽然涉及多个行业和部门的研究结果具有普遍性的意义，为多元化与绩效相关理论提供了实证样本，但是实证研究会出现多元化溢价、多元化中性、多元化折价等不同的结果。不同产业的产业结构、市场集中度的差异都会影响多元化与绩效关系的检验结果，对于处在大样本中的某个行业或某个企业来说，所有行业或不相关行业的多元化与绩效关系结论并没有太大的价值和参考意义，因此，更有现实指导意义的只有该行业自身在最近时间段内的多元化实证研究结果。这也是本研究的出发点之一：为中国传媒类企业提供适切的多元化经营决策支持。

二 相关多元化和非相关多元化与企业绩效关系实证研究

在多元化相关问题的研究中，学者们普遍认同将多元化类型概括地分为相关多元化和非相关多元化两种。相关多元化和非相关多元化研究是学者持续关注的领域。

相关多元化指的是企业通过拓展既有的资源优势、核心竞争力而采取的一种竞争战略，这种战略增加的业务或扩展的产业领域和原有业务有相关性，比如会使用原有的技术、继承原有的经验、在原有的市场投放等。相关多元化是企业发展战略的首选，相关多元化的实施可以使企业的新产品和既有产品互相补充，完善企业的产业链[1]。

非相关多元化指的是企业进入和主营业务没有关联的其他产业的经营行为，目的主要有两个：一是在不影响投资期望报酬的前提下，选择合适的产业组合，减少企业的非系统风险；二是通过投资于企业内部或外部多市场的经营，增强企业的市场势力，提高财务资源的配置效率，获得额外收益。

相关多元化和非相关多元化对于绩效的影响，和多元化与绩效关系的研究类似，至今没有统一的结论。目前的研究结论主要可以分成四种：相关多元化的绩效优于非相关多元化、相关多元化与非相关多元化的绩效没有明显差异、非相关多元化的绩效优于相关多元化、相关多元化不能提高企业绩效。其中，相关多元化的绩效优于非相关多元化的结论是目前相关多元化和绩效关系研究的主流观点。

（一）相关多元化的绩效优于非相关多元化

传统的相关多元化理论主要考虑的是资源如何优化配置的问题，持这种观点的研究者认为，相关多元化可以在相关产业之间利用优势资源，通过企业在核心经营业务中资源和竞争力的共享，发挥协同效应，实现规模经济和范围经济，从而提高企业绩效。比如，Rumelt[2]通过研究1949—1969年美国企业的数据发现，企业在发展到一定阶段之后，要么开展相关多元化经营，要么进行非相关多元化经营，采用相关多元化战略的企业绩效要比采用非相关多元化的企业要好，不论是使用财务指标还是非财务指标来衡量都是如此。Rumelt 认为，使企业绩效较好的主要原因是企业围绕着核心业务展开了相关多元化经营策略，因为相关多元化是以企业的核心技术或能力为基础的，实施该策略可以降低企业内部的交易成本，实现规模经济效应。Teece[3]认为，相关多元化之所以能够提高企业绩效是因为各业务单元之间可以共享市场、技术、声

---

[1] Markides, "The Economic Characteristics of De-diversifying Firms", *British Journal of Management*, Vol. 3, 1992, pp. 91-100.

[2] Rumelt, R. R., *Strategy, Structure, Economic Performance*, Boston, Harvard University Press, 1974.

[3] Teece, D. J., "Towards an Economic Theory of the Multiproduct Firm", *Journal of Economic Behavior and Organization*, Vol. 3, No. 3, 1982, pp. 39-63.

誉等资源,而非相关多元化超出了资源利用的能力。Barney[①]认为,企业从事相关多元化可以将专有技能、核心竞争力和管理理念在业务之间互相传递,提高成本效率实现范围经济,从而增大企业的竞争优势力。

  非相关多元化往往不被提倡,尽管非相关多元化的经营会有更多的盈利机会,但是同时会增加企业的管理成本和交易费用,无法实现规模经济和范围经济,不利于企业绩效的提升,甚至会使绩效下降,而且根据交易费用理论,企业管理者有可能通过非相关多元化实现私利,而损害股东利益。Peters 和 Waterman[②]的研究认为,经营绩效最好的企业采用的是以公司主营业务为基础扩张的企业,其次是采用相关多元化战略的企业,绩效最差的是采取不相关多元化的企业。相关多元化优于非相关多元化的绩效,而且相关性是提高企业绩效的必要非充分条件。Montgomery[③]认为,当企业实行高度多元化的时候,企业的关键资源被分散,不能像专业化或相关多元化的企业一样将关键资源投放到特定市场中,因此企业在特定市场中的实力将被削弱。Lubatkin 和 Chatterjee[④]认为,相关多元化企业内的协同资源会使企业提高抵御市场波动的能力,降低企业内外部的系统性和非系统性风险,而当多元化程度过高时,企业的抗风险能力其实也会被削弱。

  国内学者的实证研究结果大多也倾向于认为相关多元化的绩效优于非相关多元化。张钢和张东芳[⑤]以我国上市企业的数据为样本,研究发现相关多元化的绩效优于非相关多元化和主导业务型企业。邓新明[⑥]的研究发现企业从事相关多元化与绩效正相关,而非相关多元化与绩效负

---

① Barney, J., "Firm Resources and Sustained Competitive Advantage", *Journal of Management*, Vol. 17, No. 1, 1991, pp. 99–120.

② Peters, T., R. H. Waterman, *In Search of Excellence*, New York: Harper & Row, 1982.

③ Montgomery, C. A., "Product-market Diversification and Market Power", *Academy of Management Journal*, Vol. 28, No. 4, 1985, pp. 789–798.

④ Lubatkin, M., Chatterjee, S., "Extending Modern Portfolio Theory into the Domain of Corpoate Diversification: Does it Apply?", *Academy of Management Journal*, Vol. 37, No. 1, 1994, pp. 109–136.

⑤ 张钢、张东芳:《我国高新技术上市公司的多元化与经营绩效》,《工业技术经济》2004 年第 5 期。

⑥ 邓新明:《我国民营企业政治关联、多元化战略与公司绩效》,《南开管理评论》2011 年第 4 期。

相关。

还有学者从多元化与绩效的非线性关系中来阐释相关多元化的绩效最优,也就是说,当企业从单一业务向相关多元化发展的时候,企业的绩效会提高,但是进一步的非相关多元化则会损害企业绩效。Palich 等[1]认为企业在选择多元化路径的过程中会经历从单一业务到相关多元化,再到非相关多元化的三个阶段,而多元化行为在不同阶段的绩效水平不一样,当企业从单一业务扩展到相关多元化的时候,绩效提升,而逐渐过渡到非相关多元化的过程中,绩效水平降低,多元化与绩效会呈现倒"U"形曲线关系,也就是说单一业务和非相关多元化的绩效都不如相关多元化。Prahalad 和 Hamel[2]指出企业在超出最优的多元化经营水平的时候,只有围绕企业核心业务展开的相关多元化经营才能提高企业的绩效。之所以会出现这种情况,是因为企业在采取单一业务的时候无法享受到范围经济,也无法通过财务关系舒缓企业的经营风险[3]。从事相关多元化时,企业的各业务单元可以共享企业资源,放大企业的竞争优势[4]。当企业多元化程度不断增加后,非相关多元化业务增多,资源在企业内部无效率的业务部门之间使用,出现过度投资和无效的交叉补贴现象,会损害企业价值,使绩效水平降低[5]。

相关多元化和非相关多元化会使绩效呈倒"U"形曲线关系的研究结论,也在欧美发达国际的企业经营实践中得到了印证。在 20 世纪 80 年代之后,欧美国家的企业开始了"归核化"实践,企业不断剥离非

---

[1] Palich, L. E., et al., "Curvilinearity in the Diversification-Performance Linkage: An Examination of over Three Decades of Research", *Strategic Management Journal*, Vol. 21, No. 2, 2000, pp. 155-174.

[2] Prahalad, C., Hamel, G., "The Core Compentency of a Corporation", *Harvard Business Review*, Vol. 68, No. 3, 1990, pp. 79-91.

[3] Lubatkin, M., Chatterjee, S., "Extending Modern Portfolio Theory into the Domain of Corpoate Diversification: Does it Apply?", *Academy of Management Journal*, Vol. 37, No. 1, 1994, pp. 109-136.

[4] Lubatkin, M., O'Neill, H. M., "Merger Strategies and Capital Market Risk", *Academy of Management Journal*, 1987, pp. 665-684.

[5] Berger, P., E. Ofek, "Diversifieation's Effect on Firm Value", *Journal of Financial Economics*, No. 37, 1995, pp. 39-65.

主营业务，多元化业务由非相关多元化回归到主业或相关多元化。Markides[1] 最早提出了归核化（refocusing）的概念，归核化强调企业核心能力的维护和发展，将企业的经营业务聚拢在最具竞争优势的地方。Markides 认为《幸福》500 家企业中，至少有 20%—50% 的企业在 1980—1987 年进行了归核化实践，而这种归核化在 20 世纪 60—70 年代只有约 1% 的企业。Comment 和 Jarrell[2] 检验了归核化与公司价值之间的关系，得出归核化会使公司价值提升的结论。美国通用汽车公司在 1981 年开始了归核化经营，将涉及的 60 多个行业聚拢到 13 个核心行业之中，从而取得了很好的收益。之后很多大型集团企业纷纷着手剥离非相关业务，形成适度的相关多元化经营状态。

（二）相关多元化与非相关多元化绩效没有明显差异

有些研究者在之后的研究中发现，相关多元化和非相关多元化对绩效的作用其实是由产业因素所造成的，在控制了产业因素之后，二者并不能造成绩效的差异。Bitts[3] 基于 SIC 代码比较了 24 家相关多元化企业和 25 家非相关多元化企业的绩效，研究发现相关多元化企业的绩效仅比非相关多元化企业高出 1%—3%，这说明二者对绩效其实没有明显差异。Bitts 和 Hall[4] 使用 Rumelt[5] 的研究样本进行了对比，研究发现当控制了产业因素的影响之后，相关多元化和非相关多元化对绩效没有差别。Grant 等[6] 使用 305 家企业 1972—1984 年的数据，认为当控制了产

---

[1] Markides, "Consequences of Corporate Refocusing: Exante Evidence", *Academy of Management Journal*, Vol. 35, 1992, pp. 398-412.

[2] Comment, R., Jarrell, G. A., "Corporate Focus and Stock Returns", *Journal of Financial Economics*, No. 37, 1995, pp. 67-87.

[3] Bettis, R. A., "Performance Difference in Related and Unrelated Diversified Firms", *Strategic Management Journal*, Vol. 2, No. 4, 1981, pp. 379-393.

[4] Bettis, R. A., Hall, W. K., "Diversification Strategy, Accounting Determined Risk, and Accounting Determined Retur", *Strategic Management Journal*, Vol. 25, No. 2, 1982, pp. 254-264.

[5] Rumelt, R. R., *Strategy, Structure, Economic Performance*, Boston, Harvard University Press, 1974.

[6] Grant, R., et al., "Diversity, Diversification, and Profitability among British Manufacturing Companies", *Academy of Management Journal*, Vol. 13, 1882, pp. 771-801.

业的影响时，相关多元化和非相关多元化对绩效没有明显差别。Simmods[1] 使用 73 家企业 1975—1984 年的数据，发现相关多元化的绩效并没有优于非相关多元化。

（三）非相关多元化的绩效优于相关多元化

非相关多元化指的是企业的经营范围涉及两个或两个以上不相关的行业。大多数企业战略管理学学者都对非相关多元化持否定态度，而且已有的大多数研究也都发现非相关多元化并不能为绩效带来太多好处，但是，Prahalad 和 Hamel[2] 认为，企业应坚持核心业务的想法，并不见得适用于所有类型的经济体或企业。企业选择非相关多元化战略，一定程度上受到宏观的外部市场环境和微观的内部资源要素的调节和影响。

宏观的外部环境方面，当市场环境稳定，或者市场自身发育不充分时，企业会倾向于非相关多元化。美国在 20 世纪 50—70 年代，国家经济发展相对较稳定，第三次科技革命促进了经济繁荣，另外受到政府反垄断法和税法的影响，美国很多企业选择使用混合兼并等方式进入不相关产业或新兴领域，出现了一大批巨无霸企业。Michel 和 Shaked[3] 通过研究美国 1975 年 50 多家企业的股价发现，从事不相关多元化的企业股价表现更好。不同于欧美发达国家的市场环境，新兴市场经济国家或转型经济国家不同程度地会存在资本市场发展滞后、法律法规不健全、市场机制不成熟等问题，处在新兴市场国家或转型经济国家中的企业，通常会采用非相关多元化来降低交易费用，实现更好的发展[4]。Khan-

---

[1] Simmonds, P. G., "The Combined Diversification Breadth and Mode Dimensions and the Performance of Large Diversified Firms", *Strategic Management Journal*, Vol. 11, No. 9, 1990, pp. 399−410.

[2] Prahalad, C., Hamel, G., "The Core Compentency of a Corporation", *Harvard Business Review*, Vol. 68, No. 3, 1990, pp. 79−91.

[3] Michel, A., Shaked, I., "Multinational Corporations vs. Domestic Corporations: Financial Performance and Characteristics", *Journal of Intemational Busines Studies*, Vol. 17, No. 3, 1986, pp. 89−100.

[4] Li, M., et al., "Diversification and Economic Performance: An Empircal Assessment of Chinese Firms", *Asia Pacific Journal of Management*, Vol. 20, No. 2, 2003, pp. 243−265.

na[①]和Palepu[②]先后对印度、墨西哥、智利等新兴国家的企业进行研究，认为国家层面的制度因素会影响到企业的多元化程度，当国家的市场经济发展不完善、市场化进程缓慢的时候，企业倾向于进入不相关行业获得发展机会。Khanna和Palepu还提出了制度缺失理论，认为在新兴市场国家在企业采取多元化是一种有益的企业组织形式。

微观的内部资源要素方面，资源学派认为，当企业拥有过盛的通用或闲置资源时，企业将会加大既有业务的投入，或跨产业寻求更好的发展；或者企业主营业务收益不佳，又积累了相对丰富的资源时，也会倾向非相关多元化；而当企业所处行业的生命周期衰退、市场需求递减的时候，企业无法再通过规模经济、范围经济获得超过平均收益的利润，企业会被迫选择进入不相关行业或领域。Teece[③]的研究认为，企业丰富的通用资源是企业选择多元化经营的必要条件。Ramanujan和Varadrajam[④]的研究发现企业通过非相关多元化经营可以获得更大的市场势力，帮助企业降低系统性风险，他们认为，当产业之间的关联度越小，企业的风险也会越小。

（四）相关多元化不能提高企业绩效

持这种观点的研究相对较少。张卫国等[⑤]使用我国1999年72家上市公司的数据，研究发现相关多元化与ROA、ROS、ROE显著负相关，说明相关多元化并不能提高企业绩效。

综上，相关多元化和非相关多元化是企业发展到一定阶段所采取的经营战略，企业到底应该采取相关多元化还是非相关多元化战略，学者理论和实证检验的结果至今也没有定论，大多数学者还是倾向于认为以核心业务为主业的相关多元化是对绩效最优的策略。对于传媒产业来

[①] Khanna, N., Palepu, K., "Why Focused Strategies May Be Wrong for Emerging Markets", *Harvard Business Review*, Vol. 75, 1997, pp. 41-48.

[②] Khanna, N., Palepu, K., *Coproarte Scope and Institutional Context: An Empirical Analysis of Diversified Indian Business Groups*, Unpublished Manuscript, Harvard University, 1999.

[③] Teece, D. J., "Towards an Economic Theory of the Multiproduct Firm", *Journal of Economic Behavior and Organization*, Vol. 3, No. 3, 1982, pp. 39-63.

[④] Ramanujan, V., P. Varadarajam, "Research on Corporate Diversification: A Synthesis", *Strategic Management Journal*, Vol. 10, No. 6, 1989, pp. 523-551.

[⑤] 张卫国等：《上市公司多元化战略与经济绩效关系实证分析》，《重庆大学学报》2002年第11期。

说，其他国家和行业的多元化类型同样没有太大的参考意义，需要通过实证检验传媒业具体应该从事何种类型的多元化经营。

第四节　传媒企业多元化经营与绩效关系研究综述

中国正处于计划经济向市场经济过渡的阶段，资本市场、产权制度、政策导向等都和国外市场存在差异，身处其中的传媒业的经营状况也难免和国外传媒业有所不同。国外传媒业多元化与绩效关系的研究是否适用于中国传媒企业，中国传媒企业的多元化研究视角是否应该体现中国的特色，这些问题都是我们需要从既有研究成果中梳理出来的。

一　国外传媒企业多元化与绩效关系研究

欧美传媒业在市场环境宽松、公司治理结构相对合理的有利条件下，通过市场竞争来扩大企业规模、提高企业的市场份额和获得经济收益，经过一百多年的发展，已经积累了丰富的经营管理经验，传媒企业的多元化实践也得到了学界的理论支持和实证检验。大部分学者对国外传媒企业多元化经营持支持态度，特别是以主业为核心的相关多元化经营。

Gillian[1]认为传媒企业在市场结构限制减少的条件下更易获得规模经济和范围经济益处，将传媒企业的多元化分为横向扩张、垂直扩张和倾斜性扩张三类，多元化会使传媒企业在利用不同业务和区域的资源方面得到有利的条件，并且更易获得规模经济和范围经济。

Sylvia 和 Chang[2]使用 2000—2001 年 7 家大型传媒集团的数据进行实证研究，将多元化划分为产品、地域和产品—地域多元化三类，兼具产品和地域多元化的传媒集团多元化与绩效呈曲线关系，即在地域多元化，特别是跨国多元化提高到一定程度时，绩效会下降。

Kranenburg 等[3]选取了 1999—2003 年全球范围内以出版为核心业务的媒体集团为样本，结果显示出版行业普遍存在着多元化经营的行为，

---

[1]　唐亚明：《走进英国大报》，南方日报出版社 2004 年版。
[2]　唐绪军：《报业经济与报业经营》，新华出版社 1999 年版。
[3]　Van Kranenburg, H, et al., "Measurement of International and Product Diversification in the Publishing Industry", *Journal of Media Economics*, Vol. 17, No. 2, 2004, pp. 87–104.

而且北美的出版企业没有真正意义上开展地域多元化。

Jung 和 Chan-Olmsted[①] 以 1991—2002 年 26 家传媒企业的数据为样本，多元化在需要投入巨大花费的同时也能为企业带来更好的财务绩效水平。

王风云[②]选取了 2009—2011 年美国纽约交易所上市的传媒类企业和在纳斯达克上市的市值大于 50 亿美元的共计 87 家传媒企业作为研究样本，研究发现美国传媒企业以专业化和相关多元化经营为主，实施多元化的企业业务单元也基本在三个以内，多元化程度比国内传媒企业要低；多元化程度与盈利能力没有显著关系；多元化对绩效有折价效应。作者还指出，对于处在不完善市场体制中的中国传媒企业，盲目地从事非相关多元化经营可能暂时可以获得较高的投机收益，但是却会是一个巨大的威胁，而且应该更加注意多元化经营的效率。

二 国内传媒企业多元化与绩效关系研究

我国的传媒多元化探讨开始于 20 世纪 90 年代，报业集团组建之后学者们就企业经营管理、盈利模式等问题展开了讨论。随着传媒上市公司的财务信息披露机制、公司治理机构等环节的不断优化，相关研究也逐步出现。但是总的来说，相比于其他产业的相关问题研究，传媒业经营问题的研究，特别是传媒企业多元化与绩效关系的研究都处于初级阶段，大多是基于理论或者个案的研究，实证研究成果非常少，而且研究结论仍有很大的争议。

（一）中国传媒企业多元化经营研究

有关我国传媒企业多元化经营的研究，主要从多元化经营的动因和传媒企业多元化经营实践两方面展开，学者们几乎都是从传统媒体的视角出发，探讨传统媒体实施相关多元化和非相关多元化的利弊和多元化可行路径，研究面向狭窄，研究结论高度一致。

1. 传媒企业的多元化经营动因

我国的传媒企业在主业发展空间受限，经营性收入受到外部环境威

---

① Jung, J., Chan-Olmsted, S. M., "Impacts of Media Conglomerates' Dual Diversification on Financial Performance", *Journal of Media Economics*, Vol. 18, No. 3, 2005, pp. 183-202.

② 王风云：《传媒企业多元化经营绩效实证研究》，《兰州大学学报》（社会科学版）2013 年第 5 期。

胁的状况下，开始了多元化经营的探索，21世纪初以来，学界对此现象展开了讨论，传媒企业实施多元化经营的动因主要可以归结为两点：一是内在动机受资本驱动，为了获取额外收益[1]；二是外部原因为了规避行业经营风险[2]。当单位传媒产品无法满足传媒收益增长或风险规避的目标需求时，传媒需要面向新的领域推出新产品，也就是传媒多元化的过程[3]。王宇和覃朝霞[4]认为传媒企业实施多元化经营一是为了规避经营风险，实现战略转移；二是解决事业单位体制下资金紧缺的问题。顾永才[5]认为出版企业外部原因和内在动机是选择多元化经营的原因，多元化经营的优势是出版企业选择多元化经营的必要途径，可以满足出版企业发展和转型的内在要求。

传媒企业的经营性风险主要来自外部，长久以来，我国大多数传媒企业经营性收入要依赖广告的局面一直没有得到根本性的改变，但是广告收入受行业周期和政策调整的影响很大，单纯靠广告收入维持生存会使经营风险增大。王建军[6]认为除了解决盈利模式主要依赖广告的问题，增强企业抗风险的能力之外，还可以利用产业价值链上的关键环节协同发展，提高资源配置效率，获得收益的乘数化效应；还可以在规模化发展的同时，构建自身独特的结构性竞争优势。

也有学者认为多元化的发展动机不应该偏离核心业务。温柔和范以锦[7]直接指出，传媒多元化经营的目的从根本上说应该是发展核心业务，也就是发展传媒的舆论传播阵地，而不能把传媒转型当作转行。

2. 传媒企业多元化经营实践研究

在技术不断更新和市场日益完善的背景下，我国传媒企业的多元化

---

[1] 谢江林：《"跨界"四思——广播电视媒体多元化经营路径及策略》，《南方论坛》2014年第1期。

[2] 顾永才：《我国出版企业多元化与专业化经营之辩》，《现代出版》2013年第5期。

[3] 朱春阳：《传媒集团：如何实现创新成长的效率优化》，《新闻大学》2008年第4期。

[4] 王宇、覃朝霞：《中国电视媒体的多元化经营》，《新闻记者》2002年第8期。

[5] 顾永才：《出版企业多元化经营的动因、条件与路径研究》，《科技与出版》2015年第3期。

[6] 王建军：《广播电视产业多元化跨界发展战略布局》，《中国广播电视学刊》2014年第9期。

[7] 温柔、范以锦：《转型不是转行——报业多元化经营之我见》，《新闻界》2014年第10期。

经营实践也逐渐步入正轨，诸多传媒企业除了发展自身业务之外，还涉足了游戏、电商、互联网金融等互联网业务和房地产、旅游等实业，在资本运作方面通过收购、入股等方式扩大业务领域。传媒企业在跨界融合和业态创新中不断寻求着多元化发展的合理路径，试图在日益激烈的竞争环境中维持和发展自身。有关传媒企业多元化实现路径的问题，学者基本都认为传媒企业要以核心竞争力为主的相关多元化经营为主，谨慎涉足非核心竞争力的非相关多元化领域。

朱春阳[1]认为传媒集团多元化要以核心能力扩张为成长起点，有限的相关多元化是传媒实现做大做强战略目标的基本成长方向。谢耘耕[2]将传媒多元化投资行为分为三类：横向多元化、纵向多元化和混合多元化，其中前两类是相关产业的多元化，并且认为传媒企业进行多元化只能进入可以形成新优势和新利润增长点的行业或产品，谨慎地投资非相关多元化领域。刘永红[3]认为传媒企业的核心竞争力是支撑传媒企业多元化的先决条件，决定了多元化的深度和广度，企业要根据自身核心竞争力谨慎做出多元化决策。郭全中[4]提出传统媒体参与市场竞争时间短，市场化能力弱，资本运作能力差。传媒产业围绕核心竞争力从事的相关多元化战略易成功，实现多元化扩张的规模经济和范围经济效应，而要避免进入没有核心优势的非相关多元化领域。目前传统媒体多元化转型涉及网络游戏、文化金融、文化地产、娱乐、旅游、电商等多种业态，多元化业务正逐步成为重要的支柱业务，传统媒体的这种非相关多元化经营方式可以弥补逐步萎缩的传统业务收入缺口，但是也会为管理带来困难[5]。

学者针对报业、出版、广播电视等传媒企业的多元化实践探讨也得出了类似结论。汪家驷[6]将报业经营分为五个层面，分别是发行和广

---

[1] 朱春阳：《传媒集团：如何实现创新成长的效率优化》，《新闻大学》2008年第4期。
[2] 谢耘耕：《媒介多元化投资及其风险》，《新闻界》2004年第3期。
[3] 刘永红：《论出版集团核心竞争力与多元化经营的关系》，《出版与印刷》2004年第4期。
[4] 郭全中：《多元化战略是馅饼，也可能是陷阱——传统媒体跨界风险及对策探讨》，《新闻实践》2011年第1期。
[5] 郭全中：《传统媒体多元化转型研究》，《新闻与写作》2017年第12期。
[6] 汪家驷：《报业经济的战略思考》，《当代传播》2004年第1期。

告、新闻生产流程等环节的经营、新闻生产相关产业的经营、传媒无形资产的经营、传媒的投资运营与资本运作。他认为报业在市场竞争压力加大，生存环境被挤压的情况下，依然要坚持以报业主营的产业化运作为基础，发展报业相关领域的产业，要理性看待多元化经营问题。胡挺和沈文华[1]认为报业还是要从稳定广告业务、扩大印刷业务、打造新媒体优势来谋求发展。

我国大多数出版企业在转企改革后都面临着专业化经营和多元化经营的战略选择问题，出版集团内部资源延展性较强，凭借自身的品牌优势，将经营业务拓展到娱乐业、影视业、房地产、金融等非相关多元化领域。出版企业由于资金实力有限、市场运作经营少，实施多元化经营策略要考虑到宏观经济前景、行业特点、企业战略、投资项目风险等因素，坚持核心竞争力为基础的相关多元化战略[2]。顾永才[3]认为，出版企业在早期实施专业化为后续多元化经营提供重要的资金、资源储备，而多元化是出版企业发展到一定阶段合理的经营选择，多元化经营要以核心竞争力为基础的相关多元化为主。出版企业实施多元化经营主要有三种方式，一是以内容资源为基础构建传媒产业链，二是在以出版业务为主的同时向产业上下游的纵向一体化发展，三是以主业积累的资本扩张到非出版业，前两种是相关多元化经营，第三种是非相关多元化经营，出版企业还是要以主业为基础，适度进行跨行业的混合扩张战略[4]。苏静[5]认为出版集团在实施多元化战略时，会面临执行力、行业风险、横向或纵向发展扩张的问题，应该利用内容生产的优势拓展行业，发展资本多元化经营和以新技术为支持。杨庆国等[6]认为，出版集团多元化经营主要通过行业聚集下的产业链多元化、资本运作的多元化

---

[1] 胡挺、沈文华：《整体上市、多元化战略转型与经济后果——以广州日报报业集团为例》，《财会通讯》2015 年第 9 期。

[2] 徐建中：《论出版多元化经营战略的模式选择》，《编辑之友》2006 年第 3 期。

[3] 顾永才：《我国出版企业多元化与专业化经营之辩》，《现代出版》2013 年第 5 期。

[4] 顾永才：《出版企业多元化经营的动因、条件与路径研究》，《科技与出版》2015 年第 3 期。

[5] 苏静：《出版集团多元化经营的现实困惑及发展方向》，《编辑之友》2014 年第 8 期。

[6] 杨庆国等：《出版集团多元化经营创新模式研究——基于国内 25 家出版集团数据统计及模式建构》，《出版科学》2011 年第 6 期。

和新业态扩展的多元化三种路径。杨荣[①]通过分析出版企业的财务数据，认为出版传媒集团应该改变纵向一体化的现状，主要从事横向多元化经营。

长期以来电视媒体的经营性收入主要依靠广告，但是仅仅依靠广告收入不足以维持长久的发展，为此电视媒体展开了多种形式的非相关多元化经营，但是电视媒体还是要将重心放在提高核心竞争力上，避免盲目扩张[②]。王建军[③]认为广电产业的多元化跨界经营还是要依托主业的核心竞争力，围绕传媒产业链从事相关多元化经营。

总的来说，目前学界的研究结论和业界的多元化实践是相悖的。学界认为企业在主业发展取得一定成效的时候，会优先考虑从事以主业为核心的相关多元化战略，但是我国传媒企业无论自身资源禀赋是否充足，主业经营潜力是否被充分开发，都更倾向于从事高风险的非相关多元化经营，比如进军房地产业、金融业、食品加工业等。这有悖于学界企业经营的主流理念，但是对于传媒业来说，这种背离或许是在市场竞争中被迫做出的合理选择。因为我国的传媒业相较于其他行业中的企业来说，从事多元化经营要面临更多的困难，影响多元化发展的因素也更多元，究其原因，还是跟传媒业的双重属性有关，传统媒体自身在现代企业制度匮乏、公司治理架构不健全、外部环境的市场发育不完善、企业退出机制和跨区域整合被限制的时候，想要分摊经营压力，维持自身生存和发展，就只能被迫选择涉足不相关领域，开拓主业之外的新业务，以求获取额外收益。

因此，如何客观地看待和解决学界提倡相关多元化，而业界（尤其是传统媒体）实际上却热衷从事非相关多元化的悖论，传媒企业从事相关多元化和非相关多元化的合理分界是什么？分别从事相关多元化和非相关多元化的实际效果如何？都是亟须重新检视的问题，但是目前来看相关研究极少。

---

① 杨荣：《出版传媒集团多元化战略转型方向研究》，《现代出版》2015年第6期。
② 王宇、覃朝霞：《中国电视媒体的多元化经营》，《新闻记者》2002年第8期。
③ 王建军：《广播电视产业多元化跨界发展战略布局》，《中国广播电视学刊》2014年第9期。

（二）中国传媒业多元化经营与绩效实证研究

传媒企业实施多元化经营需要在横向和纵向跨界。这种跨界在促进传媒转型升级时也同样存在风险，跨界后资源整合的实际效果需要做进一步检验[1]。目前对于我国传媒业多元化经营与绩效关系检验的实证研究较少，学者们大多赞同多元化可以提高企业绩效，并且要以相关多元化为主，谨慎实行非相关多元化。可查阅到的研究和结论主要如下：

向志强和杨珊[2]选取了 2009—2014 年 19 个传媒上市公司的财务数据，使用行业数目、专业化率、赫芬达尔指数、熵指数、ROA、ROE、EPS、净利润率等指标，建立多元一次线性回归模型和一元二次曲线模型，对多元化经营和绩效间关系进行了实证，实证结果显示中国传媒上市公司的多元化经营与公司绩效呈正相关；其不相关多元化与公司绩效没有相关性，相关多元化与绩效显著正相关；总体多元化与绩效存在先降后升的"U"形关系。作者还提出，传媒上市公司的多元化经营目前主要是在核心能力和技能的范畴内展开；传媒产业由于内部结构复杂、产业链长、相关多元化选择范围大，导致了与其他产业多元化与绩效关系研究结论的差异。

丁和根和陶大坤[3]选取 2009—2011 年 12 家传媒上市公司作为样本，分析其公司业务与绩效之间的关系，实证结果显示传媒上市公司相关多元化战略与绩效呈正相关，非相关多元化与绩效之间没有显著影响。并且提出在实施多元化战略时，要谨慎开展非相关业务，积极实施相关多元化，注重多元化时机的选择。

中国出版、广电单位目前大都完成了转企改革，大型出版集团、广电集团相继上市，出版、广电企业的多元化经营受到部分学者的关注，学者认为出版业、广电业应该围绕核心业务展开相关多元化经营，谨慎选择非相关多元化战略。但是事实上，以出版企业为代表的传媒企业，主业经营创造出的利润已经很有限，需要通过非相关多元化的经营来维

---

[1] 喻国明等：《"个人被激活"的时代：互联网逻辑下传播生态的重构——关于"互联网是一种高维媒介"观点的延伸探讨》，《现代传播（中国传媒大学学报）》2015 年第 5 期。

[2] 向志强、杨珊：《中国传媒上市公司多元化经营与公司绩效关系实证研究》，《新闻与传播研究》2015 年第 8 期。

[3] 丁和根、陶大坤：《传媒上市公司经营业务与绩效关联性实证分析》，《东岳论丛》2012 年第 12 期。

持企业的发展。姚德权和邓阳[①]使用2008—2013年7家出版行业上市公司的数据，研究结果显示低水平的多元化与出版类上市公司的绩效负相关，高水平的多元化与绩效正相关，总体呈"U"形曲线关系，适度的总体多元化可以降低企业风险，相关多元化和非相关多元化程度较低时都可以增加企业绩效。作者还认为，我国出版类上市公司由于组建时整合了众多出版社而具有较高的相关多元化程度，目前总体多元化和相关多元化的盈利能力触顶，因此要谨慎地选择相关多元化，而相关多元化程度较高的企业可以选择适度的非相关多元化拓展业务。李雅筝和周荣庭[②]以12家出版上市企业2012—2014年的面板数据为样本，采用回归分析得出出版类企业多元化经营与绩效正相关，出版企业在条件成熟的时候可以由专业化转到多元化经营，以相关多元化经营为主，适度布局新媒体业务。左占平和李双成[③]使用2009—2010年8家广电类上市公司的数据进行实证分析，研究认为广电企业要在核心业务的支撑下开展相关多元化经营。

传媒的区域扩展也是多元化战略的类型之一，但是关注传媒地域多元化经营的文章很少。鲁珍和冯根尧[④]使用2009—2011年14家传媒企业的数据，研究了传媒地域多元化与绩效之间的关系，结果表明企业实施地域多元化可以降低传媒企业的业绩波动，而过高的地域多元化反而会降低企业的成长能力。梅楠[⑤]考察了13家传媒上市公司2007年区域多元化和业务多元化的情况，区域多元化可以保持绩效稳定，但不能显著提升企业绩效；业务多元化与绩效存在"U"形曲线关系，即企业在多元化初期绩效水平下降，多元化程度加深后绩效水平提高，原因是我国传媒企业业务多元化以非相关多元化为主。

---

① 姚德权、邓阳：《出版类上市公司多元化经营绩效的实证分析》，《现代传播》2016年第1期。

② 李雅筝、周荣庭：《国内出版上市企业多元化经营与其绩效影响的实证分析》，《科技与出版》2015年第10期。

③ 左占平、李双成：《广电传媒产业多元化经营与绩效实证研究》，《河北经贸大学学报》2014年第6期。

④ 鲁珍、冯根尧：《传媒企业地域多元化对企业绩效的影响研究——基于深沪两市14家传媒企业的实证分析》，《特区经济》2013年第8期。

⑤ 梅楠：《我国传媒企业区域多元化及业务多元化对绩效影响的研究》，《中国软科学增刊（上）》2009年。

还有学者从资本结构方面研究了传媒上市公司的盈利能力、资产负债率、资本密集度等与企业价值之间存在的关系：朱鸿军和王浩[1]通过实证研究发现西方的资本结构理论对于中国的传媒上市公司并没有太大的理论解释力，但是论文实证的结果有利于传媒企业进行资本结构的优化。

从目前查阅到的文献来看，仅有刘素雅[2]的实证研究表明多元化与绩效负相关。作者使用 A 股 48 家传播与文化产业上市公司 2015 年的数据，得出多元化与绩效显著负相关，即多元化程度越高，绩效水平越低。但是文章选取的数据年度只有一年，结果的稳健性有待考量。

总的来说，目前国内的相关研究大多数认为传媒企业要通过多元化来扩大收入渠道、增强传媒的整体实力，多元化是传媒在现实的市场环境和发展趋势下合理应对的必然选择。但是我们也要看到，已有的实证研究还存在很多问题和缺陷，也是本研究需要克服的地方。

第五节　文献述评

一　理论与实证研究综述得到的启示

第一，理论与实证研究均认为企业多元化战略会对绩效产生直接影响，但是不同经济体中的不同行业、不同企业的不同多元化会对绩效产生不同的影响。

从理论研究来看，学者们普遍认同企业采取多元化经营策略会对绩效产生直接影响，这种影响有的是正面的，有的是负面的。有学者认为，企业采取多元化经营策略可以分散企业经营风险，为企业带来范围经济，节约交易成本，合理配置企业的内部资本，因此企业在发展到一定阶段的时候，可以涉足多元化产业。还有理论研究得出企业多元化会损害绩效的结论，比如代理理论就认为企业的多元化，特别是非相关多元化战略会对绩效产生折价效应。

---

[1] 朱鸿军、王浩：《传媒上市公司资本结构对企业价值的影响——对中国 2005—2011 年 A 股市场面板数据的实证研究》，《新闻与传播研究》2013 年第 6 期。

[2] 刘素雅：《中国传媒上市公司多元化与企业绩效的实证分析》，《沿海企业与科技》2017 年第 3 期。

实证研究的结果和理论研究结果类似，认同企业多元化经营会对绩效产生正面或负面的直接影响。学者采用不同行业不同年份的数据进行分析后得到了不同的多元化与绩效关系结论，验证了理论研究的合理性。这就说明，我们在考察某一经济体中的某一个行业或某一类企业的多元化与绩效关系时，更多的要参照相关的研究基础，而不是其他不相关的研究结论。

第二，现有理论与实证研究重点关注的是多元化类型的问题，而忽视了多元化程度对于绩效的影响。

前文中提到，企业多元化的研究维度主要可以划分为多元化类型和多元化程度。现有的理论和实证研究基本都将企业做抽象的概念加以衡定，考察不同行业不同企业在不同时间段内的多元化类型与绩效关系，而忽视了多元化程度与绩效关系的实证研究。

事实上，企业在市场化进程中参与市场竞争的程度和企业选择进入哪些产业同样重要，单一地考察企业的相关多元化、非相关多元化对于绩效的影响不能够全方位地反映企业的战略经营现状，因而要结合具体的产业特征，检验企业多元化类型和多元化程度对于绩效的影响如何。这也是本研究试图改进的研究内容之一，重点考察了传媒企业多元化类型和多元化程度对于绩效的影响。

第三，现有理论与实证研究大多主张企业从事相关多元化经营，而非相关多元化经营对于企业绩效有何影响需要更多的实证检验样本。

在既有的研究中，学者们大多认同的是相关多元化会对企业绩效产生积极的影响。如资源基础理论认为相关多元化会合理配置企业的稀缺资源，从而给企业带来超额利润，其他的经济学理论也基本认同相关多元化经营可以实现资源的优化配置，分散风险，给企业带来范围经济和降低企业内部交易成本。实证研究的结果也倾向于认为相关多元化对于企业绩效有溢价效应。

而对于非新兴市场经济体或处在衰退期中的企业来说，相关多元化领域的经营范围有限，且不能为企业带来即时利益，而广泛的涉足非相关多元化领域反而可以使企业维持生存和提供财务支持。这种现实层面的悖论就需要通过实证研究来获得验证，以及相关多元化和非相关多元化所适用的企业或行业是什么？相关多元化和非相关多元化对于企业绩效产生不同影响的原因是什么？类似问题也都可以通过实证研究获得启示。

二 对传媒企业多元化与绩效关系的启示

第一，已有的经济学相关研究对于中国传媒企业适用性的问题

国外学者对于企业多元化经营在理论和实证上都有诸多讨论，从不同研究视角和研究对象上，为我们提供了坚实的研究基础和参考。在研究范畴方面，国外早期的多元化研究主要关注的是企业是否多元化和多元化程度对绩效的影响，随着研究的深入，学者们开始关注采用多元化的类型和方式，主要集中在相关多元化和非相关多元化对于绩效的不同影响。在研究对象上，国外早期的多元化研究集中在商业环境发达、公司治理结构合理的发达国家，在20世纪90年代之后，研究者对于新兴市场经济国家的多元化问题的研究也逐渐增多。

国外学者的研究成果是建立在发达国家具有完善的市场经济制度和企业治理规范的基础之上的，其研究方法和研究成果可能并不适合解释转型经济体或发展中国家企业的战略选择，二者之间存在较大的制度和市场差异。新兴经济体中尽管市场机制也参与资源分配，但是企业的发展还要高度依赖非市场机制（主要是政府）的再分配环节。研究前提的不同会导致研究结论的巨大差异，其理论适用性也有特殊性。

中国目前所处的宏观经济环境和发达国家存在一定差异，身处其中的传媒企业和国内其他产业相比，又具有独特性：首先，传媒产业事业、企业的双重属性，决定了传媒业无法完全融入资本运营和企业治理体系，市场经济的一些基本原则和战略无法直接套用在传媒企业上；其次，传媒产业资金密集型的产业属性，决定了传媒产业中的大型企业、集团会存在形式多样的资本运营活动，如企业兼并、收购、股权收购、资产互换等，因此，传媒产业的资本运营、战略管理会是身处其中的企业面临的重要决策问题；最后，传媒改革和媒介融合的不断推进又使得传媒产业发生着深刻的变革，企业运营，特别是资本层面的运营也将会促使管理者检视传统经营理念存在的合理性。这些特点对传媒上市公司的经营活动产生了重要的影响。

传媒产业经营层面的研究是亟须学者进行理论和实践观照的领域，国外的多元化相关研究和中国其他产业的多元化相关研究对于中国传媒

企业是否适用，需要我们做进一步的验证。若要研究中国传媒企业的多元化经营问题，前提就是必须立足中国传媒企业所处的经营环境，以中国传媒企业为研究样本，考虑到中国传媒企业所特有的企业制度、政策背景等因素，选择适切的研究方法和研究角度展开讨论。

第二，多元化与绩效关系研究结论不一致，中国传媒企业多元化与绩效关系需要重新验证

前文中提到，由于学者使用的样本、研究方法、采纳的数据和研究所处的经济周期不同，导致了多元化与绩效关系，相关多元化、非相关多元化与绩效关系结论的差异。多元化与绩效关系的结论主要有：多元化有助于绩效的提升，即多元化溢价；多元化损害企业绩效，即多元化折价；多元化与企业绩效无关，即多元化中性；多元化与绩效呈倒"U"形曲线关系。相关多元化与绩效关系的结论主要有：相关多元化的绩效优于非相关多元化、相关多元化与非相关多元化绩效没有明显差异、非相关多元化的绩效优于相关多元化、相关多元化不能提高企业绩效。学者至今还在使用不同的研究样本对这一问题进行探讨，没有得出统一的结论。在对传媒企业的研究中，国内外学者的实证结果也不尽相同。

其他国家或者我国其他产业的相关实证结论都不能够作为我国传媒企业可参照的范例。多元化与绩效到底是正相关关系还是负相关关系，抑或是倒"U"形曲线关系；传媒企业到底该实施非相关多元化还是相关多元化，都需要我们根据目前传媒企业的具体情况，使用最新的数据来重新进行实证检验。

第三，中国传媒企业多元化探讨的维度单一，缺失对多元化程度的实证研究

在考察业务多元化时，多元化程度和多元化类型是学者重点关注的两个维度。简单地说，多元化程度的研究关注实施多元化到哪种地步对企业是最有效的，多元化类型探讨相关多元化还是非相关多元化对于企业是最优的。

沪、深两市中将我国的传媒企业划分为文化传播和信息技术两大类，归属文化传播类的企业多是传统媒体，归属信息技术类的企业多是新媒体。两种类型的传媒企业由于组建背景、资源差异、公司治理体系

等本质上的不同，实施多元化的结果理应有所差异，所以如果将这两类传媒企业的多元化经营杂糅在一起进行含混的实证研究，对于其中任何一类企业的多元化经营的把握都是不准确的，也起不到指导传媒企业从事何种多元化经营的预期效果。

目前已有的国内传媒企业多元化实证研究中，学者只关注了我国传媒企业多元化类型的问题，即是否要从事多元化经营，从事相关多元化经营还是非相关多元化经营，研究视角非常单一。没有学者讨论过多元化程度的问题，也没有研究将我国的传媒企业做进一步的分类，来探讨不同种类的传媒企业多元化与绩效关系的差异。因此，本书将文化传播和信息技术类企业进行区分，分别梳理两种类型的传媒企业整体多元化和从事相关多元化、非相关多元化时的绩效，另外增加已有研究没有涉及的传媒多元化程度的实证检验。

第四，已有的我国传媒企业多元化与绩效实证研究存在诸多缺陷

目前已有的传媒企业多元化与绩效关系研究，虽然填补了我国传媒企业多元化实证研究的空缺，但仍然存在诸多问题，主要是以下几点：

一是研究所使用的样本量少。目前支持多元化的实证研究中，样本量在7—19个。截至2018年年末，已上市的传媒类上市企业约80家，上述实证研究中小样本的数据是否能完整地体现传媒业整体的多元化情况就值得再商榷。因为样本的局限会导致研究的局限，样本数量的限制会影响实证方法的选择，样本量少的情况就只能选择对样本规模要求不高的实证方法，而样本量充足时可以提高结论的稳定性和可靠性。

二是样本研究时间段短。上述文献的研究时间段平均在三年左右，有的甚至只考察了某一年的多元化情况，这显然是不合理的。多元化经营会有时滞效应，当年的多元化绩效可能会在1—3年后才显现，另外再加上财报披露时间的不统一而造成的误差，因此在选取数据时至少要使用三年以上的财务数据才能准确地体现多元化与绩效之间的关系。

三是研究内容单一。除了向志强和杨珊（2015）的实证研究外，其他学者都只关注多元化领域中某一方面的问题，比如多元化与绩效关系、相关多元化和非相关多元化与绩效的关系、地域多元化与绩效的关系。对于某一行业多元化状况的考量，需要结合多个维度来体现多元化的整体状况，现有的研究都只侧重某一类多元化问题，更没有区分多元

化在短期、长期的差异；也没有关注不同类型传媒企业多元化的差异和多元化程度与绩效之间的关系。

四是研究指标设计有待优化。文献中对于多元化、绩效和控制变量的指标设计都选择得比较简单，比如多元化的测量指标仅适用赫芬达尔指数或者熵指数，绩效的测量仅使用总资产收益率（ROA）或净资产收益率（ROE）。测量指标在很大程度上决定了实证的有效性，过于简单的指标提示的信息量有限，而且易受到其他指标的干扰，如果对指标进行丰富，将会增大实证结果的稳健性。

因此，为了加深对传媒企业多元化与企业绩效的理解，本书从企业多元化、企业绩效等方面进行机理分析，使用多种多元化、绩效、控制变量等指标，根据企业运行情况建立对应的分析模型，探讨传媒企业多元化程度、两种类型的传媒企业在短期和长期分别实施相关多元化和非相关多元化的绩效等问题，力图对我国传媒企业多元化经营与绩效关系进行全面的分析。

第六节　本章小结

本章对现有的相关文献进行了梳理和评述：第一，对企业多元化经营相关概念进行论述，主要包括多元化经营的内涵、研究维度和多元化测量指标；接着对企业绩效的概念和测量指标进行概括。第二，梳理了企业多元化的理论基础。第三，回顾了多元化经营与企业绩效相关研究，研究主要从多元化经营与企业绩效的实证研究和相关多元化、非相关多元化与绩效的实证研究两方面展开，这两方面的实证研究都尚未取得一致的结论。第四，综述了传媒企业多元化经营与绩效关系的研究现状，目前国内的传媒企业多元化经营建议主要倾向于从事以核心业务为主的相关多元化战略。第五，指出了当前研究中存在的问题，明确本书中需要改进的方面，本书通过实证研究将重点考察传媒企业多元化类型（包括相关多元化和非相关多元化）与多元化程度对于企业绩效的影响。

第三章

实证研究设计

本章首先确定研究样本的范围，对数据来源进行详细介绍，并且对本书研究目标的衡量指标，即企业绩效和多元化指标进行选取说明以及测算。在理论分析的基础上提出研究假设，并对实证分析采用的方法和工具进行介绍。

第一节 研究样本与收集

一 研究样本分类和研究年份界定

（一）样本来源和分类

沪、深 A 股主板中，按照各自行业划分标准，深圳证券交易所上市公司分类中将传媒类企业归属在"文化传播"和"信息技术"两类之中[①]；上海证券交易所上市公司分类中将传媒类企业归属在"文化、体育和娱乐业"和"信息传输、软件和信息技术服务业"两类之中[②]。经过人工筛选出主营业务是传媒大类的上市公司。

上海证券交易所和深圳证券交易所虽然对传媒企业的划分名称不同，但经过人工比对，深圳证券交易所的"文化传播"类企业和上海证券交易所的"文化、体育和娱乐业"类企业基本包含了目前已上市的传统媒体，主要是省级或大型的广播电视集团、新闻出版集团和影视

---

① 深圳证券交易所，上市公司列表，http://www.szse.cn/market/companys/company/index.html.
② 上海证券交易所，上市公司地区/行业分类列表，CSRC 行业分类，http://www.sse.com.cn/assortment/stock/areatrade/trade/.

传媒公司；深圳证券交易所的"信息技术"类企业和上海证券交易所的"信息传输、软件和信息技术服务业"类企业囊括的基本是目前已上市的新媒体企业，主要是互联网类公司和游戏动漫类公司。

为了研究标准的一致性，本书将深圳证券交易所的"文化传播"类企业和上海证券交易所的"文化、体育和娱乐业"类企业统一归属为"文化传播"大类，是传统媒体上市企业的集合；深圳证券交易所的"信息技术"类企业和上海证券交易所的"信息传输、软件和信息技术服务业"类企业统一归属为"信息技术"大类，是新媒体上市企业的集合。

（二）研究年份的界定

本书的研究年份界定在2012—2019年，选取依据主要是传媒企业在2011年之后多元化发展的加深和政策层面的大力支持。

在现实层面，传统媒体（这里指的主要是新闻出版类、广播电视类传媒企业）的高速发展持续到了2011年左右，在2010年移动互联网兴起之后传统媒体广告收入被稀释，遭遇了"断崖式下滑"，营收出现危机。2011年中国报业广告收入达到最高峰，此后报纸广告收入连年下降，2017年相比2012年的广告收入降幅达到77%，[1] 广播电视亦是如此，从2011年开始广告收入锐减，2015年的广告收入仅占3.02%，和2011年的15.6%相比下降了80%。[2] 传统媒体为了维持生存，在2011年之后多元化经营更加广泛和深入。

在政策层面，2001—2011年，随着《关于深化新闻出版广播影视业改革的若干意见》（中办发〔2001〕17号）、《关于文化体制改革试点工作的意见》（中办发〔2003〕21号）、《中共中央、国务院关于深化文化体制改革的若干意见》（中发〔2005〕14号）、《关于重点新闻网站转企改制试点工作方案》、《关于积极推进新闻网站转企改制和上市融资的意见》（中外宣办发文〔2011〕10号）等文件的出台，媒介规制对于资本运营由限制到放松管制，促使我国的传统媒体开启资本运营和多元化发展的阶段。党的十七届三中全会和十八届三中全会更加明

---

[1] 陈国权：《谁为媒体提供经济支持？——1949年以来中国媒体经济体制变迁与趋势》，《新闻与传播研究》2018年第10期。

[2] 崔保国：《中国传媒产业发展报告（2016）》，社会科学文献出版社2016年版。

确了文化体制改革的新路径，推动了中国传媒产业的多元化跨界发展。2012年《文化部"十二五"时期文化产业倍增计划》首次提出了促进文化产业跨界融合的政策。制度层面的保驾护航为传媒企业多元化经营提供了良好的外部环境和必要基础，大型传媒集团的跨地区、跨行业发展成为趋势。

基于此，本书将传统媒体，也就是文化传播类的上市公司样本时间段确定在2012—2019年，为了数据区间的一致性和对比分析的合理性，信息传播类上市公司的样本时间段也是2012—2019年。

二 样本收集

本书选择我国沪、深A股主板传媒类上市公司作为研究对象，样本区间为2012—2019年。由于证监会并没有关于传媒类上市公司的直接行业分类，因此需要手工查找和归纳。深市主板的传媒相关行业上市公司包括"信息技术类"和"文化传播类"两类；沪市主板传媒相关行业上市公司包括"文化、体育和娱乐业"和"信息传输、软件和信息技术服务业"两类。首先通过Wind数据库导出以上几类行业相关的所有上市公司，并经过人工筛选保留主营业务是传媒相关的上市公司。选取过程中剔除了下列公司：①经营数据不连续、异常或有缺失的公司；②处于ST或PT状态的公司；③上市时间不足一年的企业；④公司年报中未披露分行业收入数据，或行业分类不明确的企业。最后得到样本上市公司77家（见表3-1、表3-2），共389条数据的非平衡面板数据。

样本企业的财务数据来源于万得（Wind）资讯数据库。上市公司主营业务收入的行业分类则通过查阅各上市公司年报中的"董事局报告"项下所披露的各分行业收入情况，对照中国证券监督管理委员会2012年11月最新颁布的《上市公司行业分类指引》[1] 中的相关行业分类规定，手工收集、分类、统计具体的行业归属及其在主营业务收入中的权重。[2]

---

[1] 中国证券监督管理委员会：《上市公司行业分类指引》，2012年10月26日发布，http://www.csrc.gov.cn/pub/newsite/scb/ssgshyfljg/201304/t20130402_223007.html.

[2] 田恒：《中国企业多元化经营的绩效及影响因素研究》，博士学位论文，武汉大学，2014年。

表 3-1　　　　　　　　文化传播类传媒上市公司

排序	公司全称	A股代码	A股简称	上市日期	沪/深归属版块
1	华数传媒控股股份有限公司	000156	华数传媒	2000年9月6日	文化传播
2	浙江华媒控股股份有限公司	000607	华媒控股	1996年8月30日	文化传播
3	湖北省广播电视信息网络股份有限公司	000665	湖北广电	1996年12月10日	文化传播
4	当代东方投资股份有限公司	000673	当代东方	1997年1月24日	文化传播
5	视觉（中国）文化发展股份有限公司	000681	视觉中国	1997年1月21日	文化传播
6	中原大地传媒股份有限公司	000719	中原传媒	1997年3月31日	文化传播
7	华闻传媒投资集团股份有限公司	000793	华闻传媒	1997年7月29日	文化传播
8	北京京西文化旅游股份有限公司	000802	北京文化	1998年1月8日	文化传播
9	欢瑞世纪联合股份有限公司	000892	欢瑞世纪	1999年1月15日	文化传播
10	长城影视股份有限公司	002071	长城影视	2006年10月12日	文化传播
11	慈文传媒股份有限公司	002343	慈文传媒	2010年1月26日	文化传播
12	骅威文化股份有限公司	002502	骅威文化	2010年11月17日	文化传播
13	美盛文化创意股份有限公司	002699	美盛文化	2012年9月11日	文化传播
14	万达电影股份有限公司	002739	万达电影	2015年1月22日	文化传播
15	广州金逸影视传媒股份有限公司	002905	金逸影视	2017年10月16日	文化传播
16	中国出版传媒股份有限公司	601949	中国出版	2017年8月21日	新闻和出版业
17	浙江华策影视股份有限公司	300133	华策影视	2010年10月26日	文化传播
18	宋城演艺发展股份有限公司	300144	宋城演艺	2010年12月9日	文化传播
19	天舟文化股份有限公司	300148	天舟文化	2010年12月15日	文化传播

续表

排序	公司全称	A股代码	A股简称	上市日期	沪/深归属版块
20	北京光线传媒股份有限公司	300251	光线传媒	2011年8月3日	文化传播
21	北京华录百纳影视股份有限公司	300291	华录百纳	2012年2月9日	文化传播
22	上海新文化传媒集团股份有限公司	300336	新文化	2012年7月10日	文化传播
23	中文在线数字出版集团股份有限公司	300364	中文在线	2015年1月21日	文化传播
24	浙江唐德影视股份有限公司	300426	唐德影视	2015年2月17日	文化传播
25	幸福蓝海影视文化集团股份有限公司	300528	幸福蓝海	2016年8月8日	文化传播
26	时代出版传媒股份有限公司	600551	时代出版	2002年9月5日	新闻和出版业
27	江苏凤凰出版传媒股份有限公司	601928	凤凰传媒	2011年11月30日	新闻和出版业
28	中南出版传媒集团股份有限公司	601098	中南传媒	2010年10月28日	新闻和出版业
29	中文天地出版传媒股份有限公司	600373	中文传媒	2002年3月4日	新闻和出版业
30	中投控股股份有限公司	600715	中投控股	1996年7月1日	广播、电视、电影和影视录音制作业
31	上海新华传媒股份有限公司	600825	新华传媒	1994年2月4日	新闻和出版业
32	青岛城市传媒股份有限公司	600229	城市传媒	2000年3月9日	新闻和出版业
33	浙报数字文化集团股份有限公司	600633	浙数文化	1993年3月4日	新闻和出版业
34	长江出版传媒股份有限公司	600757	长江传媒	1996年10月3日	新闻和出版业
35	安徽新华传媒股份有限公司	601801	皖新传媒	2010年1月18日	新闻和出版业
36	中视传媒股份有限公司	600088	中视传媒	1997年6月16日	广播、电视、电影和影视录音制作业

续表

排序	公司全称	A股代码	A股简称	上市日期	沪/深归属版块
37	浙江祥源文化股份有限公司源	600576	祥源文化	2003年2月20日	文化艺术业
38	成都博瑞传播股份有限公司	600880	博瑞传播	1995年11月15日	新闻和出版业
39	北方联合出版传媒（集团）股份有限公司	601999	出版传媒	2007年12月21日	新闻和出版业
40	南方出版传媒股份有限公司	601900	南方传媒	2016年2月15日	新闻和出版业
41	读者出版传媒股份有限公司	603999	读者传媒	2015年12月10日	新闻和出版业
42	中国电影股份有限公司	600977	中国电影	2016年8月9日	广播、电视、电影和影视录音制作业
43	新华文轩出版传媒股份有限公司	601811	新华文轩	2016年8月8日	新闻和出版业
44	上海电影股份有限公司	601595	上海电影	2016年8月17日	广播、电视、电影和影视录音制作业
45	新经典文化股份有限公司	603096	新经典	2017年4月25日	新闻和出版业
45	中国科技出版传媒股份有限公司	601858	中国科传	2017年1月18日	新闻和出版业
47	横店影视股份有限公司	603103	横店影视	2017年10月12日	广播、电视、电影和影视录音制作业
48	中广天泽传媒股份有限公司	603721	中广天泽	2017年8月11日	广播、电视、电影和影视录音制作业
49	山东出版传媒股份有限公司	601019	山东出版	2017年11月12日	新闻和出版业
50	上海风语筑展示股份有限公司	603466	风语筑	2017年10月20日	文化艺术业

表3-2　　　　　　　　信息技术类传媒上市公司

排序	公司全称	A股代码	A股简称	上市日期	沪/深归属版块
1	长城国际动漫游戏股份有限公司	000835	长城动漫	1999年6月25日	信息技术
2	中信国安信息产业股份有限公司	000839	中信国安	1997年10月31日	信息技术

续表

排序	公司全称	A 股代码	A 股简称	上市日期	沪/深归属版块
3	湖南电广传媒股份有限公司	000917	电广传媒	1999 年 3 月 25 日	信息技术
4	游族网络股份有限公司	002174	游族网络	2007 年 9 月 25 日	信息技术
5	东方时代网络传媒股份有限公司	002175	东方网络	2007 年 10 月 12 日	信息技术
6	深圳市天威视讯股份有限公司	002238	天威视讯	2008 年 5 月 26 日	信息技术
7	大连天神娱乐股份有限公司	002354	天神娱乐	2010 年 2 月 9 日	信息技术
8	恺英网络股份有限公司	002517	恺英网络	2010 年 12 月 7 日	信息技术
9	巨人网络集团股份有限公司	002558	巨人网络	2011 年 3 月 2 日	信息技术
10	完美世界股份有限公司	002624	完美世界	2011 年 10 月 28 日	信息技术
11	深圳中青宝互动网络股份有限公司	300052	中青宝	2010 年 2 月 11 日	信息技术
12	乐视网信息技术（北京）股份有限公司	300104	乐视网	2010 年 8 月 12 日	信息技术
13	深圳市佳创视讯技术股份有限公司	300264	佳创视讯	2011 年 9 月 16 日	信息技术
14	北京掌趣科技股份有限公司	300315	掌趣科技	2012 年 5 月 11 日	信息技术
15	北京昆仑万维科技股份有限公司	300418	昆仑万维	2015 年 1 月 21 日	信息技术
16	深圳市盛讯达科技股份有限公司	300518	盛讯达	2016 年 6 月 24 日	信息技术
17	深圳冰川网络股份有限公司	300533	冰川网络	2016 年 8 月 18 日	信息技术
18	吉视传媒股份有限公司	601929	吉视传媒	2012 年 2 月 23 日	电信、广播电视和卫星传输传输服务
19	人民网股份有限公司	603000	人民网	2012 年 4 月 27 日	互联网和相关服务
20	陕西广电网络传媒（集团）股份有限公司	600831	广电网络	1994 年 2 月 24 日	电信、广播电视和卫星传输传输服务
21	东方明珠新媒体股份有限公司	600637	东方明珠	1993 年 3 月 16 日	电信、广播电视和卫星传输传输服务

续表

排序	公司全称	A股代码	A股简称	上市日期	沪/深归属版块
22	北京歌华有线电视网络股份有限公司	600037	歌华有线	2001年2月8日	电信、广播电视和卫星传输服务
23	江苏省广电有线信息信息网络股份有限公司	600959	江苏有线	2015年4月28日	电信、广播电视和卫星传输服务
24	新华网股份有限公司	603888	新华网	2016年10月28日	互联网和相关服务
25	广西广播电视信息网络股份有限公司	600936	广西广电	2016年8月15日	电信、广播电视和卫星传输服务
26	贵州省广播电视信息网络股份有限公司	600996	贵广网络	2016年12月26日	电信、广播电视和卫星传输服务
27	掌趣科技股份有限公司	603533	掌趣科技	2017年9月21日	互联网和相关服务

第二节 变量定义和测度

一 多元化指标定义和测度

（一）多元化指标定义

本书根据中国证监会颁布的《上市公司行业分类指引》[①]，作为划分中国传媒上市企业经营所跨行业和行业间相关性的依据，将中国传媒企业多元化经营的意涵界定为传媒企业在两个或两个以上的大类行业中进行生产经营或提供产品、服务的行为，若传媒企业的生产经营在行业分类指引中只有一类，那么本研究认为该企业从事的是专一的生产经营活动（专业化），不涉及多元化经营。

（二）多元化指标测度

本书主要采用基于2012年证监会最新颁布的《上市公司行业分类指引》所规定的标准行业代码的经营项目分类主营业务门类，计量多元化程度。考虑到本书的研究目的、测算数据的可获得性、多元化指标的适用性以及连续测量法要求等方面的因素，从文献综述中概括的七大类多元化衡量指标里选择经营项目数（S）、多元化哑变量（D）、赫芬达指数（H）、熵指数（DT）四个指标进行测算和分析，具体测算说明如下。

---

① 国家统计局：《上市公司行业分类指引》，2012年。

1. 经营项目数（S）

本书根据上市公司年报披露的主营业务收入分行业的数据，确定行业的经营项目数（S）。但对于企业的证券投资、项目资本利得等资本收益则不作为主营业务收入范畴。证监会规定上市公司应披露占公司主营业务收入10%以上（含）的经营业务及其所在的行业，因此本书首先罗列出每个上市公司主营业务个数、类别及相应的主营业务收入，然后参考Wrigley[1]的研究，将经营项目数（S）界定为收入大于或等于主营业务收入总额的5%的业务数量以便更精确地刻画企业经营项目数。

$S = \sum_{ni}$

当 $P_i \geq 5\%$ 时，ni 取值为1；否则取值为0。

设 P_i = 第 i 类业务收入/主营业务收入。

2. 多元化哑变量（D）

本书以多元化哑变量（D）用来区分专业化企业与多元化企业。若 $S>1$，则 D 取值为1，表示企业实行多元化经营；若 $S=0$，则 D 取值为0，表示企业实行专业化经营。

3. 赫芬达尔指数（HI）

赫芬达尔指数是一种测量产业集中度的综合指数。它是指一个行业中各市场竞争主体所占行业总收入或总资产百分比的平方和，用来计量市场份额的变化，原本是用来测量产业集中度的综合指数。本书参考Berry[2]（1971）的方法，占该企业的总收入或总资产以多元化企业中各个业务项目的销售收入或资产比重的平方和的方式，衡量各业务项目在企业中的离散程度和相对重要性。为了使赫芬达尔指数与企业多元化程度呈正相关性，以便于理解与分析，在此定义的赫芬达尔指数（HI）其计算公式为：

$HI = 1 - \sum_{i}^{n} P_i^2$

P_i = 第 i 类业务收入/主营业务收入

由此计算得到的赫芬达尔指数介于0—1，且指数值越大，多元化

---

[1] Wrigley, L. W., *Divisidnal Autonomy and Diversification*, Cambridge: Harvard Business School, 1970.

[2] Berry, C. H., "Corporate Growth and Diversification", *Journal of Law and Economics*, Vol. 14, 1971, pp. 371-383.

程度越高。该指数是个连续变化的数值,能够更精确地衡量多元化经营的程度。

4. 熵指数(Entropy)

Berry[①]等学者研究发现,熵指数用来衡量企业多元化具有测量精度高、指标稳定等特点。它能很好地衡量企业多元化经营的行业分布数量、分布均匀程度、行业相关性。本书采用熵指数作为衡量上市公司多元化的指标之一。熵指数可以进一步细分,包括总体多元化熵指数(DT)、相关多元化熵指数(DR)、非相关多元化熵指数(DU)。三者之间的关系如下:

$$DT = DR + DU$$

$$DT = \sum_{i=0}^{n} P_i \times \ln(1/P_i)$$

P_i = 第 i 类业务收入/主营业务收入,n = 多元化业务涉及的行业数量。

$$DR = \sum_{j=1}^{m} DR_j \times P_j$$

$$DU_j = \sum P_j \times \ln(1/P_j)$$

$$DR_j = \sum (P_i/P_j) \times \ln(p_i/p_j)$$

DR_j 表示行业集 j 内部的多元化程度,m 为 n 个行业种类所属的行业集数目。熵指数(DT)用于度量企业整体多元化程度。相关熵指数(DR)、非相关熵指数(DU)则分别用于度量相关多元化程度和非相关多元化程度,相关熵指数(DR)、非相关熵指数(DU)越大,则意味着相关多元化的程度、非相关多元化的程度就越大。

在计算 DR_j 时需要进行主营业务的合并,具体做法如下:判断每个上市公司主营业务归属哪一行业门类,行业门类参照2012年版的《上市公司行业分类指引》。以上市公司年报中披露的各行业收入所属的行业的门类(单字母)和行业大类(单字母加二位数字代码)为判断标准,将分项报告的主营业务收入予以合并。通过对样本公司的年报进行梳理发现,各上市公司的年报并未严格按照证监会要求的分类标准进行

---

① Berry, C., "Corporate Diversification and Market Structure", *Bell Journal of Economics and Management Science*, No. 5, 1974, pp. 196-204.

行业分类，而是按照企业自身的理解进行分类。为了统一标准，本书通过查阅年报中的"产品收入"项目，或通过阅读"公司简介""董事局报告"等项目方式进行调整，以求使行业分类相对准确和完整。在具体操作中，行业的分类和门类判别分别由两个人在不同时间独立完成，对结果进行比对和核实，有差异情况下，相互沟通最终确认。此举是保证分类的可靠性，避免人为主观判断产生的偏差。

二 绩效定义和测度

（一）绩效定义

目前学界对于企业绩效尚没有统一的定义，绩效的测量方式也没有统一的标准。绩效的测度主要可以分为主观绩效指标和客观绩效指标两种，主观指标主要用企业发展的成长性或满意度来衡量，客观指标主要是财务指标或股票价值等。现有的多元化与绩效实证研究，大多使用的是客观财务指标。

本书将中国传媒企业绩效定义为中国传媒企业在采取多元化经营等战略时对于企业价值的影响，并将企业绩效区分为短期绩效和长期绩效。短期绩效和长期绩效采用不同的指标来进行测量，二者并不是简单的时间维度上的差异，短期绩效是企业在采取多元化战略当期对于绩效的影响，而长期绩效考察的是企业多元化战略的长期成长性和长期趋势。企业的战略决策结果往往会产生时间滞后效应，也许在多元化决策后的若干年，在企业内部资源充分利用和管理协调滞后绩效才会呈现上升的情况，而短期绩效由于只能用企业当期的财务指标衡量，因此体现的是企业多元化战略的过去绩效，而长期的成长性则用长期绩效来体现。

（二）绩效测度——因子分析法

根据现有的理论和相关研究成果，没有一个独立的指标可以完全概括或代表企业绩效。因此本研究借鉴"南开大学公司治理评价课题组"[①]（2010）的做法，选取反映传媒上市公司收益能力层面的7个指

---

① 南开大学公司治理评价课题组：《中国上市公司治理状况评价研究——来自2008年1127家上市公司的数据》，《管理世界》2010年第1期。该研究系国家自然科学基金项目（批准号：70532001、70771048、70872049）、教育部人文社科重点研究基地重大研究课题、国家长江学者特聘教授奖励计划、高等学校优秀青年教师科研基金项目、南开大学"985""211"工程项目的研究成果。

标,分别为总资产收益率（roa）、净资产收益率（roe）、每股营业利润（opps）、每股营业收入（ttmps）、每股净利润（ebitps）、每股净资产（navps）和营业利润率（opr），然后利用因子分析法，计算得到这7个指标的权重并进行赋值，最终得出一个衡量上市公司绩效的综合指标。而长期绩效的指标采用总资产增长率来表示，总资产增长率反映了企业的长期发展趋势和成长能力，是上市公司能否在未来实现更高经营绩效的核心要素之一，具有较强的代表性。[①]

由于涉及企业短期绩效的指标数量较多，无法在实证中一一使用，因此本书试图通过适当的方法合成一个包含上述7个指标信息的综合指标，用来衡量短期绩效。通过对现有文献的梳理，发现因子分析法是测算并合成综合指标的常用、有效方法。具体而言，因子分析法的步骤是首先进行KMO和Bartlett检验判断变量组是否适合进行因子分析，然后通过初始特征值和旋转载荷平方和下的累积方差贡献率判断公因子的个数，然后通过7个指标在每个公因子中的载荷分别计算得到公因子得分，再以各公因子方差贡献率占累积方差贡献率的百分比为权重，将选出的公因子加权平均最终得出一个衡量上市公司短期绩效的综合指标。本文使用SPSS软件对各年度传媒上市公司短期绩效进行因子分析法测算。

1. 2011年绩效因子分析

表3-3　　　　　　KMO 和 Bartlett 检验（2011年）

KMO 取样适切性量数		0.590
Bartlett 的球形度检验	上次读取的卡方	173.016
	自由度	21
	显著性	0.000

由表3-3可知，KMO统计量取值是在0—1。当所有变量间的简单相关系数平方和远远大于偏相关系数平方和时，KMO值接近1。KMO

[①] 苏昕、刘昊龙：《多元化经营对企业绩效的影响——高管持股的调节作用》，《经济问题》2017年第1期。

值越接近于 1，意味着变量间的相关性越强，原有变量越适合作因子分析；当所有变量间的简单相关系数平方和接近 0 时，KMO 值接近 0。KMO 值越接近于 0，意味着变量间的相关性越弱，原有变量越不适合作因子分析。本次分析中的 KMO 度量为 0.590，大于 0.5，Bartlett 的球形度检验中的卡方值为 173.016，P = 0.000，说明本次数据适合做因子分析。

表 3-4　　　　　　　　方差贡献率（2011 年）　　　　　　　单位：%

组件	初始特征值 总计	初始特征值 方差百分比	初始特征值 累计百分比	提取载荷平方和 总计	提取载荷平方和 方差百分比	提取载荷平方和 累计百分比	旋转载荷平方和 总计	旋转载荷平方和 方差百分比	旋转载荷平方和 累计百分比
1	3.297	47.094	47.094	3.297	47.094	47.094	2.542	36.315	36.315
2	1.475	21.070	68.164	1.475	21.070	68.164	2.107	30.093	66.408
3	1.051	15.012	83.176	1.051	15.012	83.176	1.174	16.768	83.176
4	0.629	8.982	92.158						
5	0.304	4.338	96.496						
6	0.198	2.830	99.326						
7	0.047	0.674	100.000						

表 3-4 中，第一列是因子编号，以后三列组成一组，每组中数据项的含义依次是特征值、方差贡献率和累计方差贡献率。第一组数据项描述了因子初始解的情况。可以看到，第 1 个因子的特征值是 3.297，解释原有 7 个变量总方差的 47.094%，累计方差贡献率为 47.094%，其余数据含义类似。第三组数据描述了经过旋转后最终因子解的情况，可以看到最终得到 3 个公因子，累计方差为 83.173，因子分析效果较理想。

图 3-1 是碎石图，清楚显示特征值大于 1 的因子有 3 个，最终得到 3 个公因子。

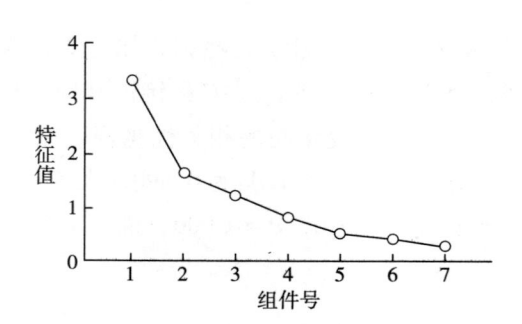

图 3-1　碎石图（2011 年）

根据最大方差法旋转后，得到了 7 个指标在 3 个因子上的新的因子载荷，结果显示，EBITPS、OPPS、OPR 这 3 个变量在第 1 个因子上有较高的载荷；这个因子可以归纳为第一因子。ROE、TTMPS 这两个变量在第 2 个因子上有较高的载荷；这个因子可以归纳为第二因子。NAVPS、ROA 这两个变量在第 3 个因子上有较高的载荷；这个因子可以归纳为第三因子。

表 3-5　　　　　　　　　旋转后的载荷矩阵（2011 年）

	组件		
	1	2	3
EBITPS	0.944	0.088	0.080
OPPS	0.899	0.140	0.279
OPR	0.696	0.164	-0.027
ROE	0.089	0.940	0.008
TTMPS	0.174	0.905	0.166
NAVPS	0.341	0.237	0.852
ROA	0.452	0.542	-0.579

利用 SPSS 直接生成的 3 个公因子的得分和表 3-4 中的方差百分比所占的比例，计算出总的因子的得分。具体公式为：

F 总 =（0.36315/0.83176）×第一公因子+（0.30093/0.83176）×

第二公因子+（0.16768/0.83176）×第三公因子

2012—2013 年的因子分析结果列示如下，结果表明 2012—2013 年的数据均适合做因子分析，因子分析效果理想。

2. 2012 年因子分析

表 3-6　　　　　　　KMO 和 Bartlett 检验（2012 年）

KMO 取样适切性量数		0.750
Bartlett 的球形度检验	上次读取的卡方	304.553
	自由度	21
	显著性	0.000

表 3-7　　　　　　　方差贡献率（2012 年）　　　　　　　单位：%

组件	初始特征值			提取载荷平方和			旋转载荷平方和		
	总计	方差百分比	累计百分比	总计	方差百分比	累计百分比	总计	方差百分比	累计百分比
1	3.868	55.261	55.261	3.868	55.261	55.261	2.900	41.430	41.430
2	1.496	21.377	76.639	1.496	21.377	76.639	2.465	35.209	76.639
3	0.721	10.301	86.940						
4	0.585	8.364	95.304						
5	0.164	2.339	97.643						
6	0.142	2.030	99.673						
7	0.023	0.327	100.000						

表 3-7 中，可以看到最终得到两个公因子，累计方差为 76.639，因子分析效果较理想。

图 3-2 是碎石图，清楚显示特征值大于 1 的因子有 2 个，最终得到两个公因子。

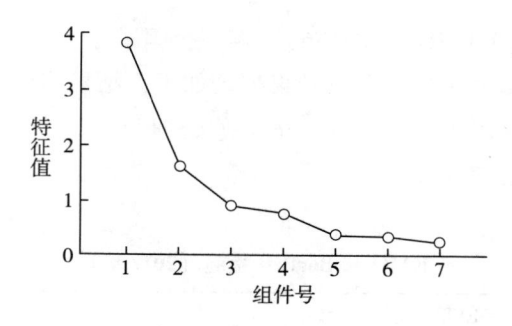

图 3-2　碎石图（2012 年）

表 3-8　　　　　　　旋转后的载荷矩阵（2012 年）

	组件	
	1	2
ROA	0.923	0.183
ROE	0.891	-0.096
TTMPS	0.646	0.177
NAVPS	0.206	0.876
EBITPS	0.610	0.737
OPR	-0.166	0.735
OPPS	0.627	0.734

利用 SPSS 直接生成的两个公因子的得分和表 3-7 中的方差百分比所占的比例，计算出总的因子的得分。具体公式为：

F 总 =（0.41430/0.76639）×第一公因子+（0.35209/0.76639）×第二公因子

3. 2013 年因子分析

表 3-9　　　　　　KMO 和 Bartlett 检验（2013 年）

KMO 取样适切性量数		0.772
Bartlett 的球形度检验	上次读取的卡方	287.142
	自由度	21
	显著性	0.000

表 3-10　　　　　　　　　方差贡献率（2013 年）　　　　　　　　单位：%

组件	初始特征值 总计	初始特征值 方差百分比	初始特征值 累计百分比	提取载荷平方和 总计	提取载荷平方和 方差百分比	提取载荷平方和 累计百分比	旋转载荷平方和 总计	旋转载荷平方和 方差百分比	旋转载荷平方和 累计百分比
1	4.152	59.316	59.316	4.152	59.316	59.316	3.364	48.051	48.051
2	1.382	19.737	79.053	1.382	19.737	79.053	2.170	31.001	79.053
3	0.734	10.484	89.536						
4	0.351	5.018	94.555						
5	0.190	2.714	97.269						
6	0.144	2.061	99.330						
7	0.047	0.670	100.000						

表 3-10 中，可以看到最终得到两个公因子，累计方差为 79.053，因子分析效果较理想。

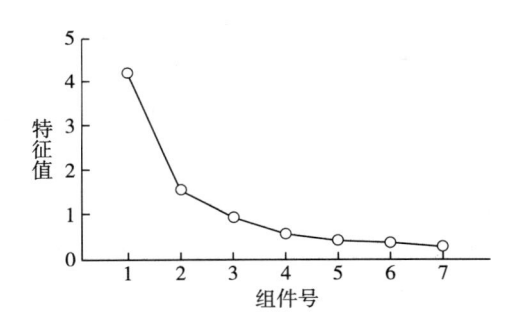

图 3-3　碎石图（2013 年）

图 3-3 是碎石图，清楚显示特征值大于 1 的因子有 2 个，最终得到两个公因子。

表 3-11　　　　　　　　旋转后的载荷矩阵（2013 年）

	组件 1	组件 2
TTMPS	0.923	0.065
ROA	0.910	0.204

续表

	组件	
	1	2
ROE	0.785	0.023
OPPS	0.696	0.597
EBITPS	0.663	0.648
OPR	−0.164	0.830
NAVPS	0.342	0.812

利用SPSS直接生成的2个公因子的得分和表3-10中的方差百分比所占的比例，计算出总的因子的得分。具体公式为：

F总＝（0.48051/0.79053）×第一公因子＋（0.31001/0.79053）×第二公因子

2014—2019年的因子分析和前文类似，在此不赘述。

在上述因子分析法得到的历年传媒上市公司短期绩效综合指标的基础上，本书首先对绩效指标进行整体的描述性统计，见表3-12。从结果看，最终包含348个样本量。短期绩效的最小值为−2.503，最大值为2.494，均值为0.000，标准差为0.712，表明不同上市公司的短期绩效之间存在较大的差异，短期绩效25%、50%和75%分位数分别为−0.407、−0.053和0.393。长期绩效的最小值为−0.259，最大值为6.042，均值为0.399，标准差为0.800，表明长期绩效同样在不同公司之间存在较大差异。长期绩效25%、50%和75%分位数分别为0.037、0.136和0.408。

表3-12　　　　　　　　指标描述分析

	N	最小值	最大值	平均值	标准差	P25	P50	P75
短期绩效	348	−2.503	2.494	0.000	0.712	−0.407	−0.053	0.393
长期绩效	348	−0.259	6.042	0.399	0.800	0.037	0.136	0.408

同时对信息技术类上市公司与文化传播类上市公司的分类描述，详见表3-13。从结果看，比较两类传媒上市公司的短期绩效，信息技术

类上市公司均值为-0.036，文化传播类上市公司为0.020，表明信息技术类公司短期绩效低于文化传播类公司。但比较两类传媒上市公司的长期绩效，与短期绩效相反，表现为信息技术类公司高于文化传播类公司。

表 3-13　　　　　　　　不同公司类型的指标描述分析

公司类型	指标	N	最小值	最大值	平均值	标准差	P25	P50	P75
信息技术类	短期绩效	125	-2.229	2.150	-0.036	0.793	-0.476	-0.137	0.390
	长期绩效	125	-0.234	6.042	0.422	0.809	0.017	0.137	0.489
文化传播类	短期绩效	223	-2.503	2.494	0.020	0.663	-0.351	-0.013	0.398
	长期绩效	223	-0.259	6.042	0.386	0.796	0.052	0.135	0.368

三　控制变量

本书所使用的控制变量主要有以下10种。

（一）股权集中度（owncol）

本书中股权集中度采用第一大股东持股比例来衡量。股权集中度反映了上市公司的股权结构，是影响企业绩效的一个重要因素。对于我国上市公司来讲，第一大股东在经营、决策、人事任命中有较大的决定权，在某些企业有绝对的控制权。通常而言，股权结构较为合理，则在一定程度上意味着上市公司治理结构较为优化，从而公司的信息披露较为真实和透明，能够有效降低信息不对称风险和委托代理成本。因此第一大股东持股比例的高低能直接或间接地影响企业战略决策的方向。

（二）已流通股比例（trdshrpot）

股票在二级市场的流通比例在一定程度上能够影响股东的行为，影响重大经营决策，进而影响财务绩效。结合我国目前情况来看，一方面，如果流通股占比越高，公司股权越不集中，从而对代理人的监督和约束力越薄弱，最终不利于实现股东利益最大化、公司治理结构优化和企业的长远发展。另一方面，在我国上市公司中内部人控制现象较为严重，致使流通股股东在公司中的发言权微弱，促进公司管理层在重大事项的决策权统一以及决策到执行的有效传导，实质上起到提高企业财务绩效的作用。

(三) 董事规模 (dirnum)

董事会规模采用董事会人数表示，为了平稳数据，减少异方差，对董事会人数取自然对数。董事会规模对企业绩效的影响已有诸多研究。第一，依据代理理论，在现代公司治理结构下，企业的所有权、控制权和经营权开始分离，企业的委托方与代理方其各自的效用目标函数存在明显差异，两者将可能产生难以避免的矛盾，董事会规模较大时会出现"搭便车"、厌恶风险和缺乏创新动力等问题，导致"委托—代理"矛盾加剧，从而对经营绩效产生影响。第二，依据组织行为理论，董事会规模太大将造成组织冗余增大，严重干扰董事会成员之间、董事会和经营者之间沟通协调的顺畅性和有效性，并增加了监控的成本，造成决策制定和实施速度下降。第三，依据资源依赖理论，董事会获取外部关键资源的能力越大，其需要的规模也越大，从这一点而言，董事会规模能够在一定程度上促进经营绩效提升。因此本书把董事会规模作为控制变量。

(四) 独立董事比例 (ind)

独立董事大多是其他组织的重要决策者或者著名的学者专家，他们有着丰富的专业知识而且与公司有较少的个人利益关系，独立董事因而比内部董事更能公正客观地进行决策。董事会中独立董事人数占比较大会使其"进谏和建议行为"得到相对更多的重视和关注，从而使独立董事的独立程度和判断能力可以得到有效增强，同时，董事会对上市公司的监管广度、深度和力度也会大幅增强，这对于管理层与董事合谋的可能性产生了明显的削弱作用，并有利于提升公司业绩。

(五) 两职合一 (dual)

本书中两职合一表示董事长是否兼任总经理。董事长和总经理兼任时，进一步扩大到董事长权力，在企业战略决策和多元化执行时更偏向个人喜好，影响企业效益。当董事长和总经理两职分离时，董事长的权力会受到一定的制衡。第一，依据代理理论，由于董事会是企业公司治理结构的核心，等同于为公司股东提供信托职能，即代表股东对经理层进行监督控制，一旦企业经营状况无法让董事会满意，那么总经理或CEO就面临被董事会解职的局面。若将董事长和CEO两职合一，则表明CEO对董事会产生了"俘获"作用，公司高管职权范围更大且通过机会主义行为损坏股东利益的可能性更大，从而对公司绩效产生不利影响。第二，反对代理理论的研究认为，CEO 本质上并没有机会主义和责任推卸的动机，当公司长期发展趋势向好且经营状况良好的情况下，高级经营管理层和董事会、股东之间利益并无二致。两职合一在加强领导核心的同时能够更加激励 CEO 优化经营、积极制定更清晰的公司战略的使命感和责任感。第三，依据管理自主权和决策理论，公司经营管理者的职业经历、风险偏好等个人特征均会影响公司的决策和行为。CEO 和董事长两职合一之后，公司的决策权将更为集中，公司业绩与管理者特性之间的联系更为紧密，即优质管理者可能带来优秀的经营业绩，而较差的管理者可能导致盈利状况下滑。上述情况表明两职合一存在"双刃剑"效应。

（六）高管薪酬（pay）

较之国外，我国对上市公司高管薪酬与公司绩效之间的相关性研究起步比较晚。由于起初我国上市公司对高管实施的薪酬制度很少采用年薪制，并且高管的薪酬水平普遍偏低，另外对高管的长期股权激励也不足，因此一开始学者研究高管薪酬的时候并没有将其与公司绩效相挂钩。但是随着我国公司治理结构的不断变革，越来越多的公司对高管采取年薪制，并且对高管进行长期股权激励，高管薪酬与公司绩效之间的关系受到越来越多学者的研究和重视。依据主流的最优契约理论，在上市公司的激励计划中将高管薪酬和经营绩效进行关联和挂钩，能够较为有效地对经理层和股东之间的利益冲突进行协调和缓解，从而可以在一定程度上降低代理成本。事实上，高管同样符合经济学中有限理性的特征，必然会权衡职业薪酬和劳动付出程度之间是否匹配，从而选择能够让自身利益实现最大化的方式。因此，若高管薪酬处于一个较高的水平，将会促进和激励经理人以更大的努力优化经营提升盈利，使公司绩效得到提升的同时其薪酬也能够进一步增加，最终两者相互促进，形成良性循环。

（七）资产规模（size）

企业的规模效应一般形容为企业发展过程中规模越大越能产生额外溢出性质的经济效应，因此我们认为企业的规模对于企业的绩效有很大程度的影响，同时对多元化战略的实行有一定影响。依据新古典经济理论，企业的生产过程可以函数化，从长短期均衡的角度而言，不同企业内部结构和外部环境的差异被抽象化，进而以"代表性"企业为对象，可以认为企业绩效状况的基本影响因素均存在外生性，则企业绩效的达成即为产量最优化、成本最小化下企业形成最优规模的过程。一般认为企业规模的指标有年末总资产、员工人数等，由于期末总资产较易获取而且直观、简洁，本节选用年末资产并进行自然对数处理。

（八）资产负债率（leverage）

有研究结果显示，资产负债率是影响企业战略决定的一个重要指标，它直接影响董事会成员对于企业未来战略规划，从而进一步影响企业多元化扩展及企业财务大小的变动。依据净收益理论，企业通过负债这一直接融资模式能够有效降低企业的融资成本，进而提升企业的实际市场价值，同时也可以实现企业资本结构优化。而依据净经营收益理论，无论企业财务杠杆出现什么方向的变动，企业的实际市场价值以及加权平均融资成本基本不会发生明显变化。同时，依据资本结构理论，存在一个最优的资产负债率水平，能够使企业的价值和绩效可以达到动态的均衡最优水平。为了控制资本结果对公司战略的影响，本书将资产负债率作为控制变量。

（九）子公司资产比重（scta）

一般认为子公司资产比重可以认为是企业多元战略执行效果的间接指标。子公司资产比重大，子公司相对于母公司更显重要地位，表明公司整体经营涉及的业务类型更加多元化、经营战略的方向性更为关阔，母公司和子公司生产的产品差异化更加明显，能创造的企业价值也就越大。因此本书将子公司资产比重作为控制变量。

（十）企业年份（age）

依据资源依赖理论和组织学习理论，当某个企业在其长期经营的领域积累相当多的经验时，其创新和改革的难度和所需的转型时间会逐步增加；同时企业本身固有经验的累积使企业在其所擅长领域的持续生存能力、发展能力和竞争能力增强。因此，在上述企业年龄增长（也被称为"老化"）过程中，经验累积且存量不断增长对企业绩效而言在不同外部环境和背景下存在"双刃剑"效应。本书使用研究年份减去注册年份来计算企业年龄。

表3-14　　　　　　　　　　绩效指标汇总

	变量名称	变量符号	变量计算
短期（DQ）	每股经营利润	OPPS	营业利润/年末普通股股数
	每股净利润	EBITPS	（利润总额+利息支出）/年末普通股股数
	每股营业收入	TIMPS	（主营业务收入+其他业务收入）/年末普通股股数
	每股净资产	NAVPS	股东权益/年末普通股股数
	净资产收益率	ROE	净利润/普通股股东权益
	总资产收益率	ROA	净利润/总资产
	营业利润率	NAVPS	营业利润/（主营业务收入+其他业务收入）
长期（CQ）	总资产增长率	Tagr	（年末总资产-年初总资产）/年末总资产

表3-15　　　　　　　　　　控制变量汇总

	变量名称	变量符号	变量计算
公司治理	股权集中度	OWNCONL	第一大股东持股比例/总股数
	已流通股比例	TRDSHRPOT	流通股数/总股数
	董事规模	DIRNUM	董事会人数取自然对数
	独立董事比例	IND	独立董事比例/董事会人数
	两职合一	DUAL	董事长和总经理两职合一取值为1，否则为0
	高管薪酬	PAY	高管前三名薪酬总额的自然对数
企业财务	公司规模	SIZE	总资产的自然对数
	资产负债率	LEVERAGE	总负债/总资产
	子公司资产比重	SCTA	1-（母公司资产/总资产）
	企业年龄	AGE	企业所处的研究年份减去注册年份

第三节　研究假设

多元化经营按照研究维度主要可以划分为多元化类型和多元化程度

的研究，战略管理研究重点考察了多元化类型[1][2][3]，而产业经济学则重点考察了多元化程度[4][5]。多元化类型是将多元化划分为相关多元化和非相关多元化，分别考察企业实施不同类型多元化对于绩效的不同影响，多元化程度重在考察企业采取多元化的合理边界。多元化类型和多元化程度的研究本质上都是在为企业战略决策提供理论依据和参照体系，本书的研究设计就是从多元化类型和多元化程度两个维度出发，以传媒上市公司为研究样本，试图厘清我国传统媒体和新媒体两类传媒企业实施多元化的合理路径和理论边界。

一 中国传媒上市公司多元化类型与绩效关系研究假设

有关多元化经营与绩效关系的研究出现了多种结论且仍存在争议，有结论认为企业的多元化经营可以建立内部资本市场，降低企业的经营风险和财务风险，产生规模经济和范围经济效应，从而使企业的绩效提升，产生多元化溢价效应[6]；也有结论认为多元化经营会使企业将有限的资源分散，加大企业内部的管理成本和信息不对称性，企业盲目涉足新的行业往往会与预判不符，导致企业更容易将资金投入净现值为负的产品和行业之中[7]，从而使企业绩效降低，产生多元化折价效应。

Varadarajan[8]认为多元化经营的类型可以分为相关多元化和非相关多元化两种类型，相关多元化可以理解为企业专业化经营的纵向延伸，而非相关多元化则是企业经营业务的横向拓展，二者是有本质区别的。

---

[1] Wrigley, L. W., *Divisional Autonomy and Diversification*, Cambridge: Harvard Business School, 1970.

[2] Rumelt, R. R., *Strategy, Structure, Economic Performance*, Boston, Harvard University Press, 1974.

[3] Ansoff, H. I., "Managing Strategic Surprise by Response to Weak Signals", *California Management Eeview*, Vol. 18, No. 2, 1975, pp. 21-33.

[4] Berry, C., "Corporate Diversification and Market Structure", *Bell Journal of Economics and Management Science*, No. 5, 1974, pp. 196-204.

[5] Gort, M., *Diversification and Integration in American Industry*, Princeton, N.J.: Princeton University Press, 1962, p. 128.

[6] William, L. et al., "The Determinants of Posituve Long-term Perfprmance in Strategic Mergers: Corpoeate Focus and Cash", *Jourmal of Banking Finance*, No. 3, 2004, pp. 523-552.

[7] Jensen, M. C., Meckling, W. H., "Agency Costs of Free Cash Flow, Corporate Finance and Takeovers", *Ameriean Eeonomic Review*, 1986, pp. 323-339.

[8] Varadarajan, P., "Product Diversity and Firm Performance: An Empirical Investigation", *Journal of Marketing*, No. 3, 1986, pp. 43-57.

多元化经营理论认为企业从事相关多元化和非相关多元化对企业的绩效会产生截然不同的结果。

以往的多元化与绩效关系研究维度，很少有把企业多元化的影响区分为短期绩效和长期绩效两个阶段的，这也是以往研究结论存在争议的原因之一。企业多元化战略外部的影响因素主要是市场力量和制度安排两种，市场力量对于企业来说是相对更容易适应的外部条件，而制度的力量则是较难处理的。制度变迁的观点认为制度是在发展变化的过程，每个变化阶段都会呈现不同的制度安排和制度逻辑[1]。当新制度被引入时，新制度会与包括正式制度和非正式制度在内的旧制度相互摩擦并互相作用[2]，难以对旧有制度进行彻底改造，因而在短期内难以看到改革成效。随着制度改革的深入，制度和经济发展之间的摩擦减少，企业组织的淘汰机制作用也逐渐发挥充分，更能适应新制度和具有核心竞争优势的企业组织便会反映出更优的绩效水平。

本书重点考察传统媒体和新媒体采取不同类型多元化在短期和长期的绩效差异，来完整刻画传媒产业多元化与绩效之间的关系。首先，传统媒体和新媒体具有不同的产业属性和发展历程，资源禀赋也有差异，因此考察传统媒体和新媒体多元化与绩效关系时，需要将二者进行区分，探讨它们该通过何种多元化的方式来实现自身价值的最大化和发展的可持续化。其次，本研究将多元化对绩效的影响区分为短期绩效和长期绩效，短期绩效考察的是企业在采取多元化战略之后近期的影响，而长期绩效则考察的是企业多元化战略的长期成长性和长期趋向，短期和长期的区别并不是时间维度的差异，在绩效测量指标的选择上也有短期和长期的区分。

(一) 信息技术类传媒上市公司研究假设

本书所囊括的信息技术类传媒上市公司的主业可以分为三类：互联网企业类、游戏动漫类和影视传媒类，营业内容涉及互联网、有线电视运营商、游戏、动漫、直播、电影等。我国的信息技术类传媒上市公司

---

[1] Greenwood, R., et al., "Theorizing Change: The Role of Professional Associations in the Transformation of Institutionalized Fields", *Academy of Management Journal*, 2002, pp. 58–80.

[2] Peng, M. W., "Institutional Transitions and Strategic Choices", *Academy of Management Review*, Vol. 28, No. 2, 2003, pp. 275–296.

的主业经营类别和文化传播类有本质的区别，文化传播类企业具有高度的政治关联属性，而信息技术类企业不具有事业属性因而政治关联和企业产业相比并没有明显区别，我们在探讨信息技术类上市公司多元化类型和绩效关系的时候，可以参考一般产业的普遍规律和特征。

1. 信息技术类上市公司多元化经营类型与短期绩效

企业成长理论是从企业资源理论发展而来的，认为企业的成长是有效利用管理框架内的资源的结果[1]，当企业成长到一定阶段之后，为了合理利用未充分挖掘的资源，企业会首先在主业相关的产业实施多元化经营，这种经营有可能跨行业和跨地域。企业实施多元化经营的动因主要是两个，一是抢占外部环境中的新资源和新机遇，为企业发展创造条件；二是当企业所处的行业处在生命周期下降期时，企业为了维持生存会从事多元化经营[2]。信息技术类企业实施多元化主要是为了获得资源，而文化传播类企业多是处在成熟期的传统媒体，发展遭遇瓶颈而转向多元化经营，特别是非相关多元化产业领域。

企业实施相关多元化经营的绩效要比非相关多元化的绩效好，学者们主要从以下两个方面探讨了产生这种现象的原因：从资源基础理论来说，企业实施相关多元化战略可以将企业的核心竞争力和内部资源应用到相关领域[3]，相关多元化企业的内部资源具有相关性，容易实现企业内部资源的合理共享，可以实现协同效应，而非相关多元化企业的业务单元之间由于缺乏关联性，协同效应就很难达成，因此非相关多元化的企业相比专业化和相关多元化企业来说绩效水平要低[4]。从范围经济理论来说，相关多元化通过经营层面的共享来提高企业效益，还可以通过管理、专有技术等内部资本将企业的核心竞争力在相关业务之间传递，

---

[1] Penrose, E., *The Theory of the growth of the Firm*, New York: John Wiley. 1959.

[2] Reed, R., Luffman, G. A., "Diversification: The Growing Confusion", *Strategic Management Journal*, Vol. 7, No. 1, 1986, pp. 29-35.

[3] Rumelt, R. R., *Strategy, Structure, Economic Performance*, Boston, Harvard University Press, 1974.

[4] Teece, D. J., "Towards an Economic Theory of the Multiproduct Firm", *Journal of Economic Behavior and Organization*, Vol. 3, No. 3, 1982, pp. 39-63.

实现范围经济[1]。企业采用相关多元化战略的主要动机是通过范围经济获得协同效应，相关多元化具有可以共享原材料，充分利用生产要素，共享有形和无形资源等优势，对企业剩余资源进行合理的生产性利用[2]。

Dubofsky 和 Vandarajan[3] 等学者随后用实证方法得到了一致的结论，即企业采用相关多元化战略比非相关多元化战略有更好的绩效水平。Rajan 等[4]研究发现企业的非相关多元化会使内部资源在低效率或无效的业务中消耗，多元化与绩效会出现负相关。

我国的信息技术类企业具有资本、技术密集型的产业特点，从企业诞生之时就依赖企业内部和外部市场的资源配置，对于非市场机制的依赖程度并不像文化技术类企业那么高，所以企业在专业化经营到一定阶段后，首先会选择相关领域的经营，而不是非相关多元化，这对于绩效提升是有帮助的。基于以上分析，本书提出以下假设：

H1-1：信息技术类公司相关多元化程度与短期绩效为正相关关系。

H2-1：信息技术类公司非相关多元化程度与短期绩效为负相关关系。

2. 信息技术类上市公司多元化经营类型与长期绩效

从长期来看，我国的信息技术类企业更宜从事相关多元化，而不是非相关多元化，可以从以下两个层面来分析。

首先，从欧美国家企业多元化战略的发展轨迹来看，大型企业的发展基本上都经历了从专业化到多元化，再到归核化的发展路径。多元化阶段包括相关多元化和非相关多元化，而归核化主要是回归相关产业领域。企业选择多元化主要是为了建构内部资本市场，扩大融资渠道，规避经营风险，但从长期绩效来看，企业从事相关多元化经营更利于发挥

---

[1] Barney, J., "Firm Resources and Sustained Competitive Advantage", *Journal of Management*, Vol. 17, No. 1, 1991, pp. 99-120.

[2] Penrose, E. T., *The Theory of the Growth of the Firm*, Oxford: Oxford University Press, 1959.

[3] Dubofsky, P., Varadarajan, P., "Diversification and Measures of Performance: Additional Empirical Evidence", *Academy of Management Journal*, Vol. 13, 1987, pp. 597-608.

[4] Rajan, R., et al., "The Cost of Diversity: The Diversification Discount and Inefficient Investment", *The Journal of Finance*, Vol. 55, No. 1, 2000, pp. 35-80.

资源优势，维持财务系统的稳定。而非相关多元化经营持续拓展时，企业高管和部门经理之间、企业管理者和股东之间的信息不对称会递增，企业内部资本往往会流向实际经营不善、资金流差的业务单元，委托代理矛盾难以弥补由非相关多元化带来的溢价，使得企业价值折损[1]。实证研究的结果也显示企业在长期实行非相关多元化战略时，由于过度投资和低效率的交叉补贴，会损害企业的绩效水平[2]。

我国的一些企业在获得资金之后并没有对资金进行合理战略规划，经常盲目地进入不相关产业。为了使企业筹集到的资金尽快产生效益，最常见的办法就是选择热门行业，比如房地产、生物医药、互联网产业等领域[3]，这种无计划性的战略规划并不可持续，因而从长期来看会对绩效产生折损。

其次，期望理论认为有利的经营环境会使企业经营偏保守，安于现状[4]，良好的企业绩效会降低企业实施高度多元化的现实需求。当企业的利润足以维持企业生存和发展甚至有盈余时，企业的经营战略偏向保守，而当企业利润变低时，则会主动或被动地开展经营战略的调整。Park[5]认为利润率高的企业更倾向于开展相关多元化经营，而绩效低的企业为了改变现状则会开展非相关多元化经营。这是因为非相关多元化相比相关多元化战略在产品、技术、管理等方面都有很大差异，企业贸然进入不相关领域会增大经营风险，而且经营结果难以预料。从目前来看，信息技术类企业往往会获得巨额的融资，并不会为了维持财务安全而冒险涉足非相关领域。

---

[1] Scharfstein, D. S., Stein, J. C., "The Dark Side of Internal Capital Markets: Divisional Rent‐Seeking and Inefficient Investment", *The Journal of Finance*, Vol. 55, No. 6, 2000, pp. 2537–2564.

[2] Berger, P., E. Ofek, "Diversifieation's Effect on Firm Value", *Journal of Financial Economics*, No. 37, 1995, pp. 39–65.

[3] 郭昕炜、徐康宁：《转型期间中国企业多角化经营的动因分析》，《现代经济探讨》2001年第2期。

[4] Kahneman, D., Tversky, A., "Prospect theory: An Analysis of Decisions under Risk", *Econometrica*, Vol. 47, 1979, pp. 262–291.

[5] Park, C., "The Effect of Prior Performance on the Choice between Related and Unrelated Acquisitions: Implications for the Performance Consequences of Diversification Strategy", *Journal of Management Studies*, Vol. 39, No. 7, 2002, pp. 1003–1019.

基于以上分析，本书提出以下假设：

H1-2：信息技术类公司相关多元化程度与长期绩效为正相关关系。

H2-2：信息技术类公司非相关多元化程度与长期绩效为负相关关系。

(二) 文化传播类传媒上市公司研究假设

从20世纪90年代后期开始，我国的市场经济经历了近二十年的恢复和发展日趋成熟，市场竞争加剧，行业内部的总体需求制约了单纯依靠产品销售获得的利润空间，再加上国内资本市场的逐渐成熟和完善，为企业通过兼并、重组等资本运营形式延伸到其他产业提供了条件，许多企业为了寻求新的利润来源开始进入相关或不相关的产业之中，实施了多元化经营的战略。我国最早上市的一批传媒集团便是在此背景下，摸索着进行多元化经营的尝试，为此后的多元化发展历程奠定了十分重要的基础，截至目前，我国的传统媒体开展多元化经营的状况十分普遍，以本书收集的50家传统媒体上市公司为例，就有62.8%的企业实施了多元化经营战略，显著地高于我国其他产业的多元化经营水平。

1. 文化传播类上市公司多元化经营类型与短期绩效

制度基础理论认为企业组织要依赖社会中的正式和非正式制度来建立与社会结构的联结，并与之形成稳定的互动结构，从而降低交易成本维持生存。制度的变迁也会带来社会结构的变化，这种变化还要结合社会意识形态和历史背景来完整地描述，新型市场经济国家中由于市场机制不够成熟，企业对于多元化战略的选择就要依赖制度安排等非市场体系的作用来获得更多的资源[1]。我国从经济发展的角度来说属于新兴市场经济国家，制度环境与成熟的市场经济国家相比有本质的差别，仍保留着传统制度安排的踪迹。我国的传统媒体自诞生以来便担负着宣传政府舆论领导力的作用，而且发展过程高度依赖政府的资源扶持，因此在考察我国传统媒体发展路径和经营战略的时候，离不开制度的资源配置作用。

中国传统媒体的相关多元化经营在初期是难以提高企业绩效的。这

---

[1] Peng, M. W., "Institutional Transitions and Strategic Choices", *Academy of Management Review*, Vol. 28, No. 2, 2003, pp. 275-296.

是因为我国传统媒体的主业是带有舆论和意识形态导向性的新闻传播事业，和新媒体或者其他行业的企业相比，传统媒体的生存和发展面向高度依赖制度环境，这就决定了传统媒体的市场化能力先天是缺乏的，再加上新媒体对于受众注意力资源的抢占对传统媒体来说像是雪上加霜，传统媒体利用主业来变现的能力明显不足以支撑其发展。传统媒体的相关多元化是在主业基础上进行的相关产业经营，归纳起来无非就是通过建立"两微一端"、直播、线上经营等形式，依靠这种简单的媒介融合的思路来做相关多元化经营，也许可以在短期收获部分移动互联网用户群体，但盈利模式并没有实现突破，反而高运作成本和技术成本会抵消技术带来的红利。因此本研究认为传统媒体（文化传播类）企业从事相关多元化经营与短期绩效是负相关的。

转型经济体或新型市场经济国家中的企业组织和身处其中的投资者之间，往往存在信息不对称，而作为社会管理者的政府具有配置通用性资源的权力，企业为了获得这些通用性资源，便会选择不相关多元化的战略来充分发挥内部资本市场的资源配置作用，对和主业不相关的行业进行投资，因而这种高度依赖政策扶持的企业通常容易出现高度多元化，特别是非相关多元化的状况。

现实情况也是如此，传统媒体在新时期的多元化主要是以非相关多元化为主。传统媒体为了维持生存，纷纷开始了多元化经营，相关多元化主要是新闻产品的新媒体化，包括各类网站、微信、微博、客户端等形态，但是这种相关多元化经营的盈利能力和变现能力都不足以弥补广告收入锐减的财务缺口，因而从事非相关领域的多元化成为了主要的利润来源，各大报业、广电集团广泛地涉足房地产、金融投资、教育、酒店、物流等非相关领域，非相关多元化的营业收入占比持续提升，比如重庆日报报业集团2017年经营总收入17亿元，多元产业收入已占总收入的75%，温州日报报业集团2017年总营收是5.27亿元，其中版外经济就占了总收入的70%，[①] 河南日报报业集团多元化经营的收入占比在2017年已达到69%。[②] 这说明传统媒体实行非相关多元化对于缓解财务

[①] 陈国权：《2017中国报业发展报告》，《编辑之友》2018年第2期。
[②] 陈国权：《谁为媒体提供经济支持？——1949年以来中国媒体经济体制变迁与趋势》，《新闻与传播研究》2018年第10期。

压力，维持生存有至关重要的作用，因此本研究认为我国的传统媒体（文化传播类）企业非相关多元化经营与短期绩效是正相关的。基于以上分析，本书提出以下假设：

H3-1：文化传播类公司相关多元化程度与短期绩效为负相关关系。

H4-1：文化传播类公司非相关多元化程度与短期绩效为正相关关系。

2. 文化传播类上市公司多元化经营类型与长期绩效

目前既有的我国传媒企业多元化经营研究文献探讨的多是企业短期的经营效果，多元化战略长期的成长性和长期的发展趋势是实证研究的空白，这种长期性可以通过长期绩效来体现，长期绩效考量的是企业发展的可持续性、发展的空间和潜力。在中国传媒企业面临转型的宏阔背景下，对于传媒企业长期成长性的研究似乎更有现实意义，传媒业的发展关系到我国新闻舆论事业的根基是否稳固，因此我们不能仅仅考察传媒企业多元化战略的当下作用，还要考察多元化战略的长期绩效水平。

文化传播类企业长期的多元化经营状况和短期有所差异，本书认为文化传播类企业从事相关多元化经营有利于企业长期绩效的提升。首先，目前学术界经常采用制度基础理论探讨转型经济或新兴经济背景下企业的多元化战略，制度基础理论认为企业在不同的制度环境下从事多元化经营会对绩效产生不同的影响[①]，在转型经济体中，市场机制由于效率低常常让位于非市场机制，企业要依赖于非市场力量获得资源。另外，制度并非静止的，企业的战略绩效从长期来看也不可能是不变的，制度是一定时间阶段的产物因而具有一定的时效性，制度本身和其适用性会随着时间而变化，当新的制度被引入时，企业如果想继续生存就必须适应新的制度环境，而适应的结果则需要经过一段时间来体现，也就是长期的经营绩效。我国传媒企业作为转型经济国家中的特殊存在，在发展中必然会面临制度缺失或制度不合理的状况，传媒企业的相关多元化经营在经历了与市场或制度的短期摩擦协调之后，也许可以利用制度来实现资源的优化配置，从而在长期带来溢价效应。

---

① Khanna, T., Rivkin, J. W., "Estimating the Performance Effects of Business Groups in Emerging Markets", *Strategic Management Journal*, Vol. 22, No. 1, 2001, pp. 45–74.

其次，从传统媒体的属性角度来说，传统媒体事业和产业属性兼具的前提是传统媒体可以从产业中获利以维持生存，同时兼顾宣传和执行党的路线、方针和政策，指导舆论导向的事业属性，但是在新媒体逐步参与市场竞争之后，传统媒体的经济职能被弱化，事业和产业兼具的前提被瓦解，已经不能单纯依靠新闻资源的变现来获益，而需要依赖产业或者政府财政扶持来维持，这既是多元化产业发展的现实基础，也是传统媒体要改变盈利模式的内在逻辑起点。传统媒体的相关多元化经营和其他产业的相关多元化经营不同，传统媒体的相关多元化和主业的业务范围高度相似，也同样具有主业所拥有的事业属性，从长期来看，相关多元化业务除了自身发展成熟之后建立了优化的盈利模式之外，或许还可以从政策补贴中获得额外收益，填补传统媒体和制度在短期磨合期间带来的利润缺口。基于以上分析，本书提出以下假设：

H3-2：文化传播类公司相关多元化程度与长期绩效为正相关关系。

企业的多元化一般是从单一业务发展到相关行业，再发展到非相关的行业和领域[1]，而传统媒体的相关多元化和非相关多元化经营并没有遵从这一规律，二者几乎是同时起步的，甚至某些企业还优先选择了非相关多元化战略，这依然回归到传媒的事业、产业属性上来探讨。

文化传播类企业的非相关多元化在短期内虽然可以提升企业的盈利水平，但在未来不一定会为传媒企业提供持续的经济来源。一方面，我国的市场经济在转型过程中会逐步完善，正规的市场经济体制会逐步替代不完善的市场经济体制，改善企业内部资本市场的部分功能，从而规范企业的经营行为。我国传统媒体的非相关多元化经营业务大多与主业的经营业务范围相差甚远，比如涉及房地产、金融、游戏等行业，市场分工的逐步完善会抵消传统媒体通过非相关多元化来降低交易费用的差额，使得传统媒体涉足的每一个非相关领域都遭遇该领域专业化经营企业的挑战，使得非相关多元化的长期绩效为负增长。

另一方面，传统媒体的非相关多元化经营是传媒业转型特殊时期的产物，制度在其中起了关键性的推动作用，为传统媒体提供了进入新行

---

[1] Osorio, D. B., et al., "Four Decades of Research on Product Diversification: A Literature Review", *Management Decision*, Vol. 50, No. 2, 2012, pp. 325-344.

业所需的经营要素和内外部资源基础,但是当转型步入正轨之后,旧有体制的弊端会逐步暴露,由政府权力主导的非相关多元化将会成为企业发展的负担。

此外,拥有稀缺资源的企业可以获得竞争优势,因而在短期内会有良好的业绩,企业能够长期维持优势的前提是企业的资源要持续地难以被模仿和替代。传统媒体的发展过程其实是在不断市场化的过程,若要应对新媒体或互联网企业的挑战,则需要将资源更多地使用在具有比较优势,即新闻与传播主业上来。传统媒体通过非相关多元化建立起来的其实只是涉足多产品、多行业的小而全、弱而散的经营体系,并不是通过精细分工协作来实现规模报酬递增的模式,利用政府扶持获得的资源优势并不是可以长期持有的异质性要素,因此传统媒体如果在长期依然坚持非相关多元化经营战略,不仅会折损主业的市场地位,也会分散企业内部资源,从而使企业经营缺乏成长空间,对绩效产生折价效应。基于以上分析,本书提出以下假设:

H4-2:文化传播类公司非相关多元化程度与长期绩效为负相关关系。

二 中国传媒上市公司多元化程度与绩效关系研究假设

学者在对多元化与绩效关系的实证研究基础上提出了多元化绩效的倒"U"形曲线关系模型[1],认为企业的多元化与绩效关系并非是简单的正相关或负相关关系,企业的多元化经营程度主要经过专业化经营、适度多元化经营和高度多元化经营三个阶段,这三个阶段对应的绩效也会有差异。倒"U"形曲线关系模型假设企业的多元化程度由专业化到适度多元化的过程中会提高企业绩效,而从适度多元化到高度多元化的过程会降低企业绩效。

倒"U"形曲线关系模型考察的是企业多元化程度或者说多元化规模对于绩效的影响。企业在实施专业化经营时,对于企业内部的资源没有充分利用,企业业务单元之间的协同效应和范围经济没有被开发,而

---

[1] Palich, L. E., et al., "Curvilinearity in the Diversification-performance Linkage: An Examination of over Three Decades of Research", *Strategic Management Journal*, Vol. 21, No. 2, 2000, pp. 155-174.

且财务风险、管理风险都会提升，因而会对绩效产生折损①。在企业逐步过渡到适度多元化经营的过程中，相关多元化和非相关多元化的程度都在加深，企业的资源也逐步被充分利用，企业绩效也会随之提高。当企业多元化程度继续加深达到某一临界值时，多元化经营的成本和费用加大，企业各业务单元之间管理冲突会越来越多，企业组织管理成本增加而出现管理不经济现象②，增长张力也会加大企业管理难度③，企业绩效在此过程中逐步降低。交易成本理论也对此现象做了解释，多元化可以节约企业外部的交易成本从而提高绩效，但是当企业多元化程度过高而造成内部交易成本大于外部成本时，绩效便会出现下降④。在战略管理领域，很多学者用实证检验了多元化与绩效之间的倒"U"形曲线关系。

基于以上分析，本书提出以下假设：

H5-1：中国信息技术类上市公司总体多元化经营与短期绩效存在先升后降的倒"U"形曲线关系。

H5-2：中国信息技术类上市公司总体多元化经营与长期绩效存在先升后降的倒"U"形曲线关系。

H5-3：中国文化传播类上市公司总体多元化经营与短期绩效存在先升后降的倒"U"形曲线关系。

H5-4：中国文化传播类上市公司总体多元化经营与长期绩效存在先升后降的倒"U"形曲线关系。

研究假设汇总：

H1：信息技术类公司的相关多元化程度与绩效关系。

H1-1：信息技术类公司相关多元化程度与短期绩效为正相关关系。

---

① Lubatkin, M., Chatterjee, S., "Extending Modern Portfolio Theory into the Domain of Corpoate Diversification: Does it Apply?", *Academy of Management Journal*, Vol. 37, No. 1, 1994, pp. 109-136.

② Markides, C., "Consequences of Corporate Refocusing: Exante Evidence", *Academy of Management Journal*, Vol. 35, 1992, pp. 398-412.

③ Grant, R. M., et al., "Diversity, Diversification, and Profitability among British Manufacturing Companies", *Academy of Management Journal*, 1988, pp. 771-801.

④ Nayyar, R R., "On the Measurement of Corporate Diversification Strategy: Evidence from Large U. S. Service Firms", *Strategic Management Journal*, Vol. 13, No. 3, 1992, pp. 219-235.

H1-2：信息技术类公司相关多元化程度与长期绩效为负相关关系。

H2：信息技术类公司的非相关多元化程度与绩效关系。

H2-1：信息技术类公司非相关多元化程度与短期绩效为正相关关系。

H2-2：信息技术类公司非相关多元化程度与长期绩效为负相关关系。

H3：文化传播类公司的相关多元化程度与绩效关系。

H3-1：文化传播类公司相关多元化程度与短期绩效为负相关关系。

H3-2：文化传播类公司相关多元化程度与长期绩效为正相关关系。

H4：文化传播类公司的非相关多元化程度与绩效关系。

H4-1：文化传播类公司非相关多元化程度与短期绩效为正相关关系。

H4-2：文化传播类公司非相关多元化程度与长期绩效为负相关关系。

H5：中国传媒上市公司总体多元化经营与绩效关系。

H5-1：中国信息类上市公司总体多元化经营与短期绩效存在先升后降的倒"U"形曲线关系。

H5-2：中国信息类上市公司总体多元化经营与长期绩效存在先升后降的倒"U"形曲线关系。

H5-3：中国文化传播类上市公司总体多元化经营与短期绩效存在先升后降的倒"U"形曲线关系。

H5-4：中国文化传播类上市公司总体多元化经营与长期绩效存在先升后降的倒"U"形曲线关系。

第四节　实证思路、模型检验方法和工具

本书的实证分析思路如下：第一，分析多元化类型和两类传媒上市公司绩效之间的关系，具体而言，分别在信息技术类和文化传播类传媒上市公司样本下，使用熵指数所分解得到的相关多元化指标和非相关多元化指标与绩效指标进行回归，判断两类上市公司更适合的多元化类型（见图3-4）。第二，分析多元化程度和两类传媒上市公司绩效之间的

非线性关系，具体而言，分别在信息技术类和文化传媒类传媒上市公司样本下，使用熵指数所代表的总体多元化程度指标与绩效指标进行回归，判断是否存在非线性关系，并且运用适当的方法求得"拐点"值，即对于传媒上市公司而言，多元化程度达到什么水平时绩效表现为最优。

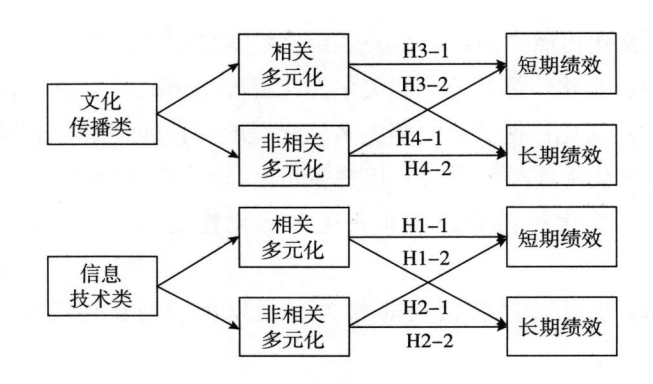

图 3-4 多元化类型研究假设

本书在分析过程中主要采用面板数据进行实证检验和回归分析，面板数据有时间序列和截面两个维度，当这类数据按两个维度排列时，是排在一个平面上，与只有一个维度的数据排在一条线上有着明显的不同，整个表格像是一个面板。面板数据兼具截面数据的多个体效应和时间序列数据的多时期效应，其重要的优点之一是可以对个体的动态过程进行建模。有学者认为，由于惯性或部分调整，个体的当前行为取决于过去行为。如果在面板模型中，解释变量包含了被解释变量的滞后值，则就称之为"动态面板数据"。在本书中，企业的本年度的绩效往往会受到上一年度的影响，出现绩效的传导效应。为了解决这种现象，更加精确地描述企业绩效与多元化之间的关系，通常的做法是将被解释变量的滞后项放到解释变量中加入模型中，最终建立动态面板数据模型。本书所有计算和统计使用的是 Stata 13.0 软件。

Blundell 和 Bond[①]将差分 GMM 和水平 GMM 结合在一起，将差分方程与水平方程作为一个方程系统进行 GMM 估计，称为"系统 GMM"。系统 GMM 的优点是可以提高估计的效率，并且可以估计不随时间变化的变量系数，也更适用于动态面板数据的估计。系统 GMM 方法可以分为一步法与两步法估计，各有利弊。但是两步法不容易受到异方差干扰，因此本研究分析采用两步法差分 GMM 进行分析。通过设计的检验模型看到，本书所用的数据属于动态面板数据，解释变量中包含被解释变量的一阶滞后项，作为工具变量，使解释变量可能产生内生性问题，导致了解释变量与随机扰动项之间具有相关性。更为重要的是，系统 GMM 两步法估计能够充分利用被解释变量和解释变量不同阶的滞后项作为工具变量，有效消除可能出现的解释变量内生性问题，并且能够解决 OLS 和固定效应模型在估计面板数据回归系数时产生的高估或低估偏误，提高参数估计的精度和可靠性。

第五节　本章小结

本章确定研究样本为 2012—2019 年我国沪、深 A 股主板传媒类上市公司，对数据的详细信息、处理方式和来源数据库进行了说明。本章在机理分析的基础上提出了本书的研究假设，明确了本书实证分析的思路，并对本书实证分析中所使用的动态面板系统 GMM 两步法模型进行了介绍和模型使用理由阐述。

[①] Blundel, R., Bond, S.,"Initial Conditions and Moment Restrictions in Dynamic Panel Data models", *Journal of Econometrics*, 1998, pp. 115–143.

第四章

中国传媒上市公司多元化经营现状的描述性统计分析

本章利用第三章测算得到的传媒上市公司绩效指标和多元化指标，通过多视角、多层次分类，使用描述性统计和方差分析等实证工具对我国传媒上市公司的多元化经营现状进行了分析。

第一节 多元化指标的整体性描述分析

本书共纳入 2012—2019 年传媒类上市公司 77 家，共 389 条非平衡面板数据。其中文化传播类公司 50 家，信息技术类上市公司 27 家。

首先对多元化指标和绩效指标进行整体的描述分析，如表 4-1 所示。从结果看，最终得到 348 个样本量[①]。经营项目单元数（S）均值为 2.149，中位数（P50）为 2.000。多元化哑变量（D）均值为 0.595，大于 0.5，中位数为 1，表明中国传媒类上市公司多元化公司个数多于非多元化公司，中国传媒类上市公司开展多元化经营是相当普遍的[②]。熵指数（DT）的均值为 0.546，最大值为 1.569，最小值为 0。相关多元化指数（DR）的均值为 0.355，非相关多元化指数（DU）的均值为 0.191，相关多元化指数的均值大于非相关多元化指数，表明中

[①] 由于个别变量存在数据缺失，Stata 软件在实证过程中自动剔除，导致样本量减少。

[②] 李雪峰以 2001—2006 年数据为样本，研究发现多元化哑变量值为 46%。林晓辉（2008）以 2002—2004 年的上市公司数据为样本，发现从事多元化经营的企业占总样本量的 47%。

国传媒类上市公司以相关多元化经营为主。从本次结果还发现，赫芬达尔指数（H）均值为 0.307，高于田恒①研究得出的中国上市公司赫芬达尔指数 0.2496，表明传媒类上市公司多元化程度高于我国上市公司的整体情况。短期绩效的均值为 0.000，长期绩效的均值为 0.399。

表 4-1　　　　　　　　　　指标描述分析

	N	最小值	最大值	平均值	标准差	P25	P50	P75
S	348	1.000	5.000	2.149	1.243	1.000	2.000	3.000
D	348	0.000	1.000	0.595	0.492	0.000	1.000	1.000
DT	348	0.000	1.569	0.546	0.502	0.000	0.522	0.985
DU	348	0.000	0.964	0.191	0.273	0.000	0.006	0.334
DR	348	0.000	1.569	0.355	0.406	0.000	0.169	0.652
H	348	0.000	0.784	0.307	0.274	0.000	0.321	0.555
短期绩效	348	-2.503	2.494	0.000	0.712	-0.407	-0.053	0.393
长期绩效	348	-0.259	6.042	0.399	0.800	0.037	0.136	0.408

同时对信息技术类上市公司与文化传播类上市公司进行分类描述，如表 4-2 所示。从结果看，信息技术类上市公司经营项目单元数均值为 1.864，文化传播类上市公司经营项目单元数均值为 2.314。从多元化哑变量指标看，信息技术类均值为 0.536，文化传播类为 0.628。从熵指数指标看，信息技术类均值为 0.428，小于文化传播类公司的 0.612。从赫芬达尔指数看，信息技术类为 0.252，小于文化传播类公司的 0.338。综合经营项目数、多元化哑变量、熵指数和赫芬达尔指数这四个指标都可以发现，信息技术类上市公司多元化程度要低于文化传播类上市公司。

从非相关多元化指标看，信息技术类上市公司均值为 0.136，文化传播类上市公司均值为 0.222，表明中国传媒上市公司中，信息技术类公司的非多元化程度低于文化传播类公司；从相关多元化指标看，信息技术类上市公司均值为 0.292，文化传播类上市公司均值为 0.391，表

---

① 田恒：《中国企业多元化经营的绩效及影响因素研究》，博士学位论文，武汉大学，2014 年。

表4-2　　　信息技术类和文化传播类企业的指标描述分析

公司类型	指标	N	最小值	最大值	平均值	标准差	P25	P50	P75
信息技术	S	125	1.000	5.000	1.864	1.034	1.000	2.000	2.000
	D	125	0.000	1.000	0.536	0.501	0.000	1.000	1.000
	DT	125	0.000	1.532	0.428	0.441	0.000	0.440	0.723
	DU	125	0.000	0.817	0.136	0.237	0.000	0.000	0.191
	DR	125	0.000	1.532	0.292	0.407	0.000	0.000	0.580
	H	125	0.000	0.773	0.252	0.253	0.000	0.240	0.493
	短期绩效	125	-2.229	2.150	-0.036	0.793	-0.476	-0.137	0.390
	长期绩效	125	-0.234	6.042	0.422	0.809	0.017	0.137	0.489
文化传播	S	223	1.000	5.000	2.314	1.329	1.000	2.000	3.000
	D	223	0.000	1.000	0.628	0.484	0.000	1.000	1.000
	DT	223	0.000	1.569	0.612	0.523	0.000	0.664	1.083
	DU	223	0.000	0.964	0.222	0.287	0.000	0.052	0.459
	DR	223	0.000	1.569	0.391	0.401	0.000	0.319	0.669
	H	223	0.000	0.784	0.338	0.282	0.000	0.396	0.606
	短期绩效	223	-2.503	2.494	0.020	0.663	-0.351	-0.013	0.398
	长期绩效	223	-0.259	6.042	0.386	0.796	0.052	0.135	0.368

明中国传媒上市公司中，信息技术类公司的相关多元化程度也低于文化传播类公司。组内比较发现，无论是信息技术类公司还是文化传播类公司，均表现为相关多元化数值大于非相关多元数值，表明中国传媒类上市公司以相关多元化经营为主，与表4-1的结果一致。

从短期绩效比较看，信息技术类上市公司均值为-0.036，文化传播类上市公司为0.020，表明信息技术类公司短期绩效低于文化传播类公司。但从长期绩效来看，与短期绩效相反，表现为信息技术类公司高于文化传播类公司。

第二节　不同业务单元数下绩效对比分析

一　整体性分析

表4-3是不同经营业务单元数的绩效描述分析。由于短期绩效是

通过因子分析的方法计算而来的，最终计算得到的综合指标是标准化的结果，当短期绩效为 0 时表示该个体的短期绩效综合程度处于一般水平，当小于 0 时表明该个体的短期绩效综合程度小于一般水平，当大于 0 时表明该个体的短期绩效综合程度大于一般水平。从短期绩效的描述统计结果看，业务单元数分别为 1、2、3、4、5 时短期绩效均值分别为 0.027、-0.059、-0.135、0.203、0.102。业务单元数为 4 时短期绩效程度最高，业务单元数为 1、4、5 时短期绩效均值高于一般水平，业务单元数为 2、3 时低于一般水平。从样本结果看，我国传媒类上市公司存在专业化经营或高程度多元化经营情况下短期绩效高于低程度多元化经营的趋势。表 4-4 统计结果显示短期绩效方差分析对应的统计量（F）为 1.510，对应的显著性（P）为 0.199；Kruskai-Wallis H 秩和检验对应的统计量（卡方值）为 4.855，对应的显著性（P）为 0.303。无论是方差分析还是 Kruskai-Wallis H 秩和检验显著性均大于 0.05，差异无显著性，表明不同业务单元数情况下短期绩效不存在显著差异。

表 4-3　　　　不同业务单元数下绩效的描述分析

绩效指标	业务单元数	N	平均值	标准差
短期绩效	1	141	0.027	0.745
	2	95	-0.059	0.710
	3	55	-0.135	0.636
	4	33	0.203	0.726
	5	24	0.102	0.628
长期绩效	1	141	0.432	0.736
	2	95	0.482	0.821
	3	55	0.197	0.417
	4	33	0.547	1.450
	5	24	0.132	0.146

表 4-4　　　　不同业务单元数下绩效的对比检验

绩效指标	方差分析		Kruskai-Wallis test	
	F	P	卡方值	P
短期绩效	1.510	0.199	4.855	0.303

续表

绩效指标	方差分析		Kruskai-Wallis test	
	F	P	卡方值	P
长期绩效	2.172	0.072	8.807	0.066

从长期绩效结果看，业务单元数分别为1、2、3、4、5时长期绩效均值分别为0.432、0.482、0.197、0.547、0.132。表明我国传媒类上市公司存在专业化经营或低程度多元化经营情况下长期绩效高于高程度多元化经营的趋势。表4-4统计结果显示长期绩效的F值为2.172，对应的显著性为0.072；卡方值为8.807，对应的显著性为0.066。无论是方差分析还是Kruskai-Wallis H秩和检验显著性均大于0.05，差异无显著性，表明在不同业务单元数情况下长期绩效不存在显著差异。

综合表4-3和4-4结果看，无论是短期绩效还是长期绩效，在不同业务单元数比较下，差异无显著性。造成无差异的原因，除本身亦无区别外，还可能与未区分公司类型有关。此外我们还发现，表4-4中，短期绩效检验结果的显著性均大于0.1，不显著的统计结果依据较为强烈，长期绩效的检验结果的显著性在0.05—0.1，接近显著。因此本研究认为我国传媒类上市公司整体上长期绩效可能存在不同多元化程度下的差异，造成目前这种现象的原因可能与选取样本有关，也可能与长期绩效指标的选取有一定关系。

二 信息技术类公司分析

表4-5是信息技术类公司不同业务单元数下绩效的描述分析。从结果看，业务单元数分别为1、2、3、4、5时短期绩效均值分别为-0.029、-0.038、-0.327、0.533、-0.496。业务单元数分别为1、2、3、5时，信息技术类上市公司短期绩效低于一般水平；业务单元数为4时，信息技术类上市公司短期绩效高于一般水平。基本表明大多数信息技术类上市公司在多元化程度低的情况下其短期绩效水平也同样较低。从表4-6的检验结果看，短期绩效的F值为1.937，对应的显著性为0.109；卡方值为6.621，对应的显著性为0.157。无论是方差分析还是Kruskai-Wallis H秩和检验显著性均大于0.05，差异检验不显著，可以认为不同业务单元数情况下短期绩效不存在明显差异。

从长期绩效的结果看，业务单元数分别为1、2、3、4、5时长期绩效均值分别为0.416、0.456、0.147、0.847、0.096。业务单元数为1、2、4时长期绩效水平较高，业务单元数为3、5时长期绩效水平较低。基本表明大多数信息技术类上市公司在多元化程度低的情况下其长期绩效水平较高。表4-6统计结果显示长期绩效的F值为1.170，对应的显著性为0.328；卡方值为3.363，对应的显著性为0.499。无论是方差分析还是Kruskai-Wallis H秩和检验显著性均大于0.05，差异无显著性，表明不同业务单元数情况下长期绩效不存在明显差异。

表4-5　信息技术类公司不同业务单元数下绩效的描述分析

绩效指标	业务单元数	N	平均值	标准差
短期绩效	1	58	−0.029	0.671
	2	41	−0.038	0.905
	3	14	−0.327	0.786
	4	9	0.533	0.909
	5	3	−0.496	0.318
长期绩效	1	58	0.416	0.608
	2	41	0.456	0.788
	3	14	0.147	0.291
	4	9	0.847	1.973
	5	3	0.096	0.040

表4-6　信息技术类公司不同业务单元数下绩效的对比检验

绩效指标	方差分析		Kruskai-Wallis test	
	F	P	卡方值	P
短期绩效	1.937	0.109	6.621	0.157
长期绩效	1.170	0.328	3.363	0.499

三　文化传播类公司分析

表4-7是文化传播类公司不同业务单元数下绩效的描述分析。从结果看，业务单元数分别为1、2、3、4、5时短期绩效均值分别为

0.066、-0.074、-0.070、0.097、0.164。业务单元数分别为1、4、5时，文化传播类上市公司短期绩效高于一般水平；业务单元数分别为2和3时，文化传播类上市公司短期绩效低于一般水平。基本表明业务单元较多时短期绩效水平较高。从表4-8检验结果看，短期绩效的F值为0.895，对应的显著性为0.467；卡方值为4.091，对应的显著性为0.394。无论是方差分析还是Kruskai-Wallis H秩和检验显著性均大于0.05，差异无显著性，表明在不同业务单元数情况下文化传播类上市公司短期绩效不存在明显差异。

从长期绩效的结果看，业务单元数分别为1、2、3、4、5时长期绩效均值分别为0.444、0.503、0.214、0.437、0.148。业务单元数为1、2、4时长期绩效水平较高，业务单元数为3、5时长期绩效水平较低。基本表明业务单元较多时长期绩效水平相对较低。表4-8统计结果显示，长期绩效的F值为1.402，对应的显著性为0.234；卡方值为6.369，对应的显著性为0.173。无论是方差分析还是Kruskai-Wallis H秩和检验显著性均大于0.05，差异无显著性，表明不同业务单元数情况下文化传播类上市公司长期绩效不存在明显差异。

表4-7　　文化传播类公司不同业务单元数下绩效的描述分析

绩效指标	业务单元数	N	平均值	标准差
短期绩效	1	83	0.066	0.794
	2	54	-0.074	0.525
	3	41	-0.070	0.572
	4	23	0.097	0.632
	5	22	0.164	0.612
长期绩效	1	83	0.444	0.817
	2	54	0.503	0.853
	3	41	0.214	0.454
	4	23	0.437	1.262
	5	22	0.148	0.159

第四章 | 中国传媒上市公司多元化经营现状的描述性统计分析

表 4-8　文化传播公司不同业务单元数下绩效的对比检验

绩效指标	方差分析		Kruskai-Wallis test	
	F	P	卡方值	P
短期绩效	0.895	0.467	4.091	0.394
长期绩效	1.402	0.234	6.369	0.173

从信息技术类上市公司和文化传播类上市公司比较看，在业务单元数较少情况下信息技术类公司短期绩效总体低于文化传播类公司，在业务单元数较多情况下信息技术类公司短期绩效和文化传播类公司相比互有高低。从长期绩效比较看，信息技术类公司在业务单元数较少情况下长期绩效低于文化传播类公司，而在业务单元数较多情况下信息技术类公司长期绩效与文化传播类公司相比互有高低。

第三节　是否多元化的绩效对比分析

一　整体性分析

表 4-9 是我国传媒类上市公司短期绩效和长期绩效是否多元化的描述分析。实行多元化经营的公司短期绩效均值为 -0.019，标准差为 0.690；未实行多元化经营的公司短期绩效为 0.027，标准差为 0.745。结果表明实行多元化经营的公司短期绩效低于一般水平，而实行专业化公司的短期绩效高于一般水平。从表 4-9 中可以发现实行多元化经营的公司短期绩效低于专业化经营的公司，但在表 4-10 的差异性检验中未发现有显著性。表 4-10 的统计结果显示，短期绩效独立样本 t 检验的统计量 (t) 为 0.580，对应的显著性 (P) 为 0.563；Mann-Whitney 秩和检验的统计量 (Z) 为 -0.194，对应的显著性 (P) 为 0.846。无论是 t 检验还是 Mann-Whitney 秩和检验的显著性均大于 0.05，差异无显著性，表明实行多元化经营的公司和未实行多元化经营的公司短期绩效不存在明显差异。

从长期绩效看，实行多元经营的公司长期绩效均值为 0.376，标准差为 0.841；未实行多元化经营的公司长期绩效为 0.432，标准差为 0.736。结果表明实行多元化经营的公司长期绩效低于专业化经营的公司。从表4-10的差异性检验结果看，长期绩效独立样本 t 检验的统计量（t）为0.659，对应的显著性（P）为0.510；Mann-Whitney 秩和检验的统计量（Z）为-2.241，对应的显著性（P）为0.025。表4-10的结果中，t 检验和 Mann-Whitney 检验对长期绩效的最终统计结论存在差异，因此采用 One-Sample Kolmogorov-Smirnov Test 进行正态性检验，判定哪种检验更适合当前的数据，结果如表4-11所示。结果显示，多元化组和非多元化组的统计量（Test Statistic）分别为2.741和4.153，对应的显著性［Asymp. Sig.（2-tailed）］均为0.000，小于0.05，不符合正态。因此表4-10中长期绩效检验应该采用 Mann-Whitney test 的统计结果。长期绩效的结果显示，实行多元化经营和专业化经营在长期绩效上差异存在显著性，可以认为实行多元化经营的公司和实行专业化经营公司在长期绩效上有所不同，具体表现为实行多元化经营的公司长期绩效低于专业化经营的公司。短期绩效关注的是企业在未来3—6个月的盈利状况，实行多元化企业在核心竞争领域仍保持高利润，并未与实行专业化的企业拉开差距。在长期绩效上，由于产品、市场、客户等方面比较集中，专业化企业资金的周转速度要快于多元化企业，兼有较低资产负债率和承担较低财务费用的优势，使得长期绩效相对优于多元化企业。

表4-9　　　短期绩效和长期绩效是否多元化的描述分析

指标	是否多元化	N	平均值（E）	标准偏差
短期绩效	否	141	0.027	0.745
	是	207	-0.019	0.690
长期绩效	否	141	0.432	0.736
	是	207	0.376	0.841

表4-10　　　短期绩效和长期绩效是否多元化的组间比较

指标	t-test		Mann-Whitney test	
	t	P	Z	P
短期绩效	0.580	0.563	-0.194	0.846
长期绩效	0.659	0.510	-2.241	0.025

表 4-11　　　　　　　　　　长期绩效的正态性检验

指标	非多元化			多元化		
	N	Test Statistic	Asymp. Sig. (2-tailed)	N	Test Statistic	Asymp. Sig. (2-tailed)
长期绩效	141	2.741	0.000	207	4.153	0.000

二　不同公司类型分析

表 4-12 是我国信息技术类和文化传播类上市公司短期绩效和长期绩效是否多元化的描述分析。从信息技术类公司看，实行多元化经营的公司短期绩效均值为 -0.042，标准差为 0.890；未实行多元化经营的公司短期绩效为 -0.029，标准差为 0.671。结果表明对于信息技术类上市公司，实行多元化经营的公司短期绩效低于专业化公司。从表 4-13 的检验结果看，短期绩效的 t 值为 0.095，对应的显著性为 0.924；Z 值为 -0.030，对应的显著性为 0.976。表明无论是 t 检验还是 Mann-Whitney 检验显著性均大于 0.05，意味着是否实行多元化经营对于信息技术类上市公司短期绩效而言并不存在显著的差异。从长期绩效看，实行多元化经营的公司长期绩效均值为 0.428，标准差为 0.954；未实行多元化经营的公司短期绩效为 0.416，标准差为 0.608。表明对于信息技术类上市公司，实行多元化经营的公司长期绩效高于专业化公司。从表 4-13 的检验结果看，长期绩效的 t 值为 -0.083，对应的显著性为 0.934；Z 值为 -0.975，对应的显著性为 0.329。表明无论是 t 检验还是 Mann-Whitney 检验显著性均大于 0.05，意味着是否实行多元化经营对于信息技术类上市公司长期绩效而言不存在显著的差异。

从文化传播类公司看，实行多元化经营的公司短期绩效均值为 -0.007，标准差为 0.573；未实行多元化经营的公司短期绩效为 0.066，标准差为 0.794。结果表明对于文化传播类上市公司，实行多元化经营的公司短期绩效低于专业化公司。从表 4-13 的检验结果看，短期绩效的 t 值为 0.799，对应的显著性为 0.425；Z 值为 -0.579，对应的显著性为 0.563。表明无论是 t 检验还是 Mann-Whitney 检验显著性均大于 0.05，意味着是否实行多元化经营对于文化传播类上市公司短期绩效而言不存在显著差异。从长期绩效看，实行多元化经营的公司长期绩效均值为 0.352，标准差为 0.784；未实行多元化经营的公司长期绩效为 0.444，标准差为 0.817。结果表明对于文化传播类上市公司，实行多元化经营的公司长期绩效低于专业化公司。从表 4-13 的检验结果看，长期绩效的 t 值为 0.838，对应的显著性为 0.403；Z 值为 -2.198，对应的显著性为 0.028。t 检验显著性大于 0.05，但 Mann-Whitney 检验显著性小于 0.05，结果不统一。从表 4-14 可知，经正态性检验，非多元化组和多元化组的统计量分别为 2.368 和 3.563，对应的显著性均为 0.000，小于 0.05，不符合正态分布。因此表 4-13 中文化传播类上市公司的长期绩效检验应该采用 Mann-Whitney test 的统计结果。结果表明是否实行多元化的文化传播类上市公司长期绩效存在显著的差异性，即实行多元化的公司长期绩效低于未实行多元化的公司。上述结果初步说明，文化传播类公司实行多元化战略会使短期、长期绩效下降。

表 4-12 不同公司类型短期绩效和长期绩效是否多元化的描述分析

公司类型	指标	是否多元化	N	平均值	标准差
信息技术	短期绩效	否	58	-0.029	0.671
		是	67	-0.042	0.890
	长期绩效	否	58	0.416	0.608
		是	67	0.428	0.954
文化传播	短期绩效	否	83	0.066	0.794
		是	140	-0.007	0.573
	长期绩效	否	83	0.444	0.817
		是	140	0.352	0.784

表 4-13 不同公司类型短期绩效和长期绩效是否多元化的组间比较

公司类型	指标	t-test		Mann-Whitney test	
		t	P	Z	P
信息技术	短期绩效	0.095	0.924	-0.030	0.976
	长期绩效	-0.083	0.934	-0.975	0.329
文化传播	短期绩效	0.799	0.425	-0.579	0.563
	长期绩效	0.838	0.403	-2.198	0.028

表 4-14　　　　　　　　文化传播公司长期绩效的正态性检验

指标	非多元化组			多元化组		
	N	Test Statistic	Asymp. Sig.（2-tailed）	N	Test Statistic	Asymp. Sig.（2-tailed）
长期绩效	83	2.368	0.000	140	3.563	0.000

第四节　依据熵指数中位数分组的绩效对比分析

一　依据总体多元化 DT 中位数进行分组

（一）整体性分析

表 4-15 是我国传媒类上市公司短期绩效和长期绩效按照 DT 中位数分组的描述分析。DT 高组的公司短期绩效均值为 -0.013，标准差为 0.670；DT 低组的公司短期绩效为 0.013，标准差为 0.754。结果表明 DT 高组的公司短期绩效低于一般水平，而 DT 低组的短期绩效高于一般水平。从表 4-15 中可以发现 DT 高组的公司短期绩效低于 DT 低组，但在表 4-16 的检验中未发现差异有显著性。表 4-16 的统计结果显示，短期绩效 t 值为 0.334，对应的显著性为 0.739；Z 值为 -0.352，对应的显著性为 0.725。无论是 t 检验还是 Mann-Whitney 秩和检验的显著性均大于 0.05，差异无显著性，表明 DT 高组的公司和 DT 低组的公司在短期绩效上不存在显著差异。

表 4-15　　　　短期绩效和长期绩效 DT 中位数分组的描述分析

指标	DT 中位数分组	N	平均值	标准差
短期绩效	低组	174	0.013	0.754
	高组	174	-0.013	0.670
长期绩效	低组	174	0.484	0.801
	高组	174	0.314	0.792

表 4-16　短期绩效和长期绩效 DT 中位数分组的组间比较

指标	t-test		Mann-Whitney test	
	t	P	Z	P
短期绩效	0.334	0.739	-0.352	0.725
长期绩效	1.983	0.048	-2.765	0.006

从长期绩效看，DT 高组的公司长期绩效均值为 0.314，标准差为 0.792；DT 低组的公司长期绩效为 0.484，标准差为 0.801。表明 DT 高组的公司长期绩效低于 DT 低组。表 4-16 的统计结果显示，长期绩效 t 值为 1.983，对应的显著性为 0.048；Z 值为 -2.765，对应的显著性为 0.006。无论是 t 检验还是 Mann-Whitney 秩和检验的显著性均小于 0.05，差异有显著性，可以认为 DT 高组的公司和 DT 低组的公司在长期绩效上有差异。具体表现为多元化程度高的公司在长期绩效上低于多元化程度低的公司。可能原因是多元化程度高的企业进军其他领域时盈利受阻，拖累公司整体盈利情况。

（二）不同公司类型分析

表 4-17 是我国信息技术类和文化传播类上市公司短期绩效和长期绩效在 DT 中位数分组上的描述分析。从信息技术类公司看，DT 高组的公司短期绩效均值为 -0.011，标准差为 0.889；DT 低组的公司短期绩效均值为 -0.062，标准差为 0.688。结果表明对于信息技术类上市公司，DT 低组的公司短期绩效低于 DT 高组的公司。从表 4-18 的检验结果看，短期绩效的 t 值为 -0.357，对应的显著性为 0.722；Z 值为 -0.331，对应的显著性为 0.741。表明无论是 t 检验还是 Mann-Whitney 检验显著性均大于 0.05，意味着对 DT 低组和 DT 高组信息技术类上市公司短期绩效而言不存在显著差异。从长期绩效看，DT 高组的公司长期绩效均值为 0.443，标准差为 0.981；DT 低组的公司长期绩效为 0.401，标准差为 0.593。结果表明对于信息技术类上市公司，DT 低组的公司长期绩效低于 DT 高组的公司。从表 4-18 的检验结果看，长期绩效的 t 值为 -0.292，对应的显著性为 0.771；Z 值为 -0.859，对应的显著性为 0.390。表明无论是 t 检验还是 Mann-Whitney 检验显著性均大于 0.05，意味着对 DT 低组和 DT 高组信息技术类上市公司长期绩效而

言不存在显著差异。

表 4-17　不同公司类型短期绩效和长期绩效 DT 中位数分组的描述分析

公司类型	指标	是否多元化	N	平均值	标准差
信息技术	短期绩效	低组	62	-0.062	0.688
		高组	63	-0.011	0.889
	长期绩效	低组	62	0.401	0.593
		高组	63	0.443	0.981
文化传播	短期绩效	低组	111	0.004	0.762
		高组	112	0.036	0.552
	长期绩效	低组	111	0.483	0.877
		高组	112	0.290	0.698

表 4-18　不同公司类型短期绩效和长期绩效 DT 中位数分组的组间比较

公司类型	指标	t-test t	t-test P	Mann-Whitney test Z	Mann-Whitney test P
信息技术	短期绩效	-0.357	0.722	-0.331	0.741
	长期绩效	-0.292	0.771	-0.859	0.390
文化传播	短期绩效	-0.360	0.719	-0.848	0.396
	长期绩效	1.819	0.070	-1.903	0.057

从文化传播类公司看，DT 高组的公司短期绩效均值为 0.036，标准差为 0.552；DT 低组的公司短期绩效为 0.004，标准差为 0.762。结果表明对于文化传播类上市公司，DT 低组的公司短期绩效低于 DT 高组的公司。从表 4-18 的检验结果看，短期绩效的 t 值为 -0.360，对应的显著性为 0.719；Z 值为 -0.848，对应的显著性为 0.396。表明无论是 t 检验还是 Mann-Whitney 检验显著性均大于 0.05，意味着对 DT 低组和 DT 高组文化传播类上市公司短期绩效而言不存在显著差异。从长期绩效看，DT 高组的公司长期绩效均值为 0.290，标准差为 0.698；DT 低组的公司长期绩效为 0.483，标准差为 0.877。结果表明对于文化传

播类上市公司，DT 低组的公司长期绩效高于 DT 高组的公司。从表 4-18 的检验结果看，长期绩效的 t 值为 1.819，对应的显著性为 0.070；Z 值为 -1.903，对应的显著性为 0.057。表明无论是 t 检验还是 Mann-Whitney 检验显著性均大于 0.05，意味着对 DT 低组和 DT 高组文化传播类上市公司长期绩效而言不存在显著差异。

二 依据非相关多元化 DU 中位数进行分组

（一）整体性分析

表 4-19 是我国传媒类上市公司短期绩效和长期绩效按照 DU 中位数分组的描述分析。DU 高组的公司短期绩效均值为 -0.090，标准差为 0.640；DU 低组的公司短期绩效为 0.090，标准差为 0.769。结果表明 DU 高组的公司短期绩效低于一般水平，而 DU 低组的短期绩效高于一般水平。从表 4-19 中可以发现，DU 高组的公司短期绩效低于 DU 低组。表 4-20 的统计结果显示，短期绩效 t 值为 2.369，对应的显著性为 0.018；Z 值为 -1.891，对应的显著性为 0.059。经正态性检验，DU 低组的统计量为 1.435，对应的显著性均为 0.033，小于 0.05，不符合正态（见表 4-21）。因此表 4-20 中短期绩效检验应该采用 Mann-Whitney test 的统计结果，认为 DU 低组与 DU 高组在短期绩效上不存在显著差异。

表 4-19　短期绩效和长期绩效 DU 中位数分组的描述分析

指标	DU 中位数分组	N	平均值	标准差
短期绩效	低组	174	0.090	0.769
	高组	174	-0.090	0.640
长期绩效	低组	174	0.524	0.928
	高组	174	0.274	0.625

从长期绩效看，DU 高组的公司长期绩效均值为 0.274，标准差为 0.625；DU 低组的公司长期绩效为 0.524，标准差为 0.928，表明 DU 高组的公司长期绩效低于 DU 低组。表 4-20 的统计结果显示，长期绩效 t 值为 2.949，对应的显著性为 0.003；Z 值为 -2.858，对应的显著性为 0.004。无论是 t 检验还是 Mann-Whitney 秩和检验的显著性均小于

0.05，差异有显著性，可以认为 DU 高组的公司和 DU 低组的公司在长期绩效上有差异，具体表现为非相关多元化程度高的公司在长期绩效上低于非相关多元化程度低的公司。

表 4-20　短期绩效和长期绩效 DU 中位数分组的组间比较

指标	t-test		Mann-Whitney test	
	t	P	Z	P
短期绩效	2.369	0.018	-1.891	0.059
长期绩效	2.949	0.003	-2.858	0.004

表 4-21　短期绩效的正态性检验

指标	DU 低组			DU 高组		
	N	Test Statistic	Asymp. Sig.（2-tailed）	N	Test Statistic	Asymp. Sig.（2-tailed）
短期绩效	174	1.435	0.033	174	0.794	0.554

（二）不同公司类型分析

表 4-22 是我国信息技术类和文化传播类上市公司短期绩效和长期绩效在 DU 中位数分组上的描述分析。从信息技术类公司看，DU 高组的公司短期绩效均值为 -0.362，标准差为 0.650；DU 低组的公司短期绩效均值为 0.091，标准差为 0.810。结果表明对于信息技术类上市公司而言，DU 低组的公司短期绩效高于 DU 高组的公司。从表 4-23 的检验结果看，短期绩效的 t 值为 2.957，对应的显著性为 0.004；Z 值为 -2.859，对应的显著性为 0.004。无论是 t 检验还是 Mann-Whitney 检验显著性均小于 0.05，表明 DU 低组和 DU 高组信息技术类上市公司短期绩效存在显著差异，具体表现为非相关多元化程度高的公司在短期绩效上低于非相关多元化程度低的公司。

从长期绩效看，DU 高组的公司长期绩效均值为 0.223，标准差为 0.379；DU 低组的公司长期绩效为 0.500，标准差为 0.914。结果表明对于信息技术类上市公司而言，DU 低组的公司长期绩效高于 DU 高组的公司。从表 4-23 的检验结果看，长期绩效的 t 值为 2.391，对应的显著性为0.018；Z值为-1.199，对应的显著性为0.231，两种检验的显著性不一致。进一步通过正态性检验可以发现（见表4-24），DU低组不符合正态分布，而DU高组符合正态分布，因此表明应当使用t检验的结果，即对于信息技术类上市公司而言，DU低组的公司长期绩效和DU高组的公司长期绩效存在显著差异，具体表现为非相关多元化程度高的公司在长期绩效上低于非相关多元化程度低的公司。

表4-22　　不同公司类型短期绩效和长期绩效DU中位数
　　　　　　　　分组的描述分析

公司类型	指标	是否多元化	N	平均值	标准差
信息技术	短期绩效	低组	90	0.091	0.810
		高组	35	-0.362	0.650
	长期绩效	低组	90	0.500	0.914
		高组	35	0.223	0.379
文化传播	短期绩效	低组	111	0.059	0.713
		高组	112	-0.018	0.611
	长期绩效	低组	111	0.515	0.860
		高组	112	0.258	0.708

从文化传播类公司看，DU高组的公司短期绩效均值为-0.018，标准差为0.611；DU低组的公司短期绩效为0.059，标准差为0.713。结果表明对于文化传播类上市公司而言，DU低组的公司短期绩效高于DU高组的公司。从表4-23的检验结果看，短期绩效的t值为0.870，对应的显著性为0.385；Z值为-0.523，对应的显著性为0.601。表明无论是t检验还是Mann-Whitney检验，显著性均大于0.05，意味着对DU低组和DU高组文化传播类上市公司短期绩效而言不存在显著差异。

从长期绩效看，DU高组的公司长期绩效均值为0.258，标准差为0.708；DU低组的公司长期绩效为0.515，标准差为0.860。结果表明文化传播类上市公司DU低组的公司长期绩效高于DU高组的公司。从表4-23的检验结果看，长期绩效的t值为2.437，对应的显著性为0.016；Z值为-3.822，对应的显著性为0.000。无论是t检验还是

Mann-Whitney 检验显著性均小于 0.05，意味着对 DU 低组和 DU 高组文化传播类上市公司长期绩效而言存在显著差异，具体表现为非相关多元化程度高的公司在长期绩效上低于非相关多元化程度低的公司。

表 4-23　不同公司类型短期绩效和长期绩效 DU 中位数分组的组间比较

公司类型	指标	t-test t	t-test P	Mann-Whitney test Z	Mann-Whitney test P
信息技术	短期绩效	2.957	0.004	-2.859	0.004
信息技术	长期绩效	2.391	0.018	-1.199	0.231
文化传播	短期绩效	0.870	0.385	-0.523	0.601
文化传播	长期绩效	2.437	0.016	-3.822	0.000

表 4-24　信息技术长期绩效的正态性检验

指标	DU 低组 N	DU 低组 Test Statistic	DU 低组 Asymp. Sig.（2-tailed）	DU 高组 N	DU 高组 Test Statistic	DU 高组 Asymp. Sig.（2-tailed）
短期绩效	90	2.166	0.000	35	1.267	0.081

三　依据相关多元化 DR 中位数进行分组

（一）整体性分析

表 4-25 是我国传媒类上市公司短期绩效和长期绩效按照 DR 中位数分组的描述分析。DR 高组的公司短期绩效均值为 0.033，标准差为 0.672；DR 低组的公司短期绩效为 -0.033，标准差为 0.750。结果表明 DR 高组的公司短期绩效高于一般水平，而 DR 低组的短期绩效低于一般水平，从表 4-25 中可以发现 DR 高组的公司短期绩效高于 DR 低组。表 4-26 的统计结果显示，短期绩效 t 值为 -0.857，对应的显著性为 0.392；Z 值为 -1.419，对应的显著性为 0.156。无论是 t 检验还是 Mann-Whitney 秩和检验的显著性均大于 0.05，差异无显著性，认为 DR 高组的公司和 DR 低组的公司在短期绩效上不存在显著差异。

从长期绩效看，DR 高组的公司长期绩效均值为 0.384，标准差为

0.867；DR 低组的公司长期绩效为 0.415，标准差为 0.729。表明 DR 高组的公司长期绩效低于 DR 低组。表 4-26 的统计结果显示，长期绩效 t 值为 0.362，对应的显著性为 0.717；Z 值为-1.480，对应的显著性为 0.139。无论是 t 检验还是 Mann-Whitney 秩和检验的显著性均大于 0.05，差异无显著性，认为 DR 高组的公司和 DR 低组的公司在长期绩效上不存在显著差异。

表 4-25　　短期绩效和长期绩效 DR 中位数分组的描述分析

指标	DR 中位数分组	N	平均值	标准差
短期绩效	低组	174	-0.033	0.750
	高组	174	0.033	0.672
长期绩效	低组	174	0.415	0.729
	高组	174	0.384	0.867

表 4-26　　短期绩效和长期绩效 DR 中位数分组的组间比较

指标	t-test		Mann-Whitney test	
	t	P	Z	P
短期绩效	-0.857	0.392	-1.419	0.156
长期绩效	0.362	0.717	-1.480	0.139

（二）不同公司类型分析

表 4-27 是我国信息技术类和文化传播类上市公司短期绩效和长期绩效在 DR 中位数分组上的描述分析。从信息技术类公司看，DR 高组的公司短期绩效均值为 0.184，标准差为 0.869；DR 低组的公司短期绩效均值为-0.164，标准差为 0.720。结果表明对于信息技术类上市公司而言，DR 低组的公司短期绩效低于 DR 高组的公司。从表 4-28 的检验结果看，短期绩效的 t 值为-2.416，对应的显著性为 0.017；Z 值为-2.667，对应的显著性为 0.008。表明无论是 t 检验还是 Mann-Whitney test 结果的显著性均小于 0.05，意味着对信息技术类公司 DR 高组公司和 DR 低组公司短期绩效而言存在显著差异，具体表现为相关多元化程度高的公司在短期绩效上高于相关多元化程度低的公司。

表 4-27　不同公司类型短期绩效和长期绩效 DR 中位数分组的描述分析

公司类型	指标	分组	N	平均值	标准差
信息技术	短期绩效	低组	79	-0.164	0.720
		高组	46	0.184	0.869
	长期绩效	低组	79	0.386	0.574
		高组	46	0.485	1.108
文化传播	短期绩效	低组	111	0.052	0.746
		高组	112	-0.011	0.571
	长期绩效	低组	111	0.425	0.807
		高组	112	0.347	0.787

表 4-28　不同公司类型短期绩效和长期绩效 DR 中位数分组的组间比较

公司类型	指标	t-test t	t-test P	Mann-Whitney test Z	Mann-Whitney test P
信息技术	短期绩效	-2.416	0.017	-2.667	0.008
	长期绩效	-0.567	0.573	-0.793	0.427
文化传播	短期绩效	0.706	0.481	-0.487	0.626
	长期绩效	0.728	0.467	-1.246	0.213

从长期绩效看，信息技术类 DR 高组的公司长期绩效均值为 0.485，标准差为 1.108；DR 低组的公司长期绩效为 0.386，标准差为 0.574。结果表明对于信息技术类上市公司而言，DR 低组的公司长期绩效低于 DR 高组的长期绩效。从表 4-28 的检验结果看，长期绩效的 t 值为 -0.567，对应的显著性为 0.573；Z 值为 -0.793，对应的显著性为 0.427。表明无论是 t 检验还是 Mann-Whitney test 结果的显著性均大 0.05，意味着对信息技术类公司 DR 高组公司和 DR 低组公司长期绩效而言不存在显著差异。

从文化传播类公司看，DR 高组的公司短期绩效均值为 -0.011，标准差为 0.571；DR 低组的公司短期绩效为 0.052，标准差为 0.746。结果表明对于文化传播类上市公司来说，DR 低组的公司短期绩效高于

DR 高组的公司。从表 4-28 的检验结果看，短期绩效的 t 值为 0.706，对应的显著性为 0.481；Z 值为-0.487，对应的显著性为 0.626。表明无论是 t 检验还是 Mann-Whitney 检验，显著性均大于 0.05，意味着对 DR 低组和 DR 高组文化传播类上市公司短期绩效而言不存在显著差异。

从长期绩效看，文化传播类 DR 高组的公司长期绩效均值为 0.347，标准差为 0.787；DR 低组的公司长期绩效均值为 0.425，标准差为 0.807。结果表明对于文化传播类上市公司而言，DR 低组的公司长期绩效高于 DR 高组的公司。从表 4-28 的检验结果看，长期绩效的 t 值为 0.728，对应的显著性为 0.467；Z 值为-1.246，对应的显著性为 0.213。表明无论是 t 检验还是 Mann-Whitney 检验，显著性均大于 0.05，意味着对 DR 低组和 DR 高组文化传播类上市公司长期绩效而言不存在显著差异。

第五节　依据 H 指数中位数分组的绩效对比分析

一　整体性分析

表 4-29 是我国传媒类上市公司短期绩效和长期绩效按照 H 中位数分组的描述分析。H 高组的公司短期绩效均值为 0.003，标准差为 0.692；H 低组的公司短期绩效为-0.003，标准差为 0.734。结果表明 H 高组的公司短期绩效高于一般水平，而 H 低组的短期绩效低于一般水平。从表 4-29 中可以发现 H 高组的公司短期绩效高于 H 低组。表 4-30 的统计结果显示，短期绩效 t 值为-0.073，对应的显著性为 0.942；Z 值为-0.785，对应的显著性为 0.432。无论是 t 检验还是 Mann-Whitney 秩和检验的显著性均大于 0.05，差异无显著性，认为 H 高组的公司和 H 低组的公司在短期绩效上不存在显著差异。

从长期绩效看，H 高组的公司长期绩效均值为 0.327，标准差为 0.803；H 低组的公司长期绩效为 0.471，标准差为 0.793。表明 H 高组的公司长期绩效低于 H 低组。表 4-30 的统计结果显示，长期绩效 t 值为 1.684，对应的显著性为 0.093；Z 值为-2.574，对应的显著性为 0.010。经正态性检验，H 低组的统计量为 0.232，显著性为 0.000；H 高组的统计量为 0.297，显著性为 0.000；显著性均小于 0.05，表明应采用 Mann-Whitney 检验。说明我国传媒类上市公司在低多元化程度下长期绩效高于高多元化程度公司。

表 4-29　短期绩效和长期绩效 H 中位数分组的描述分析

指标	H 中位数分组	N	平均值	标准差
短期绩效	低组	174	-0.003	0.734
	高组	174	0.003	0.692
长期绩效	低组	174	0.471	0.793
	高组	174	0.327	0.803

表 4-30　短期绩效和长期绩效 H 中位数分组的组间比较

指标	t-test		Mann-Whitney test	
	t	P	Z	P
短期绩效	-0.073	0.942	-0.785	0.432
长期绩效	1.684	0.093	-2.574	0.010

表 4-31　整体性分析时长期绩效的正态性检验

指标	H 低组			H 高组		
	N	Test Statistic	Asymp. Sig.（2-tailed）	N	Test Statistic	Asymp. Sig.（2-tailed）
长期绩效	174	0.232	0.000	174	0.297	0.000

二　不同公司类型分析

表 4-32 是我国信息技术类和文化传播类上市公司短期绩效和长期绩效在 H 中位数分组上的描述分析。从信息技术类公司看，H 高组的公司短期绩效均值为-0.007，标准差为 0.888；H 低组的公司短期绩效为-0.065，标准差为 0.690。结果表明对于信息技术类上市公司，H 低组的公司短期绩效低于 H 高组的公司。从表 4-33 的检验结果看，短期绩效的 t 值为-0.410，对应的显著性为 0.683；Z 值为-0.444，对应的显著性为 0.657。无论是 t 检验还是 Mann-Whitney 检验的显著性均大于 0.05，说明我国信息技术类上市公司短期绩效在赫芬达尔指数高低分组上不存在显著差异。

表 4-32　不同公司类型短期绩效和长期绩效 H 中位数分组的描述分析

公司类型	指标	是否多元化	N	平均值	标准差
信息技术	短期绩效	低	62	-0.065	0.690
		高	63	-0.007	0.888
	长期绩效	低	62	0.404	0.591
		高	63	0.440	0.982
文化传播	短期绩效	低	111	0.009	0.763
		高	112	0.031	0.549
	长期绩效	低	111	0.489	0.875
		高	112	0.284	0.698

从长期绩效看，信息技术类 H 高组的公司长期绩效均值为 0.440，标准差为 0.982；H 低组的公司长期绩效为 0.404，标准差为 0.591。结果表明对于信息技术类上市公司，H 低组的公司长期绩效低于 H 高组。从表 4-33 的检验结果看，长期绩效的 t 值为-0.252，对应的显著性为 0.802；Z 值为-1.032，对应的显著性为 0.302。表明无论是 t 检验还是 Mann-Whitney 检验的显著性均大于 0.05，意味着对 H 低组和 H 高组信息技术类上市公司长期绩效而言不存在显著差异。

表 4-33　不同公司类型短期绩效和长期绩效 H 中位数分组的组间比较

公司类型	指标	t-test t	t-test P	Mann-Whitney test Z	Mann-Whitney test P
信息技术	短期绩效	-0.410	0.683	-0.444	0.657
	长期绩效	-0.252	0.802	-1.032	0.302
文化传播	短期绩效	-0.241	0.810	-0.696	0.486
	长期绩效	1.931	0.055	-2.401	0.016

从文化传播类公司看，H 高组的公司短期绩效均值为 0.031，标准差为 0.549；H 低组的公司短期绩效为 0.009，标准差为 0.763。结果表明对于文化传播类上市公司而言，H 低组的公司短期绩效低于 H 高组

的公司。从表4-33的检验结果看，t值为-0.241，对应的显著性为0.810；Z值为-0.696，对应的显著性为0.486，表明无论是t检验还是Mann-Whitney检验的显著性均大于0.05，意味着对H低组和H高组文化传播类上市公司短期绩效而言不存在显著差异。

从长期绩效看，文化传播类H高组的公司长期绩效均值为0.284，标准差为0.698；H低组的公司长期绩效为0.489，标准差为0.875。结果表明对于文化传播类上市公司而言，H低组的公司长期绩效高于H高组的长期绩效。从表4-33的检验结果看，t值为1.931，对应的显著性为0.055；Z值为-2.401，对应的显著性为0.016，两种检验结果的显著性不一致，进一步通过正态性检验可知（见表4-34），H低组的统计量为2.665，显著性为0.000；H高组的统计量为3.184，显著性为0.000。H高组和H低组均拒绝了正态性分布，表明应当使用Mann-Whitney检验的结果，即显著性小于0.05，意味着对H低组和H高组文化传播类上市公司长期绩效而言存在显著差异，多元化程度较低公司的长期绩效高于多元化程度较高公司。

表4-34　　　　文化传播类公司长期绩效的正态性检验

指标	H低组			H高组		
	N	Test Statistic	Asymp. Sig. (2-tailed)	N	Test Statistic	Asymp. Sig. (2-tailed)
长期绩效	111	2.665	0.000	112	3.184	0.000

第六节　本章小结

本章重点考察了以经营项目单元数（S）、多元化哑变量（D）、熵指数（DT）、相关多元化指数（DR）、非相关多元化指数（DU）、赫芬达尔指数（H）为依据进行分类时，信息技术类传媒上市公司和文化传播类上市公司多元化与短期绩效、长期绩效之间的描述性统计关系，以及不同组别之下短期、长期绩效是否存在显著的差异性。

第五章

中国传媒上市公司多元化类型与绩效关系实证分析

本章在信息技术传媒上市公司、文化传播传媒上市公司两组样本下,运用适当的回归模型,检验相关多元化和非相关多元化与企业绩效的关系,从而判断两类传媒上市公司更适合的多元化类型。

第一节 实证模型设定和变量说明

一 实证模型设定

本章拟实证检验第三章提出的研究假设 H1-1、H1-2、H2-1、H2-2、H3-1、H3-2、H4-1、H4-2。

为研究多元化类型和企业绩效的相关关系,在研究假设的基础上,本研究建立了实证模型进行验证。企业的经营是一个连续过程,企业本年度的绩效往往会受到上一年度的影响,即绩效的惯性传导效应。为了体现企业绩效这一连续过程的特性,更加精确地描述多元化类型和企业绩效之间的关系,通常的做法是将被解释变量的滞后项放到解释变量中加以控制,最终建立动态面板回归模型。

各假设对应的实证模型设定如下:

H1:信息技术类公司的相关多元化程度与绩效关系

H1-1:信息技术类公司相关多元化程度与短期绩效为正相关关系

$$DQ_{i,t} = \beta_0 + \beta_1 DQ_{i,t-1} + \beta_2 DR_{i,t} + \sum \beta_n Control_{i,t} + \varepsilon_{i,t}$$

H1-2:信息技术类公司相关多元化程度与长期绩效为负相关关系

$$TAGR_{i,\,t} = \beta_0 + \beta_1 TAGR_{i,\,t-1} + \beta_2 DR_{i,\,t} + \sum \beta_n Control_{i,\,t} + \varepsilon_{i,\,t}$$

H2：信息技术类公司的非相关多元化程度与绩效关系

H2-1：信息技术类公司非相关多元化程度与短期绩效为正相关关系

$$DQ_{i,\,t} = \beta_0 + \beta_1 DQ_{i,\,t-1} + \beta_2 DU_{i,\,t} + \sum \beta_n Control_{i,\,t} + \varepsilon_{i,\,t}$$

H2-2：信息技术类公司非相关多元化程度与长期绩效为负相关关系

$$TAGR_{i,\,t} = \beta_0 + \beta_1 TAGR_{i,\,t-1} + \beta_2 DU_{i,\,t} + \sum \beta_n Control_{i,\,t} + \varepsilon_{i,\,t}$$

H3：文化传播类公司的相关多元化程度与绩效关系

H3-1：文化传播类公司相关多元化程度与短期绩效为负相关关系

$$DQ_{i,\,t} = \beta_0 + \beta_1 DQ_{i,\,t-1} + \beta_2 DR_{i,\,t} + \sum \beta_n Control_{i,\,t} + \varepsilon_{i,\,t}$$

H3-2：文化传播类公司相关多元化程度与长期绩效为正相关关系

$$TAGR_{i,\,t} = \beta_0 + \beta_1 TAGR_{i,\,t-1} + \beta_2 DR_{i,\,t} + \sum \beta_n Control_{i,\,t} + \varepsilon_{i,\,t}$$

H4：文化传播类公司的非相关多元化程度与绩效关系

H4-1：文化传播类公司非相关多元化程度与短期绩效为正相关关系

$$DQ_{i,\,t} = \beta_0 + \beta_1 DQ_{i,\,t-1} + \beta_2 DU_{i,\,t} + \sum \beta_n Control_{i,\,t} + \varepsilon_{i,\,t}$$

H4-2：文化传播类公司非相关多元化程度与长期绩效为负相关关系

$$TAGR_{i,\,t} = \beta_0 + \beta_1 TAGR_{i,\,t-1} + \beta_2 DU_{i,\,t} + \sum \beta_n Control_{i,\,t} + \varepsilon_{i,\,t}$$

二 变量选择和数据说明

（一）变量选择

上述实证模型中，主要包含了被解释变量、核心解释变量和控制变量。下面对变量选择进行说明。

1. 被解释变量

短期绩效（DQ）：使用第三章因子分析法得到的衡量上市公司短期绩效的综合指标作为代理变量。

长期绩效（TAGR）：采用总资产增长率作为代理变量，总资产增长率反映了企业的长期发展趋势和成长能力，是上市公司能否在未来实现更高经营绩效的核心要素之一，具有较强的代表性。

2. 核心解释变量

多元化类型：本书主要采用基于2012年证监会最新颁布的《上市

公司行业分类指引》所规定的标准行业代码的经营项目分类主营业务门类，计算多元化类型。考虑到本书的研究目的、测算数据的可获得性、多元化指标的适用性以及连续测量法要求等方面的因素，在大多数文献常用的7大类多元化衡量指标中选择熵指数分解得到的相关多元化指标DR和非相关多元化指标DU作为两种多元化类型的代理变量，这两个变量在第四章已经测算得到。

3. 控制变量

本书所采用的控制变量主要是：股权集中度、已流通股比例、董事规模、独立董事比例、两职合一、高管薪酬、公司规模、资产负债率、子公司资产比重、企业年龄。

（二）数据说明

本书选取沪、深A股主板上市的信息技术类和文化传播类上市公司2012—2019年，共计77家传媒企业的非平衡面板数据进行实证研究，研究样本筛选的方法和结果已在第三章说明，有关传媒上市公司多元化类型和绩效的实证研究数据选择与之相同。

第二节 描述性统计

表5-1和表5-2的描述性统计结果主要列示了被解释变量和控制变量的最小值、最大值、平均值、标准差的基础统计指标（核心解释变量DR和DU的描述性统计已经列示于第四章），同时给出了中位数（P50）、四分位数P25和P75的结果。从结果看，短期绩效整体均值为0.000，文化传播类为0.020，信息技术类为-0.036，表明短期绩效文化传播类公司高于信息技术类。长期绩效得到相反结果。其余控制变量结果如表5-1所示。

表5-1　　　　　传媒上市公司总体描述性统计

	N	最小值	最大值	平均值	标准差	P25	P50	P75
DQ	348	-2.503	2.494	0.000	0.712	-0.407	-0.053	0.393
TAGR	348	-0.259	6.042	0.399	0.800	0.037	0.136	0.408

续表

	N	最小值	最大值	平均值	标准差	P25	P50	P75
OWNCONL	348	0.084	0.771	0.393	0.183	0.246	0.365	0.542
TRDSHRPOT	348	0.077	1.000	0.644	0.297	0.359	0.671	0.992
DIRNUM	348	1.609	2.708	2.166	0.246	1.946	2.197	2.276
IND	348	0.333	0.600	0.376	0.049	0.333	0.364	0.417
DUAL	348	0.000	1.000	0.239	0.427	0.000	0.000	0.000
PAY	348	12.748	16.101	14.379	0.630	13.968	14.413	14.701
SIZE	348	15.979	24.195	21.988	1.216	21.284	22.051	22.871
LEVERAGE	348	0.033	0.950	0.317	0.179	0.179	0.298	0.405
SCTA	348	-1.194	0.798	0.124	0.257	0.028	0.123	0.254
AGE	348	6.000	28.000	16.149	5.338	12.000	16.000	20.000

表 5-2　　信息技术类和文化传播类公司的变量描述统计

	指标	样本量	最小值	最大值	平均值	标准差	P25	P50	P75
信息技术类	DQ	125	-2.229	2.150	-0.036	0.793	-0.476	-0.137	0.390
	TAGR	125	-0.234	6.042	0.422	0.809	0.017	0.137	0.489
	OWNCONL	125	0.085	0.668	0.343	0.146	0.214	0.351	0.449
	TRDSHRPOT	125	0.077	1.000	0.654	0.296	0.365	0.699	0.998
	DIRNUM	125	1.609	2.708	2.218	0.294	1.946	2.197	2.398
	IND	125	0.333	0.600	0.376	0.056	0.333	0.364	0.429
	DUAL	125	0.000	1.000	0.352	0.480	0.000	0.000	1.000
	PAY	125	12.794	16.101	14.405	0.675	13.950	14.490	14.802
	SIZE	125	19.847	24.195	21.984	1.191	20.903	22.048	23.036
	LEVERAGE	125	0.033	0.766	0.322	0.175	0.185	0.298	0.469
	SCTA	125	-1.194	0.545	0.033	0.319	0.001	0.059	0.186
	AGE	125	7.000	25.000	15.248	4.667	12.000	15.000	19.000
文化传播类	DQ	223	-2.503	2.494	0.020	0.663	-0.351	-0.013	0.398
	TAGR	223	-0.259	6.042	0.386	0.796	0.052	0.135	0.368
	OWNCONL	223	0.084	0.771	0.421	0.195	0.258	0.415	0.568
	TRDSHRPOT	223	0.077	1.000	0.638	0.298	0.346	0.665	0.979
	DIRNUM	223	1.609	2.565	2.136	0.210	2.079	2.197	2.197
	IND	223	0.333	0.600	0.375	0.045	0.333	0.375	0.400

续表

	指标	样本量	最小值	最大值	平均值	标准差	P25	P50	P75
文化传播类	DUAL	223	0.000	1.000	0.175	0.381	0.000	0.000	0.000
	PAY	223	12.748	16.101	14.365	0.604	13.968	14.393	14.653
	SIZE	223	15.979	23.865	21.990	1.232	21.431	22.069	22.818
	LEVERAGE	223	0.033	0.950	0.314	0.182	0.178	0.297	0.380
	SCTA	223	−0.748	0.798	0.176	0.198	0.084	0.165	0.271
	AGE	223	6.000	28.000	16.655	5.626	12.000	16.000	21.000

第三节　实证模型相关检验

在实证模型进行回归之前，必须要进行一系列相关检验来确定和排除可能存在的会导致回归结果失效的问题。具体而言，使用平稳性检验明确各变量是否存在单位根从而避免伪回归问题；相关性检验是为了明确两两变量之间初始的、直观的线性相关关系；多重共线性检验排除可能对回归结果造成干扰的共线性问题；异方差检验明确截面个体之间是否存在异质性问题；内生性检验分析核心解释变量可能存在的内生性问题。

一　变量平稳性检验

通常而言，多元回归模型要求变量为平稳过程，否则可能出现由于数据不平稳所导致的伪回归问题，造成回归结果不可靠。面板数据的平稳性检验方法较多，本研究使用不区分是否同根的同质面板单位根 PP 检验方法（Phillips-Perron tests）和区分是否同根的非同质面板单位根 ADF 检验方法（Augmented Dickey-Fuller tests）对各变量进行联合检验和判断，如果这两种检验结果一致，则能够明确各变量是否为平稳过程。PP 检验和 ADF 检验的原假设均为变量存在单位根，备择假设为变量不存在单位根，如果检验统计量的显著性小于 0.05，则表明拒绝原假设。观察表 5-3 可知，各变量的 PP 检验和 ADF 检验结果均在 1% 或 5% 的显著水平下拒绝了存在单位根的原假设，表明各变量均为平稳过程。

表 5-3　　　　　　　　　各变量的单位根检验

\multicolumn{4}{c|}{Phillips-Perron tests}	\multicolumn{4}{c}{Augmented Dickey-Fuller tests}
变量	统计量	P 值	是否平稳	变量	统计量	P 值	是否平稳
DQ	-3.4417	0.0003	平稳	DQ	4.7397	0.0000	平稳
TAGR	-22.3328	0.0000	平稳	TAGR	33.5218	0.0000	平稳
DR	-10.4351	0.0000	平稳	DR	-9.3832	0.0000	平稳
DU	-7.6833	0.0000	平稳	DU	-15.0076	0.0000	平稳
OWNCONL	-4.5764	0.0000	平稳	OWNCONL	10.9728	0.0000	平稳
TRDSHRPOT	-2.0184	0.0224	平稳	TRDSHRPOT	27.3002	0.0000	平稳
DIRNUM	-2.6874	0.0040	平稳	DIRNUM	4.4623	0.0000	平稳
IND	-4.4412	0.0000	平稳	IND	1.8703	0.0307	平稳
DUAL	-11.7238	0.0000	平稳	DUAL	18.7908	0.0000	平稳
PAY	-10.3876	0.0000	平稳	PAY	26.0568	0.0000	平稳
SIZE	-1.8767	0.0308	平稳	SIZE	27.6530	0.0000	平稳
LEVERAGE	-2.0594	0.0202	平稳	LEVERAGE	9.0764	0.0000	平稳
SCTA	-6.8885	0.0000	平稳	SCTA	10.6208	0.0000	平稳
AGE	-31.1477	0.0000	平稳	AGE	41.5502	0.000	平稳

二　Pearson 相关性检验

表 5-4 是相关性分析，采用 Pearson 相关分析法。从结果看，非相关多元化（DU）与短期绩效（DQ）的相关系数为 -0.075，不显著；与长期绩效（TAGR）的相关系数为 -0.156，在 1% 水平下显著，表明长期绩效与非相关多元化是显著负相关。相关多元化（DR）与短期绩效（DQ）的相关系数为 0.042，不显著；与长期绩效（TAGR）的相关系数为 0.006，不显著。综合结果看，相关分析中多元化指标与绩效指标相关性不高，可能的原因是未区分公司类型，另一个原因为相关分析仅是单因素分析，未考虑控制变量的影响。

在方法上采用 Pearson 检验法，默认了数据的正态性，其结果并不能严谨地反映绩效与多元化指标的相关关系，相关分析仅可以作为回归分析前的一个初步检验。此外，相关分析能否初步判别是否存在多重共线性，一般自变量和控制变量间相关系数大于 0.8 时可以认为存在共线性。从本次结果看，相关系数数值较小，可以初步表明不存在共线性，更为可靠的判断需要通过 VIF 检验来确定。

表 5-4　　相关性分析

	DU	DR	DQ	TAGR	OWNCONL	TRDSHRPOT	DIRNUM	IND	DUAL	PAY	SIZE	LEVERAGE	SCTA	AGE
DU	1													
DR	0.057	1												
DQ	-0.075	0.042	1											
TAGR	-0.156**	0.006	0.289**	1										
OWNCONL	0.257**	0.139**	0.171**	-0.205**	1									
TRDSHRPOT	0.309**	0.129*	-0.417**	-0.351**	-0.073	1								
DIRNUM	0.252**	-0.040	-0.075	-0.152**	0.111*	0.188**	1							
IND	-0.110*	-0.015	0.033	0.013	-0.001	-0.050	-0.515**	1						
DUAL	-0.285**	-0.091	0.073	0.138**	-0.201**	-0.185**	-0.218**	0.209**	1					
PAY	0.005	0.118*	0.318**	0.118*	-0.042	-0.141**	0.118*	-0.180**	-0.058	1				
SIZE	0.077	0.252**	0.277**	-0.004	0.143**	0.008	0.393**	-0.152**	-0.171**	0.578**	1			
LEVERAGE	0.172**	0.018	-0.215**	-0.130**	-0.041	0.228**	0.154**	-0.008	-0.039	-0.037	0.044	1		
SCTA	0.191**	0.034	-0.207**	-0.252**	0.128*	0.249**	0.109*	-0.118*	-0.126**	0.010	0.076	0.205**	1	
AGE	0.175**	0.175**	-0.170**	-0.082	-0.183**	0.264**	0.155**	-0.203**	-0.143**	0.113*	0.071	0.224**	-0.072	1

注：*、**、***分别表示在10%、5%和1%水平下统计显著。

三 多重共线性检验

由于本书实证模型中包含的变量较多，如果存在变量之间的多重共线性问题，就可能导致回归过程中各变量的系数存在冲突，以及回归结果不可靠。为了明确是否存在这一问题，本书使用 VIF 检验来进行判断。通常而言，VIF 检验的判断标准是各变量的 VIF 值大于 1 小于 10 即可认为不存在多重共线性。观察表 5-5 可以发现，各实证模型中所涉及的变量组合其 VIF 值按由大到小顺序排列均在 [1, 3] 区间之内，表明本书研究的实证模型不存在可能对结果造成干扰的多重共线性问题。

表 5-5　　　　　　　　　多重共线性 VIF 检验

变量	VIF 值	变量	VIF 值
size	2.26	size	2.10
dirnum	1.87	pay	1.84
pay	1.84	dirnum	1.83
ind	1.53	ind	1.53
trdshrpot	1.33	trdshrpot	1.37
age	1.30	du	1.31
leverage	1.22	age	1.29
scta	1.21	ownconl	1.25
dr	1.20	leverage	1.22
ownconl	1.20	scta	1.22
dual	1.14	dual	1.17
Mean VIF	1.46	Mean VIF	1.46

四 异方差检验

由于本书研究的样本涉及多个上市公司，虽然这些公司同属传媒类行业，但由于其经营的方向和自身的特点等方面有所不同，可能导致面板实证模型在不同公司之间存在截面异质性即异方差问题，这一问题会导致实证模型的回归系数和显著性存在偏差，影响结果的准确性。本书使用修正的 Wald 检验来对是否存在异方差问题进行检验。

观察表 5-6 可知，各个变量组合下的实证模型经过修正的 Wald 检验，结果显示其统计量的显著性均为 0.0000，由于原假设为所有截面均为同方差，因此全部检验结果均强烈拒绝了原假设，表明各实证模型存在截面异质性即异方差问题。在之后的回归中本研究将通过控制异方差稳健标准误来解决这一问题。

表 5-6　　　　　　　　异方差 Modified Wald 检验

实证模型	Chi2 统计量	P 值	检验结果
以 DQ 为因变量、DR 为核心变量	2.8e+37	0.0000	存在异方差
以 DQ 为因变量、DU 为核心变量	1.0e+33	0.0000	存在异方差
以 TAGR 为因变量、DR 为核心变量	9.2e+34	0.0000	存在异方差
以 TAGR 为因变量、DU 为核心变量	1.3e+36	0.0000	存在异方差

五　内生性检验

在面板数据的回归分析之前，必须进行核心解释变量的内生性检验，否则可能会由于存在内生性问题而导致回归结果失效或出现严重偏误。面板模型的内生性检验有多种方法，现有文献中常用的是 Hausman 检验，但由于前述检验发现存在异方差问题，导致普通的 Hausman 检验失效，因此本书使用排除异方差问题的 Durbin-Wu-Hausman 内生性检验来判断各实证模型中核心解释变量的内生性是否存在。Durbin-Wu-Hausman 内生性检验的原假设为变量外生，观察表 5-7 可知，当以 DQ 为因变量时，核心解释变量 DR 和 DU 的 Durbin 和 Wu-Hausman 统计量伴随概率 P 值均小于 0.05，拒绝了变量外生的原假设，表明 DR 和 DU 存在内生性；同样的，当以 TAGR 为因变量时，核心解释变量 DR 的 Durbin 和 Wu-Hausman 统计量伴随概率 P 值小于 0.05，拒绝了变量外生的原假设，表明 DR 存在内生性；而核心解释变量 DU 的 Durbin 和 Wu-Hausman 统计量伴随概率 P 值均大于 0.05，接受了变量外生的原假设，表明 DU 不存在内生性。由于动态面板系统 GMM 方法兼具了估计动态效应和解决内生性问题的优势，因此，Durbin-Wu-Hausman 内生性检验结果表明本研究所选择回归方法的适当性和准确性。

表 5-7　　　　　　　　　　　内生性检验

实证模型	核心解释变量	Durbin 和 Wu-Hausman 统计量	P 值	检验结果
以 DQ 为因变量	DR	6.304** 6.121**	0.012 0.014	存在内生性
	DU	7.496*** 7.316***	0.0062 0.0074	存在内生性
以 TAGR 为因变量	DR	38.765*** 48.803***	0.000 0.000	存在内生性
	DU	0.00004 0.00004	0.995 0.995	不存在内生性

注：***、** 分别表示在 1%、5% 的水平下显著。

第四节　回归结果和分析

本书采用系统 GMM 方法进行参数估计，由于系统 GMM 方法不仅能有效地解决控制变量之间的内生性问题，而且研究数据时间维度与截面维度，更加适合非平衡面板数据。在对回归结果进行分析之前，必须先验证工具变量的有效性，若模型通过显著性检验，则说明研究中所使用的模型对于工具变量产生的内生性问题都能够有效地控制，在工具变量有效的前提下，与差分 GMM 方法相比，系统 GMM 方法进行估计更加有效。并且，考虑到使用一步系统 GMM 法易受到来自异方差项的干扰，因此，采用两步系统 GMM 法进行回归估计。另外，由于上市公司之间存在截面异方差问题，本研究在回归中控制了异方差稳健标准误，使回归结果更加准确和可靠。

一　多元化类型与短期绩效的实证结果

（一）相关多元化与短期绩效实证结果

表 5-8 显示相关多元化与短期绩效的回归分析结果，同时列示出文化传播类公司和信息技术类公司的回归结果。首先看 Wald 检验，文化传播类公司实证回归中 Wald 值为 1507.53，对应的显著性为 0.000，小于 0.05，模型通过显著性检验，表明所设定的实证模型具有较好的

有效性和合理性，模型拟合成立。接着对扰动项进行检验，一般认为在进行扰动项检验时，关注的是扰动项一阶存在自相关而二阶不存在自相关，即可认为扰动项检验通过。结果显示AR（1）统计量为-2.126，对应的显著性为0.034；AR（2）统计量为-1.665，对应的显著性为0.096，AR（1）对应的显著性小于0.05而AR（2）对应的显著性大于0.05，表明扰动项检验结果满足一阶和二阶自相关的假设条件。在过度识别检验中，Sargan test为15.387，对应的显著性为0.284，大于0.05，表明不存在过度识别现象，认为所采用的工具变量是有效的。在控制了股权集中度、已流通股比例、董事规模、独立董事比例、两职合一、公司规模等控制变量后，相关多元化DR在结果中回归系数为-0.387，对应的显著性为0.024小于0.05，结果在5%的水平下显著，表明在文化传播类公司的相关多元化对其短期绩效存在负向影响，即相关多元化程度提高，短期绩效会有所下降，假设H3-1得到验证。从控制变量结果看，已流通股比例、两职合一、高管薪酬、资产负债率在1%或5%的水平显著，回归系数均为负数，表明已流通股比例、两职合一、高管薪酬、资产负债率与短期绩效呈现显著负相关关系；股权集中度、公司规模和子公司资产比重分别在10%、1%和10%水平下显著，回归系数为正，表明股权集中度、公司规模和子公司资产比重与短期绩效呈现显著正相关关系。

从信息技术类公司结果看，Wald值为52007.02，对应的显著性为0.000，小于0.05，模型通过显著性检验，表明所设定的实证模型具有较好的有效性和合理性，模型拟合成立。AR（1）统计量对应的显著性小于0.05且AR（2）对应的显著性均大于0.05，表明扰动项不存在二阶自相关。在过度识别检验中，Sargan test统计量为7.636，对应的显著性为0.867，大于0.05，表明不存在过度识别现象，表明回归方法中所采用的工具变量是有效的。在控制了股权集中度、已流通股比例、董事规模、独立董事比例、两职合一、公司规模等控制变量后，相关多元化DR在结果中回归系数为0.093，对应的显著性为0.619，结果不显著，结果表明在信息技术类传媒上市公司的模型中，短期绩效与相关多元化程度未呈现显著的相关关系，H1-1未得到验证。从控制变量结果看，公司规模的系数为正且在1%的水平下显著，表明公司规模与短期绩效之间存在显著的正向相关关系;高管薪酬、子公司资产比重系数为负且在1%的水平下显著,表明这两个控制变量与短期绩效显著负相关;其余控制变量的系数均不显著,表明其余控制变量和短期绩效之间的相关关系不显著。

表 5-8　　　　　　　相关多元化与短期绩效回归结果分析

Dq	文化传播类公司				信息技术类公司			
	Coef.	Corrected Std. Err.	z	P>z	Coef.	Corrected Std. Err.	z	P>z
L1.	0.403	0.045	8.940	0.000***	0.424	0.077	5.480	0.000***
dr	-0.387	0.171	-2.260	0.024**	0.093	0.187	0.500	0.619
ownconl	0.822	0.448	1.830	0.067*	0.204	0.888	0.230	0.818
trdshrpot	-0.563	0.119	-4.740	0.000***	-0.308	0.405	-0.760	0.447
dirnum	-0.294	0.297	-0.990	0.322	0.682	0.567	1.200	0.229
ind	-0.466	0.739	-0.630	0.528	0.433	2.493	0.170	0.862
dual	-0.348	0.161	-2.160	0.031**	-0.011	0.111	-0.100	0.924
pay	-0.345	0.083	-4.150	0.000***	-0.486	0.113	-4.300	0.000***
size	0.347	0.080	4.350	0.000***	0.542	0.119	4.570	0.000***
leverage	-0.883	0.342	-2.580	0.010***	-0.277	0.244	-1.140	0.256
scta	0.356	0.204	1.750	0.081*	-1.546	0.222	-6.960	0.000***
age	0.017	0.031	0.550	0.584	-0.062	0.048	-1.270	0.203
_cons	-1.756	2.083	-0.840	0.399	-5.490	3.573	-1.540	0.124
N	198				110			
AR(1)(p)	-2.126	(0.034)			-2.069	(0.042)		
AR(2)(p)	-1.665	(0.096)			0.370	(0.711)		
Sargan test(p)	15.387	(0.284)			7.636	(0.867)		
Wald 检验(p)	1507.53	(0.000)			52007.02	(0.000)		

注:*、**、***分别表示在10%、5%和1%的水平下显著,回归中使用稳健标准误差以控制异方差问题。

(二)非相关多元化与短期绩效实证结果

表 5-9 是非相关多元化与短期绩效的回归分析,同时列示出文化

传播类公司和信息技术类公司的回归结果。首先看 Wald 检验,文化传播类公司实证回归中 Wald 值为 2232.26,对应的显著性为 0.000,小于 0.05,模型通过显著性检验,表明所设定的实证模型具有较好的有效性和合理性,模型拟合成立。AR(1)统计量对应的显著性小于 0.05,而 AR(2)统计量对应的显著性大于 0.05,表明扰动项不存在二阶自相关。在过度识别检验中,Sargan test 统计量为 22.314,对应的显著性为 0.133,大于 0.05,表明不存在过度识别现象,所采用的工具变量是有效的。从非相关多元化 DU 结果看,在控制了股权集中度、已流通股比例、董事规模、独立董事比例、两职合一、公司规模等控制变量后,非相关多元化 DU 在结果中回归系数为 0.307 且在 1%的水平下显著,表明在文化传播类传媒上市公司的实证模型结果中非相关多元化对其短期绩效存在显著的正向影响,假设 H4-1 得到验证。从控制变量结果看,已流通股比例、董事规模、两职合一、高管薪酬、资产负债率的系数均为负向且在 1%、5%或 10%的水平下显著,表明已流通股比例、董事规模、两职合一、高管薪酬、资产负债率与短期绩效呈现显著的负相关关系;股权集中度、公司规模和子公司资产比重的系数为正向且分别在 5%、1%和 5%的水平下显著,表明股权集中度、公司规模和子公司资产比重和短期绩效呈现显著的正相关关系。

从信息技术类公司结果看,Wald 值为 48104.96,对应的显著性为 0.000,小于 0.05,模型通过显著性检验,表明所设定的实证模型具有较好的有效性和合理性,模型拟合成立。AR(1)统计量对应的显著性小于 0.05 且 AR(2)对应的显著性大于 0.05,表明扰动项不存在二阶自相关。在过度识别检验中,Sargan test 统计量为 9.062,对应的显著性为 0.768,大于 0.05,表明不存在过度识别现象,所采用的工具变量是有效的。在控制了股权集中度、已流通股比例、董事规模、独立董事比例、两职合一、公司规模等控制变量后,非相关多元化 DU 回归系数为-1.594 且在 1%的水平下显著,表明在信息技术类传媒上市公司的实证模型结果中,非相关多元化程度对其短期绩效存在显著的负向影响,H2-1 得到验证。从控制变量结果看,已流通股比例、高管薪酬和子公司资产比重系数均为负且分别在 1%或 5%的水平下显著,表明已流通股比例、高管薪酬和子公司资产比重与短期绩效呈现显著的负相关关系；董事规模、独立董事比例和公司规模的系数为正且在1%或10%的水平下显著，表明董事规模、独立董事比例和公司规模与短期绩效呈现显著的正相关关系。

从结果比较看，文化传播类公司和信息技术类公司在非相关多元与短期绩效的实证结果中呈现截然不同的两种结果，造成这一结果的本质原因是由两类公司的战略意图及业务性质所决定。

表 5-9　　　　　　非相关多元化与短期绩效回归结果分析

Dq	文化传播类公司				信息技术类公司			
	Coef.	Corrected Std. Err.	z	P>z	Coef.	Corrected Std. Err.	z	P>z
L1.	0.360	0.040	9.050	0.000***	0.377	0.055	6.890	0.000***
du	0.307	0.103	2.990	0.003***	-1.594	0.198	-8.070	0.000***
ownconl	0.633	0.308	2.050	0.040**	0.715	0.841	0.850	0.395
trdshrpot	-0.682	0.097	-7.040	0.000***	-0.771	0.230	-3.350	0.001***
dirnum	-0.433	0.262	-1.660	0.098*	1.930	0.708	2.730	0.006***
ind	-0.189	0.741	-0.250	0.799	4.401	2.592	1.700	0.090*
dual	-0.266	0.129	-2.060	0.040**	0.019	0.100	0.190	0.852
pay	-0.371	0.078	-4.760	0.000***	-0.327	0.138	-2.360	0.018**
size	0.261	0.049	5.300	0.000***	0.506	0.123	4.130	0.000***
leverage	-0.860	0.236	-3.640	0.000***	0.279	0.405	0.690	0.491
scta	0.400	0.168	2.380	0.017**	-1.156	0.139	-8.290	0.000***
age	0.004	0.018	0.250	0.803	-0.038	0.036	-1.050	0.296
_cons	0.800	1.371	0.580	0.560	-11.427	3.883	-2.940	0.003***
N	198				110			
AR（1）(p)	-2.061	(0.039)			-1.976	(0.048)		
AR（2）(p)	-1.200	(0.346)			1.246	(0.213)		
Sargan test (p)	22.314	(0.133)			9.062	(0.768)		
Wald 检验 (p)	2232.26	(0.000)			48104.96	(0.000)		

注：*、**、***分别表示在10%、5%和1%的水平下显著，回归中使用稳健标准误差以控制异方差问题。

二 多元化类型与长期绩效的实证结果

(一) 相关多元化与长期绩效实证结果

表5-10是相关多元化与长期绩效的回归结果分析,同时列示了文化传播类公司和信息技术类公司的回归结果。从文化传播类公司结果看,实证回归中Wald值为3085.85,对应的显著性为0.000,小于0.05,模型通过显著性检验,表明所设定的实证模型具有较好的有效性和合理性,模型拟合成立。AR(1)统计量对应的显著性小于0.05且AR(2)对应的显著性大于0.05,表明扰动项不存在二阶自相关。在过度识别检验中,Sargan test 统计量为15.666,对应的显著性为0.268,大于0.05,表明不存在过度识别现象,所采用的工具变量是有效的。从变量结果看,在控制了相关的控制变量后,相关多元化DR的回归系数为0.862且在1%水平下显著,表明相关多元化与文化传播类传媒上市公司长期绩效呈现显著的正相关关系,即在样本期内,文化传播类传媒上市公司长期绩效随着相关多元化程度的增加而提升,假设H3-2得到验证。此外,观察控制变量发现,股权集中度、已流通股比例、高管薪酬、资产负债率、企业年龄的系数均为负向且分别在5%和1%的水平下显著,表明股权集中度、已流通股比例、高管薪酬、资产负债率、企业年龄与文化传播类传媒上市公司长期绩效呈现显著的负相关关系;而董事规模、独立董事比例、公司规模和子公司资产比重的系数均为正向且分别在5%和1%的水平下显著,表明董事规模、独立董事比例、公司规模和子公司资产比重与文化传播类传媒上市公司长期绩效呈现显著的正相关关系。

从信息技术类公司结果看,实证回归中Wald值为2353.38,对应的显著性为0.000,小于0.05,模型通过显著性检验,表明所设定的实证模型具有较好的有效性和合理性,模型拟合成立。AR(1)统计量对应的显著性小于0.05且AR(2)对应的显著性大于0.05,表明扰动项不存在二阶自相关。在过度识别检验中,Sargan test 统计量为3.959,对应的显著性为0.992,大于0.05,表明不存在过度识别现象,所采用的工具变量是有效的。结果表明,在控制其他相关的控制变量的情况下,相关多元化DR的回归系数为0.340且在5%的水平下显著,表明在样本期内,信息技术类传媒上市公司长期绩效随着相关多元化程度的增加而提升，假设 H1-2 得到验证。此外，控制变量中，股权集中度、董事规模、独立董事比例、两职合一、子公司资产比重、企业年龄与长期绩效呈现显著的负相关关系；公司规模和资产负债率回归系数为正且均在 1% 的水平下显著，表明公司规模和子公司资产比重与长期绩效呈现显著的正相关关系。

  从文化传播类公司和信息技术类公司比较看，相关多元化与长期绩效的相关关系在两类不同的公司中均为显著正相关。可以认为我国传媒上市公司的相关多元化与长期绩效呈显著正相关，公司以核心业务为基础，开展同心多元化业务，在合理的战略布局下能得到较高的回报。

表 5-10　　　　相关多元化与长期绩效回归结果分析

	文化传播类公司				信息技术类公司			
tagr	Coef.	Corrected Std. Err.	z	P>z	Coef.	Corrected Std. Err.	z	P>z
L1.	-0.071	0.024	-2.950	0.003***	-0.087	0.020	-4.380	0.000***
dr	0.862	0.295	2.920	0.003***	0.340	0.147	2.320	0.021**
ownconl	-1.428	0.557	-2.560	0.010***	-3.415	2.069	-1.650	0.099*
trdshrpot	-0.451	0.188	-2.390	0.017**	-0.771	0.561	-1.380	0.169
dirnum	0.560	0.248	2.260	0.024**	-3.481	1.541	-2.260	0.024**
ind	2.973	1.233	2.410	0.016**	-11.887	5.902	-2.010	0.044**
dual	-0.132	0.222	-0.590	0.552	-0.232	0.127	-1.830	0.067*
pay	-0.995	0.210	-4.730	0.000***	0.061	0.125	0.490	0.627
size	0.744	0.098	7.560	0.000***	0.342	0.088	3.900	0.000***
leverage	-3.169	0.412	-7.690	0.000***	0.818	0.320	2.560	0.010***
scta	0.603	0.247	2.440	0.015**	-0.852	0.332	-2.570	0.010***
age	-0.155	0.018	-8.530	0.000***	-0.184	0.029	-6.280	0.000***
_cons	0.195	3.021	0.060	0.949	8.596	5.373	1.600	0.110
N	198				110			
AR (1) (p)	-2.654	(0.008)			-2.044	(0.036)		
AR (2) (p)	-0.908	(0.364)			0.628	(0.530)		
Sargan test (p)	15.666	(0.268)			3.959	(0.992)		

续表

tagr	文化传播类公司				信息技术类公司			
	Coef.	Corrected Std. Err.	z	P>z	Coef.	Corrected Std. Err.	z	P>z
Wald 检验（p）	3085.85	(0.000)			2353.38	(0.000)		

注：*、**、*** 分别表示在 10%、5% 和 1% 的水平下显著，回归中使用稳健标准误差以控制异方差问题。

（二）非相关多元化与长期绩效实证结果

表 5-11 是非相关多元化与长期绩效的回归结果分析，同时列示了文化传播类公司和信息技术类公司回归结果。从文化传播类公司结果看，实证回归中 Wald 值为 1719.14，对应的显著性为 0.000，小于 0.05，模型通过显著性检验，表明所设定的实证模型具有较好的有效性和合理性，模型拟合成立。AR（1）统计量对应的显著性小于 0.05 且 AR（2）对应的显著性大于 0.05，表明扰动项不存在二阶自相关。在过度识别检验中，Sargan test 为 16.484，对应的显著性为 0.224，大于 0.05，表明不存在过度识别现象，所采用的工具变量是有效的。从变量结果看，在控制了相关的控制变量后，非相关多元化 DU 回归系数为 0.762 且在 1% 的水平下显著，表明非相关多元化与文化传播类传媒上市公司的长期绩效呈现显著的正相关关系，在样本期内，文化传播类公司长期绩效随着非相关多元化程度的增加而提升，假设 H4-2 未得到验证。此外，观察控制变量发现，股权集中度、已流通股比例、高管薪酬、资产负债率和企业年龄的系数为负向且均在 1% 的水平下显著，表明股权集中度、已流通股比例、高管薪酬、资产负债率和企业年龄与文化传播类传媒上市公司长期绩效呈现显著的负相关关系；董事规模、独立董事比例、公司规模和子公司资产比重的系数为正且分别在 5% 和 1% 的水平下显著，表明董事规模、独立董事比例、公司规模和子公司资产比重与文化传播类传媒上市公司长期绩效呈现显著的正相关关系。

从信息技术类公司结果看，实证回归中 Wald 值为 29828.51，对应的显著性为 0.000，小于 0.05，模型通过显著性检验，表明所设定的实证模型具有较好的有效性和合理性，模型拟合成立。AR（1）统计量对应的显著性小于 0.05 且 AR（2）对应的显著性大于 0.05，表明扰动项不存在二阶自相关。在过度识别检验中，Sargan test 为 7.438，对应的显著性为 0.878，大于 0.05，表明不存在过度识别现象，所采用的工具变量是有效的。非相关多元化 DU 的系数为 -0.687 且在 10% 的水平下显著，表明非相关多元化与信息技术类传媒上市公司的长期绩效呈现显著的负相关关系，在样本期内，信息技术类公司长期绩效随着非相关多元化程度的增加而下降，假设 H2-2 得到验证。此外，从控制变量结果看，董事规模、独立董事比例、两职合一、子公司资产比重和企业年龄回归系数为负且分别在 10%、5% 和 1% 的水平下显著，表明董事规模、独立董事比例、两职合一、子公司资产比重和企业年龄与长期绩效呈现显著的负相关关系，高管薪酬、公司规模、资产负债率系数为正且分别在 5% 和 1% 的水平下显著，表明高管薪酬、公司规模、资产负债率与长期绩效呈现显著的正相关关系。

从两类传媒上市公司的比较结果看，文化传播类公司长期绩效与非相关多元化正相关，并通过显著性检验。而信息技术类公司长期绩效与非相关多元化负相关，也通过了显著性检验。

表 5-11　　　　　　非相关多元化与长期绩效相关分析

	文化传播类公司				信息技术类公司			
tagr	Coef.	Corrected Std. Err.	z	P>z	Coef.	Corrected Std. Err.	z	P>z
L1.	-0.052	0.020	-2.580	0.010***	-0.013	0.018	-0.760	0.447
du	0.762	0.292	2.610	0.009***	-0.687	0.389	-1.770	0.077*
ownconl	-2.027	0.576	-3.520	0.000***	-1.038	1.308	-0.790	0.428
trdshrpot	-0.696	0.214	-3.250	0.001***	-0.446	0.609	-0.730	0.464
dirnum	0.602	0.231	2.600	0.009***	-2.538	1.266	-2.000	0.045**
ind	2.699	1.362	1.980	0.048**	-10.982	5.382	-2.040	0.041**
dual	-0.327	0.250	-1.310	0.191	-0.230	0.125	-1.840	0.066*
pay	-0.579	0.207	-2.790	0.005***	0.213	0.103	2.070	0.038**
size	0.839	0.093	9.040	0.000***	0.452	0.097	4.680	0.000***
leverage	-2.579	0.466	-5.530	0.000***	1.653	0.302	5.480	0.000***
scta	0.728	0.220	3.310	0.001***	-0.954	0.293	-3.250	0.001***

续表

tagr	文化传播类公司				信息技术类公司			
	Coef.	Corrected Std. Err.	z	P>z	Coef.	Corrected Std. Err.	z	P>z
age	-0.163	0.028	-5.770	0.000***	-0.184	0.039	-4.730	0.000***
_cons	-7.488	3.321	-2.250	0.024**	0.486	4.266	0.110	0.909
N	198				110			
AR（1）(p)	-2.350	(0.019)			-2.062	(0.038)		
AR（2）(p)	-1.155	(0.248)			0.626	(0.531)		
Sargan test (p)	16.484	(0.224)			7.438	(0.878)		
Wald 检验 (p)	1719.14	(0.000)			29828.51	(0.000)		

注：*、**、***分别表示在10%、5%和1%水平下显著，回归中使用稳健标准误差以控制异方差问题。

三 稳健性检验

本节中重点列示了稳健性结果。短期绩效由托宾Q值作为替换指标，长期绩效由营业收入增长率作为替换指标，具体结果见表5-12至表5-15。从结果看，就多元化类型与短期绩效的关系而言，表5-12中文化传播类公司相关多元化与短期绩效显著正相关，与原始回归结果不同。这可能与短期绩效的代理指标有关，原始实证回归是通过因子分析综合而来的，稳健性分析中仅以托宾Q值表示，可能托宾Q值不能全面反映公司短期绩效的含义，需进一步研究验证。表5-12中信息技术类公司相关多元化与短期绩效显著正相关，原始结果中虽然正相关但不显著，该稳健性检验可以作为假设H1-1的补充。表5-13中非相关多元化的系数在文化传播类公司中为正但不显著，在信息技术类公司中为负但不显著，与原始结果基本一致，结果稳健。表5-14中相关多元化系数在文化传播类公司显著为正，信息技术类公司则不显著，与原始结果基本一致。表5-15中非相关多元化系数在文化传播类公司中显著为正，在信息技术类公司中显著为负，与原始结果一致，结果稳健。

综上结果表明，除了个别回归结果与原始回归结果有所差异，其余稳健性回归结果与原始结果保持一致，表明本书基于各研究假设的实证结果较为稳健、可靠。

表 5-12　　　　　　　　相关多元化与短期绩效相关分析

q	文化传播类公司				信息技术类公司			
	Coef.	Corrected Std. Err.	z	P>z	Coef.	Corrected Std. Err.	z	P>z
L1.	0.201	0.016	12.200	0.000***	0.276	0.079	3.490	0.000***
dr	1.150	0.350	3.280	0.001***	1.208	0.593	2.040	0.042**
ownconl	2.486	1.878	1.320	0.186	0.359	4.871	0.070	0.941
trdshrpot	3.186	0.786	4.050	0.000***	4.964	2.431	2.040	0.041**
dirnum	-1.638	0.585	-2.800	0.005***	4.769	2.874	1.660	0.097*
ind	4.245	2.374	1.790	0.074*	18.630	10.220	1.820	0.068*
dual	-0.316	0.402	-0.790	0.431	-1.221	1.265	-0.960	0.335
pay	1.613	0.330	4.890	0.000***	-0.893	0.658	-1.360	0.175
size	-3.417	0.335	-10.200	0.000***	-0.087	0.721	-0.120	0.904
leverage	5.917	1.687	3.510	0.000***	-0.716	2.597	-0.280	0.783
scta	-3.484	0.694	-5.020	0.000***	-3.149	1.183	-2.660	0.008***
age	0.323	0.092	3.520	0.000***	-0.151	0.213	-0.710	0.479
_cons	45.788	7.272	6.300	0.000***	-1.305	21.626	-0.060	0.952
N	110				198			
AR（1）(p)	-2.412	(0.016)			-2.111	(0.035)		
AR（2）(p)	0.113	(0.910)			1.534	(0.125)		
Sargan test（p）	14.707	(0.326)			12.040	(0.524)		
Wald 检验（p）	17293.41	(0.000)			1187.68	(0.000)		

注：*、**、***分别表示在10%、5%和1%的水平下显著，回归中使用稳健标准误差以控制异方差问题。

表 5-13　　　　　　　非相关多元化与短期绩效相关分析

q	文化传播类公司				信息技术类公司			
	Coef.	Corrected Std. Err.	z	P>z	Coef.	Corrected Std. Err.	z	P>z
L1.	0.206	0.014	14.330	0.000***	0.191	0.121	1.580	0.115
du	0.839	0.477	1.760	0.079	-0.085	2.074	-0.040	0.967

续表

q	文化传播类公司 Coef.	Corrected Std. Err.	z	P>z	信息技术类公司 Coef.	Corrected Std. Err.	z	P>z
ownconl	1.606	1.829	0.880	0.380	-3.504	8.250	-0.420	0.671
trdshrpot	2.979	0.743	4.010	0.000***	3.699	2.078	1.780	0.075*
dirnum	-1.323	0.619	-2.140	0.032**	3.476	3.235	1.070	0.283
ind	2.173	2.036	1.070	0.286	11.369	10.313	1.100	0.270
dual	-0.473	0.391	-1.210	0.226	-0.712	1.317	-0.540	0.589
pay	1.088	0.284	3.830	0.000***	-1.071	1.226	-0.870	0.382
size	-2.922	0.316	-9.250	0.000***	-0.467	0.660	-0.710	0.480
leverage	7.033	1.528	4.600	0.000***	0.457	1.965	0.230	0.816
scta	-3.271	0.639	-5.120	0.000***	-2.698	1.050	-2.570	0.010***
age	0.289	0.080	3.600	0.000***	0.042	0.246	0.170	0.865
_cons	43.694	7.064	6.190	0.000***	14.410	26.209	0.550	0.582
N	198				110			
AR(1)(p)	-2.670	(0.008)			-1.981	(0.048)		
AR(2)(p)	0.484	(0.628)			1.105	(0.269)		
Sargan test(p)	16.967	(0.390)			11.907	(0.535)		
Wald 检验(p)	23224.00	(0.000)			5111.01	(0.000)		

注：*、**、*** 分别表示在10%、5%和1%的水平下显著，回归中使用稳健标准误差以控制异方差问题。

表 5-14　　　相关多元化与长期绩效相关分析

Growth	文化传播类公司 Coef.	Corrected Std. Err.	z	P>z	信息技术类公司 Coef.	Corrected Std. Err.	z	P>z
L1.	0.039	0.005	7.740	0.000***	0.030	0.065	0.470	0.640
dr	1.619	0.380	4.260	0.000***	0.036	0.102	0.350	0.725
ownconl	1.521	1.617	0.940	0.347	-0.030	0.552	-0.060	0.956
trdshrpot	-1.176	0.346	-3.390	0.001***	-0.794	0.177	-4.480	0.000***

续表

Growth	文化传播类公司				信息技术类公司			
	Coef.	Corrected Std. Err.	z	P>z	Coef.	Corrected Std. Err.	z	P>z
dirnum	1.996	0.918	2.180	0.030**	0.581	0.825	0.710	0.481
ind	-2.843	2.061	-1.380	0.168	3.703	4.475	0.830	0.408
dual	-1.322	0.429	-3.080	0.002***	0.016	0.096	0.170	0.869
pay	-3.138	0.155	-20.290	0.000***	-0.097	0.066	-1.480	0.140
size	0.667	0.133	5.000	0.000***	0.101	0.088	1.150	0.249
leverage	-4.924	0.714	-6.900	0.000***	0.531	0.271	1.960	0.050**
scta	3.550	0.750	4.730	0.000***	-0.075	0.132	-0.560	0.572
age	0.017	0.068	0.250	0.801	-0.045	0.020	-2.270	0.023**
_cons	28.073	3.695	7.600	0.000***	-2.228	4.335	-0.510	0.607
N	110				198			
AR（1）(p)	-1.063	(0.288)			-1.528	(0.127)		
AR（2）(p)	-1.039	(0.299)			0.192	(0.848)		
Sargan test (p)	21.894	(0.057)			10.408	(0.661)		
Wald 检验 (p)	134250.81	(0.000)			2404.84	(0.000)		

注：＊、＊＊、＊＊＊分别表示在 10%、5% 和 1% 的水平下显著，回归中使用稳健标准误差以控制异方差问题。

表 5-15　　非相关多元化与长期绩效相关分析

Growth	文化传播类公司				信息技术类公司			
	Coef.	Corrected Std. Err.	z	P>z	Coef.	Corrected Std. Err.	z	P>z
L1.	0.049	0.006	8.340	0.000***	0.046	0.054	0.860	0.392
du	2.002	0.434	4.620	0.000***	-0.207	0.107	-1.920	0.054*
ownconl	-0.953	1.423	-0.670	0.503	0.879	0.488	1.800	0.071*
trdshrpot	-1.946	0.272	-7.170	0.000***	-0.735	0.161	-4.560	0.000***
dirnum	1.238	0.830	1.490	0.136	0.995	0.676	1.470	0.141
ind	-4.676	1.900	-2.460	0.014**	5.781	3.246	1.780	0.075*
dual	-1.543	0.537	-2.870	0.004***	-0.027	0.096	-0.290	0.775

续表

Growth	文化传播类公司				信息技术类公司			
	Coef.	Corrected Std. Err.	z	P>z	Coef.	Corrected Std. Err.	z	P>z
pay	-3.178	0.166	-19.190	0.000***	-0.014	0.083	-0.170	0.865
size	1.150	0.187	6.140	0.000***	0.149	0.076	1.950	0.052*
leverage	-4.108	1.089	-3.770	0.000***	0.831	0.233	3.570	0.000***
scta	3.311	0.739	4.480	0.000***	-0.245	0.144	-1.700	0.089
age	-0.065	0.058	-1.130	0.259	-0.066	0.021	-3.180	0.001***
_cons	23.330	4.706	4.960	0.000***	-6.196	2.933	-2.110	0.035**
N	198				110			
AR（1）(p)	-1.015	(0.310)			-1.336	(0.182)		
AR（2）(p)	-1.016	(0.310)			-0.384	(0.701)		
Sargan test (p)	25.158	(0.155)			10.634	(0.641)		
Wald检验(p)	80861.51	(0.000)			2632.36	(0.000)		

注：*、**、***分别表示在10%、5%和1%的水平下显著，回归中使用稳健标准误差以控制异方差问题。

第五节　本章小结

本章基于研究假设构建了对应的实证模型，运用面板平稳性检验明确各变量不存在单位根为平稳变量，运用相关性检验明确两两变量之间初始的、直观的线性相关关系，运用多重共线性检验排除了可能对回归结果造成干扰的共线性问题，运用异方差检验明确截面个体之间存在异质性问题，运用内生性检验发现了核心解释变量的内生性问题。在上述检验的基础上，使用动态面板系统GMM两步法模型（对异方差稳健标准误差进行控制）进行回归。研究发现，在信息技术类公司的多元化类型与短期和长期绩效关系中，假设H1-1基本得到验证，假设H1-2、假设H2-1和假设H2-2均得到了验证；在文化传播类公司的多元化类型与短期和长期绩效关系中，假设H3-1、假设H3-2和假设H4-1均得到了验证，假设H4-2没有得到验证。

第六章

中国传媒上市公司多元化程度与绩效关系实证分析

本章在信息技术类传媒上市公司、文化传播类传媒上市公司两组样本下,运用适当的回归模型,检验多元化程度与企业绩效的非线性关系,测算多元化程度和企业绩效之间关系的"拐点",并考察在"拐点"前后,多元化程度对企业绩效影响的差别,从而判断两类传媒上市公司的最优多元化程度。

第一节 实证模型设定和变量说明

一 实证模型设定

本章拟实证检验第三章提出的研究假设 H5-1、假设 H5-2、假设 H5-3 和假设 H5-4。

为研究多元化程度和企业绩效的相关关系,在研究假设的基础上,建立实证模型进行验证。本实证与第五章的实证一样,将被解释变量的滞后项放到解释变量中加以控制,最终建立动态面板回归模型。

各假设对应的实证模型设定如下:

H5:中国传媒上市公司总体多元化经营与绩效关系

H5-1:中国信息类上市公司总体多元化经营与短期绩效存在先升后降的倒"U"形曲线关系

$$DQ_{i,\,t} = \beta_0 + \beta_1 DQ_{i,\,t-1} + \beta_2 DT_{i,\,t} + \beta_3 DT_{i,\,t}^2 + \sum \beta_n Control_{i,\,t} + \varepsilon_{i,\,t}$$

H5-2:中国信息类上市公司总体多元化经营与长期绩效存在先升后降的倒"U"形曲线关系

$$TAGR_{i,t} = \beta_0 + \beta_1 TAGR_{i,t-1} + \beta_2 DT_{i,t} + \beta_3 DT_{i,t}^2 + \sum \beta_n Control_{i,t} + \varepsilon_{i,t}$$

H5-3：中国文化传播类上市公司总体多元化经营与短期绩效存在先升后降的倒"U"形曲线关系

$$DQ_{i,t} = \beta_0 + \beta_1 DQ_{i,t-1} + \beta_2 DT_{i,t} + \beta_3 DT_{i,t}^2 + \sum \beta_n Control_{i,t} + \varepsilon_{i,t}$$

H5-4：中国文化传播类上市公司总体多元化经营与长期绩效存在先升后降的倒"U"形曲线关系

$$TAGR_{i,t} = \beta_0 + \beta_1 TAGR_{i,t-1} + \beta_2 DT_{i,t} + \beta_3 DT_{i,t}^2 + \sum \beta_n Control_{i,t} + \varepsilon_{i,t}$$

二 变量选择和数据说明

（一）变量选择

上述实证模型中，主要包含了被解释变量、核心解释变量和控制变量。下面对变量选择进行说明。

1. 被解释变量

短期绩效（DQ）和长期绩效（TAGR）的选择与第五章一致。

2. 核心解释变量

多元化程度。本书主要采用基于 2012 年证监会最新颁布的《上市公司行业分类指引》所规定的标准行业代码的经营项目分类主营业务门类，计算量多元化程度。考虑到本书的研究目的、测算数据的可获得性、多元化指标的适用性以及连续测量法要求等方面的因素，在大多数文献常用的 7 大类多元化衡量指标中选择以熵指数 DT 作为多元化程度的代理变量，该变量在第四章已经测算得到。

3. 控制变量

10 个控制变量的选择与第五章一致，分别为股权集中度（owncol）、已流通股比例（trdshrpot）、董事规模（dirnum）、独立董事比例（ind）、两职合一（dual）、高管薪酬（pay）、资产规模（size）、资产负债率（leverage）、子公司资产比重（scta）、企业年份（age）。

（二）数据说明

本研究选取沪、深 A 股主板上市的信息技术类和文化传播类上市公司 2012—2019 年，共计 77 家传媒企业的非平衡面板数据进行实证研究，研究样本筛选的方法和结果已在第三章说明，有关传媒上市公司多元化类型和绩效的实证研究数据选择与之相同。

第二节 描述性统计

表 6-1 和表 6-2 的描述性统计结果主要列示了被解释变量和控制变量的最小值、最大值、平均值、标准差的基础统计指标（核心解释变量 DT 的描述性统计已经列示于第四章），同时给出了中位数（P50）、四分位数 P25 和 P75。从结果看，短期绩效整体均值为 0.000，文化传播类为 0.020，信息技术类为 -0.036，表明短期绩效文化传播类公司高于信息技术类。长期绩效得到相反结果。其余控制变量结果详见表中所示。

表 6-1　传媒上市公司总体描述性统计

	N	最小值	最大值	平均值	标准差	P25	P50	P75
DQ	348	-2.503	2.494	0.000	0.712	-0.407	-0.053	0.393
TAGR	348	-0.259	6.042	0.399	0.800	0.037	0.136	0.408
OWNCONL	348	0.084	0.771	0.393	0.183	0.246	0.365	0.542
TRDSHRPOT	348	0.077	1.000	0.644	0.297	0.359	0.671	0.992
DIRNUM	348	1.609	2.708	2.166	0.246	1.946	2.197	2.276
IND	348	0.333	0.600	0.376	0.049	0.333	0.364	0.417
DUAL	348	0.000	1.000	0.239	0.427	0.000	0.000	0.000
PAY	348	12.748	16.101	14.379	0.630	13.968	14.413	14.701
SIZE	348	15.979	24.195	21.988	1.216	21.284	22.051	22.871
LEVERAGE	348	0.033	0.950	0.317	0.179	0.179	0.298	0.405
SCTA	348	-1.194	0.798	0.124	0.257	0.028	0.123	0.254
AGE	348	6.000	28.000	16.149	5.338	12.000	16.000	20.000

表 6-2　信息技术类和文化传播类公司的变量描述统计

	指标	样本量	最小值	最大值	平均值	标准差	P25	P50	P75
信息技术类	DQ	125	-2.229	2.150	-0.036	0.793	-0.476	-0.137	0.390
	TAGR	125	-0.234	6.042	0.422	0.809	0.017	0.137	0.489
	OWNCONL	125	0.085	0.668	0.343	0.146	0.214	0.351	0.449

续表

	指标	样本量	最小值	最大值	平均值	标准差	P25	P50	P75
信息技术类	TRDSHRPOT	125	0.077	1.000	0.654	0.296	0.365	0.699	0.998
	DIRNUM	125	1.609	2.708	2.218	0.294	1.946	2.197	2.398
	IND	125	0.333	0.600	0.376	0.056	0.333	0.364	0.429
	DUAL	125	0.000	1.000	0.352	0.480	0.000	0.000	1.000
	PAY	125	12.794	16.101	14.405	0.675	13.950	14.490	14.802
	SIZE	125	19.847	24.195	21.984	1.191	20.903	22.048	23.036
	LEVERAGE	125	0.033	0.766	0.322	0.175	0.185	0.298	0.469
	SCTA	125	-1.194	0.545	0.033	0.319	0.001	0.059	0.186
	AGE	125	7.000	25.000	15.248	4.667	12.000	15.000	19.000
文化传播类	DQ	223	-2.503	2.494	0.020	0.663	-0.351	-0.013	0.398
	TAGR	223	-0.259	6.042	0.386	0.796	0.052	0.135	0.368
	OWNCONL	223	0.084	0.771	0.421	0.195	0.258	0.415	0.568
	TRDSHRPOT	223	0.077	1.000	0.638	0.298	0.346	0.665	0.979
	DIRNUM	223	1.609	2.565	2.136	0.210	2.079	2.197	2.197
	IND	223	0.333	0.600	0.375	0.045	0.333	0.375	0.400
	DUAL	223	0.000	1.000	0.175	0.381	0.000	0.000	0.000
	PAY	223	12.748	16.101	14.365	0.604	13.968	14.393	14.653
	SIZE	223	15.979	23.865	21.990	1.232	21.431	22.069	22.818
	LEVERAGE	223	0.033	0.950	0.314	0.182	0.178	0.297	0.380
	SCTA	223	-0.748	0.798	0.176	0.198	0.084	0.165	0.271
	AGE	223	6.000	28.000	16.655	5.626	12.000	16.000	21.000

第三节 实证模型相关检验

在实证模型进行回归之前，必须要进行一系列相关检验来确定和排除可能存在的、会导致回归结果失效的问题。具体而言，使用平稳性检验明确各变量是否存在单位根从而避免伪回归问题，相关性检验明确两两变量之间初始的、直观的线性相关关系，多重共线性检验排除可能对回归结果造成干扰的共线性问题，异方差检验明确截面个体之间是否存在异质性问题，内生性检验分析核心解释变量可能存在的内生性问题。

一 变量平稳性检验

通常而言,多元回归模型要求变量为平稳过程,否则可能出现由于数据不平稳所导致的伪回归问题。面板数据的平稳性检验方法较多,本研究分别使用 PP 方法和 ADF 方法对各变量进行检验,如果这两种检验结果一致,则能够明确判断各变量是否为平稳过程。观察表 6-3 可知,各变量的 PP 检验和 ADF 检验结果均在 1% 或 5% 的显著水平下拒绝了存在单位根的原假设,接受了不存在单位根的备择假设,因此可以判断各变量均为平稳过程,通过平稳性检验。

表 6-3　　　　　　　　各变量的单位根检验

变量	统计量 (Phillips-Perron)	P 值	是否平稳	变量	统计量 (Augmented Dickey-Fuller)	P 值	是否平稳
DQ	-3.4417	0.0003	平稳	DQ	4.7397	0.0000	平稳
TAGR	-22.3328	0.0000	平稳	TAGR	33.5218	0.0000	平稳
DT	-13.0472	0.0000	平稳	DT	-8.5399	0.0000	平稳
OWNCONL	-4.5764	0.0000	平稳	OWNCONL	10.9728	0.0000	平稳
TRDSHRPOT	-2.0184	0.0224	平稳	TRDSHRPOT	27.3002	0.0000	平稳
DIRNUM	-2.6874	0.0040	平稳	DIRNUM	4.4623	0.0000	平稳
IND	-4.4412	0.0000	平稳	IND	1.8703	0.0307	平稳
DUAL	-11.7238	0.0000	平稳	DUAL	18.7908	0.0000	平稳
PAY	-10.3876	0.0000	平稳	PAY	26.0568	0.0000	平稳
SIZE	-1.8767	0.0308	平稳	SIZE	27.6530	0.0000	平稳
LEVERAGE	-2.0594	0.0202	平稳	LEVERAGE	9.0764	0.0000	平稳
SCTA	-6.8885	0.0000	平稳	SCTA	10.6208	0.0000	平稳
AGE	-31.1477	0.0000	平稳	AGE	41.5502	0.000	平稳

二 Pearson 相关性分析

表 6-4 是相关性分析,采用 Pearson 相关分析法。从结果看,多元化程度变量(DT)与短期绩效(DQ)的相关系数为 -0.006,不显著;与长期绩效(TAGR)的相关系数为 -0.080,不显著。综合结果看,相关性分析中多元化程度指标与绩效指标相关性不高,可能的原因是未区分公司类型,另一个原因为相关分析仅是单因素分析,未考虑控制变量的影响。在方法上采用 Pearson 检验法,默认了数据的正态性,其结果

表 6-4　相关分析

	DT	DQ	TAGR	OWNCONL	TRDSHRPOT	DIRNUM	IND	DUAL	PAY	SIZE	LEVERAGE	SCTA	AGE
DT	1												
DQ	-0.006	1											
TAGR	-0.080	0.289**	1										
OWNCONL	0.252**	0.171**	-0.205**	1									
TRDSHRPOT	0.272**	-0.417**	-0.351**	-0.073	1								
DIRNUM	0.105	-0.075	-0.152**	0.111*	0.188**	1							
IND	-0.072	0.033	0.013	-0.001	-0.050	-0.515**	1						
DUAL	-0.229**	0.073	0.138*	-0.201**	-0.185**	-0.218**	0.209**	1					
PAY	0.098	0.318**	0.118*	-0.042	-0.141*	0.118*	-0.180**	-0.058	1				
SIZE	0.245**	0.277**	-0.004	0.143**	0.008	0.393**	-0.152**	-0.171**	0.578**	1			
LEVERAGE	0.108*	-0.215**	-0.130*	-0.041	0.228**	0.154**	-0.008	-0.039	-0.037	0.044	1		
SCTA	0.131*	-0.207**	-0.252**	0.128*	0.249**	0.109*	-0.118*	-0.126*	0.010	0.076	0.205**	1	
AGE	0.237**	-0.170*	-0.082	-0.183*	0.264**	0.155*	-0.203**	-0.143*	0.113*	0.071	0.224**	-0.072	1

注：* 在置信度（双测）为 0.05 时，相关性是显著的。** 在置信度（双测）为 0.01 时，相关性是显著的。

并不能严谨地反映绩效与多元化指标的相关关系。相关分析仅可以作为回归分析前的一个初步检验。此外，相关性分析能初步判别是否存在多重共线性，一般自变量和控制变量间相关系数大于 0.8 时可以认为存在共线性。从本次结果看，相关系数数值较小，可以初步表明不存在共线性，更为可靠地判断需要通过 VIF 检验来确定。

三 多重共线性检验

由于实证模型中包含的变量较多，如果存在变量之间的多重共线性问题，就可能导致回归过程中各变量的系数存在冲突，以及回归结果不可靠。为了明确是否存在这一问题，本书使用 VIF 检验来进行判断。通常而言，VIF 检验的判断标准是各变量的 VIF 值大于 1 小于 10 即可认为不存在多重共线性。观察表 6-5 可以发现，实证模型中所涉及的变量组合其 VIF 值按由大到小顺序排列均在 [1，3] 区间之内，表明本书的实证模型不存在可能对结果造成干扰的多重共线性问题。

表 6-5　　　　　　　　　　多重共线性 VIF 检验

变量	VIF 值
size	2.19
pay	1.83
dirnum	1.8
ind	1.52
trdshrpot	1.37
dt	1.34
age	1.32
ownconl	1.27
leverage	1.21
scta	1.21
dual	1.15
Mean VIF	1.48

四 异方差检验

由于本书研究的样本涉及多个上市公司,虽然这些公司同属传媒类行业,但由于其经营的方向和自身的特点等方面有所不同,可能导致面板实证模型在不同公司之间存在截面异质性即异方差问题,这一问题会导致实证模型的回归系数和显著性存在偏差,影响结果的准确性。本书使用修正的 Wald 检验来对是否存在异方差问题进行检验。观察表6-6可知,各个变量组合下的实证模型经过修正的 Wald 检验,结果显示其统计量的显著性均为 0.0000,由于原假设为所有截面均为同方差,因此全部检验结果均强烈拒绝了原假设,表明各实证模型存在截面异质性即异方差问题。在之后的回归中本书将通过控制异方差稳健标准误来解决这一问题。

表6-6　　　　　　　　异方差 Modified Wald 检验

实证模型	Chi2 统计量	P 值	检验结果
以 DQ 为因变量、DT 和 DT2 为核心变量	2.4e+34	0.0000	存在异方差
以 TAGR 为因变量、DT 和 DT2 为核心变量	2.0e+34	0.0000	存在异方差

五 内生性检验

在面板数据的回归分析之前,必须进行核心解释变量的内生性检验,否则可能会由于存在内生性问题而导致回归结果失效或出现严重偏误。面板模型的内生性检验有多种方法,现有文献中常用的是 Hausman 检验,但由于前述检验发现存在异方差问题,导致 Hausman 检验失效,因此本书使用排除异方差问题的 Durbin-Wu-Hausman 内生性检验来判断各实证模型中核心解释变量的内生性是否存在。Durbin-Wu-Hausman 内生性检验的原假设为变量外生,观察表6-7可知,当以 DQ 为因变量时,核心解释变量 DT 和 DT^2 的 Durbin 和 Wu-Hausman 统计量伴随概率 P 值均大于 0.05,接受了变量外生的原假设,表明 DT 和 DT^2 不存在内生性。同样的,当以 TAGR 为因变量时,核心解释变量 DT 和 DT^2 的 Durbin 和 Wu-Hausman 统计量伴随概率 P 值均大于 0.05,接受了变量外生的原假设,表明 DT 和 DT^2 不存在内生性。因此,Durbin-Wu-Hausman 内生性检验结果表明核心解释变量不存在可能导致回归结果偏误的内生性问题。

表 6-7　　　　　　　　　　内生性检验

实证模型	核心解释变量	Durbin 和 Wu-Hausman 统计量	P 值	检验结果
以 DQ 为因变量	DT	0.2008 0.1899	0.654 0.663	不存在内生性
	DT^2	0.0749 0.0705	0.784 0.791	不存在内生性
以 TAGR 为因变量	DT	0.031 0.029	0.861 0.865	不存在内生性
	DT^2	0.749 0.705	0.784 0.791	不存在内生性

六　高次项遗漏检验

根据本书的研究假设，传媒上市公司总体多元化经营与短期绩效、长期绩效之间均存在先升后降的倒"U"形非线性相关关系，因此需要在相应的实证模型中引入 DT 的二次项 DT^2 来加以证明。在理论假设的基础上，本书通过 RamseyRESET 检验分别对总体多元化经营和短期绩效、长期绩效的一次项实证模型中是否存在高次项遗漏进行验证，RamseyRESET 检验的原假设是不存在高次项遗漏。表 6-8 中列示了检验结果，两个结果的 F 统计量分别在 1% 和 5% 的水平下拒绝了不存在高次项遗漏的原假设，表明总体多元化经营和短期绩效、长期绩效的一次项模型均存在核心解释变量高次项遗漏，与本书的理论分析和研究假设相印证，因此在上述实证模型中加入 DT 的二次项符合研究目的。

表 6-8　　　　　　　高次项遗漏 RamseyRESET 检验

实证模型	F 统计量	P 值	检验结果
DQ 为因变量 DT 为核心变量	2.77***	0.0000	存在遗漏

续表

实证模型	F 统计量	P 值	检验结果
TAGR 为因变量 DT 为核心变量	1.51**	0.0441	存在遗漏

注：***、**分别表示在 1%、5%的水平下显著。

第四节　回归结果和分析

本书采用两步系统 GMM 法进行回归估计，对于上市公司之间存在截面异方差问题，本书在回归中控制了异方差稳健标准误，使回归结果更加准确和可靠。多元化程度与绩效关系的回归结果如下所示：

一　多元化程度与短期绩效的回归结果

表 6-9 列示了多元化程度与短期绩效的实证模型回归结果，同时列示了文化传播类公司和信息技术类公司的回归结果。从文化传播类公司结果看，Wald 值为 1533.04，对应的显著性为 0.000，小于 0.05，模型通过显著性检验，表明所设定的实证模型具有较好的有效性和合理性，模型拟合成立。AR（1）统计量对应的显著性小于 0.05 且 AR（2）统计量对应的显著性大于 0.05，表明扰动项不存在二阶自相关。在过度识别检验中，Sargan test 为 19.135，对应的显著性为 0.119，大于 0.05，表明不存在过度识别现象，所采用的工具变量是有效的。从变量结果看，在控制了相关的控制变量后，总体多元化 DT 的回归系数为 0.717 且在 5%的水平下显著，表明文化传播类公司总体多元化与短期绩效呈现显著的正相关关系，而总体多元化的平方项 DT^2 的系数为 -0.657 且在 1%的水平下显著，因此对于文化传播类传媒上市公司，总体多元化与短期绩效呈现显著的倒"U"形非线性关系，假设 H5-3 成立。在本研究的样本期内，随着总体多元化程度增加到一定水平，短期绩效也随之出现提升，并达到最高点；随后，总体多元化程度超过临界点继续增加，但短期绩效从最高点之后出现下降。观察控制变量发现，已流通股比例、两职合一、高管薪酬、资产负债率和短期绩效呈现显著的负相关关系，股权集中度、公司规模和子公司资产比例和短期绩效呈

现显著的正相关关系。

从信息技术类公司结果看，Wald 值为 152759.02，对应的显著性为 0.000，小于 0.05，模型通过显著性检验，表明所设定的实证模型具有较好的有效性和合理性，模型拟合成立。AR（1）统计量对应的显著性小于 0.05 且 AR（2）对应的显著性大于 0.05，表明扰动项不存在二阶自相关。在过度识别检验中，Sargan test 统计量为 7.722，对应的显著性为 0.861，大于 0.05，表明不存在过度识别现象，认为所采用的工具变量是有效的。从变量结果看，在控制了相关的控制变量后，总体多元化 DT 回归系数为 -1.223 且在 1% 的水平下显著，而总体多元化平方项 DT^2 的回归系数为 0.550 且在 5% 的水平下显著，因此不符合一次项系数显著为正且二次项系数显著为负的倒"U"形非线性关系，即假设 H5-1 不成立。观察控制变量可以发现，已流通股比例、高管薪酬、子公司资产比重与短期绩效呈现显著的负相关关系，公司规模与短期绩效呈现显著的正相关关系。

比较结果看，文化传播类公司短期绩效对于多元化战略的执行有较强的敏感性，将总体多元化水平控制在一定程度以内，能促进企业短期绩效的持续提升。而信息技术类公司短期绩效对于多元化战略的执行缺乏敏感性，更适合专业化的核心业务。

表 6-9　　　　　　　　多元化程度与短期绩效回归结果

dq	文化传播类公司				信息技术类公司			
	Coef.	Corrected Std. Err.	z	P>z	Coef.	Corrected Std. Err.	z	P>z
L1.	0.382	0.043	8.960	0.000***	0.337	0.057	5.950	0.000***
DT	0.717	0.315	2.270	0.023**	-1.223	0.338	-3.620	0.000***
DT^2	-0.657	0.238	-2.760	0.006***	0.550	0.281	1.960	0.050**
ownconl	0.857	0.389	2.200	0.028**	0.599	1.543	0.390	0.698
trdshrpot	-0.594	0.121	-4.910	0.000***	-0.575	0.226	-2.540	0.011**
dirnum	-0.175	0.230	-0.760	0.447	1.010	0.680	1.490	0.137
ind	-0.459	0.731	-0.630	0.530	2.242	2.939	0.760	0.446
dual	-0.368	0.140	-2.620	0.009***	0.067	0.135	0.500	0.619

续表

dq	文化传播类公司				信息技术类公司			
	Coef.	Corrected Std. Err.	z	P>z	Coef.	Corrected Std. Err.	z	P>z
pay	-0.237	0.071	-3.350	0.001***	-0.345	0.190	-1.820	0.069*
size	0.268	0.088	3.030	0.002***	0.613	0.149	4.120	0.000***
leverage	-1.087	0.355	-3.070	0.002***	0.555	1.093	0.510	0.611
scta	0.416	0.234	1.780	0.075*	-1.316	0.230	-5.720	0.000***
age	0.011	0.030	0.360	0.720	-0.065	0.052	-1.240	0.215
_cons	-1.853	2.091	-0.890	0.376	-10.313	4.532	-2.280	0.023**
N	198				110			
AR (1) (p)	-2.061	(0.039)			-2.458	(0.025)		
AR (2) (p)	-1.658	(0.097)			0.567	(0.571)		
Sargan test (p)	19.135	(0.119)			7.722	(0.861)		
Wald 检验 (p)	1533.04	(0.000)			152759.02	(0.000)		

注：*、**、***分别表示在10%、5%和1%的水平下显著，回归中使用稳健标准误差以控制异方差问题。

二 多元化程度与长期绩效的回归结果

表6-10列示了多元化程度与长期绩效的实证模型回归结果，同时列示了文化传播类公司和信息技术类公司的回归结果。从文化传播类公司结果看，Wald值为4377.15，对应的显著性为0.000，小于0.05，模型通过显著性检验，表明所设定的实证模型具有较好的有效性和合理性，模型拟合成立。AR（1）统计量对应的显著性小于0.05且AR（2）对应的显著性大于0.05，表明扰动项不存在二阶自相关。在过度识别检验中，Sargan test为13.034，对应的显著性为0.445，大于0.05，表明不存在过度识别现象，所采用的工具变量是有效的。从变量结果看，在控制了相关的控制变量后，总体多元化DT的回归系数为1.409且在1%的水平下显著，表明文化传播类公司总体多元化与长期绩效呈现显著正相关关系，而总体多元化的平方项DT^2的系数为-0.286但不显著，因此对于文化传播类公司，总体多元化与长期绩效呈现倒"U"形关系，但不完全显著，假设H5-4不完全成立。表明在样本期内，随

着总体多元化增加到一定水平,长期绩效达到最高点;随后,随着总体多元化程度继续增加,长期绩效呈现下降趋势。观察控制变量发现,股权集中度、已流通股比例、高管薪酬、资产负债率、企业年龄的系数为负且均在1%的水平下显著,表明股权集中度、已流通股比例、高管薪酬、资产负债率、企业年龄与文化传播公司的长期绩效呈现显著的负相关关系;独立董事比例、公司规模和子公司资产比重的系数为正且分别在5%和1%的水平下显著,表明独立董事比例、公司规模和子公司资产比重与文化传播公司的长期绩效呈现显著的正相关关系。

从信息技术类公司结果看,Wald值为69930.72,对应的显著性为0.000,小于0.05,模型通过显著性检验,表明所设定的实证模型具有较好的有效性和合理性,模型拟合成立。AR(1)统计量对应的显著性小于0.05且AR(2)对应的显著性大于0.05,表明扰动项不存在二阶自相关。在过度识别检验中,Sargan test为4.550,对应的显著性为0.984,大于0.05,表明不存在过度识别现象,所采用的工具变量是有效的。从变量结果看,在控制了相关的控制变量后,总体多元化和总体多元化平方项均不显著,倒"U"形假设H5-2不成立。观察控制变量发现,董事规模、子公司资产比重和企业年龄的系数为负且分别在10%、5%和1%的水平下显著,表明董事规模、子公司资产比重和企业年龄与信息技术类公司的长期绩效呈现显著的负相关关系;公司规模和资产负债率的系数为正且分别在10%和1%的水平下显著,表明公司规模和资产负债率与信息技术类公司的长期绩效呈现显著的正相关关系。

比较结果看,和多元化程度与短期绩效的结果类似,文化传播类公司长期绩效对于多元化战略的执行有较强的敏感性,控制一定程度后,能促进企业长期绩效的提升。而信息技术类公司长期绩效对于多元化战略的执行缺乏敏感性,更适合专业化的核心业务。

表 6-10　　　　　　　多元化程度与长期绩效回归结果

Tagr	文化传播类公司				信息技术类公司			
	Coef.	Corrected Std. Err.	z	P>z	Coef.	Corrected Std. Err.	z	P>z
L1.	-0.089	0.024	-3.790	0.000***	-0.077	0.042	-1.840	0.065*

续表

Tagr	文化传播类公司				信息技术类公司			
	Coef.	Corrected Std. Err.	z	P>z	Coef.	Corrected Std. Err.	z	P>z
DT	1.409	0.356	3.960	0.000***	0.255	0.417	0.610	0.541
DT^2	-0.286	0.336	-0.850	0.394	-0.140	0.267	-0.520	0.601
ownconl	-2.040	0.568	-3.590	0.000***	-3.391	2.358	-1.440	0.150
trdshrpot	-0.519	0.182	-2.850	0.004***	-0.618	0.617	-1.000	0.316
dirnum	0.208	0.312	0.670	0.505	-3.531	1.869	-1.890	0.059*
ind	2.736	1.331	2.060	0.040**	-11.194	6.927	-1.620	0.106
dual	-0.188	0.220	-0.850	0.393	-0.194	0.170	-1.140	0.254
pay	-0.810	0.260	-3.120	0.002***	0.104	0.127	0.820	0.413
size	0.813	0.081	9.990	0.000***	0.375	0.106	3.540	0.000***
leverage	-2.652	0.444	-5.970	0.000***	0.873	0.493	1.770	0.077*
scta	0.598	0.233	2.560	0.010***	-0.927	0.430	-2.160	0.031**
age	-0.210	0.027	-7.880	0.000***	-0.196	0.032	-6.020	0.000***
_cons	-2.512	3.759	-0.670	0.504	7.243	5.867	1.230	0.217
N	198				110			
AR(1)(p)	-2.351	(0.019)			-1.974	(0.043)		
AR(2)(p)	-1.280	(0.201)			0.598	(0.550)		
Sargan test(p)	13.034	(0.445)			4.550	(0.984)		
Wald检验(p)	4377.15	(0.000)			69930.72	(0.000)		

注：*、**、***分别表示在10%、5%和1%的水平下显著，回归中使用稳健标准误差以控制异方差问题。

第五节　最优多元化程度测算
——基于面板门槛模型

一　面板门槛模型设定

第四节的回归结果证明了文化传播类传媒上市公司的多元化程度和绩效之间存在倒"U"形非线性关系，但信息技术类传媒上市公司这一非线性关系并不显著。因此本研究所提出的假设 5 并未得到完全的证实。考虑到实证模型中加入多元化程度 DT 的二次项 DT² 后，二次项与一次项两个变量之间相关性较强，从而可能干扰了回归结果；另外，此类估计方法无法考察多元化程度对企业绩效影响的门槛特征，也无法准确估计"拐点"值或门槛值。因此在本节中，试图进一步运用更加高级复杂的实证方法，即研究变量之间非线性关系更为有效的面板门槛模型，来证明不论是文化传播类或信息技术类公司，其多元化程度对绩效的影响均呈现先正向影响再负向影响的倒"U"形关系，并通过面板门槛模型估计得到由正向影响转变为负向影响的多元化程度"拐点"或门槛值，即能够促进企业绩效提升的最优多元化程度。

本书假定存在一个最优多元化程度的门槛值，使得多元化程度小于等于门槛值时，多元化程度对绩效存在促进作用，而多元化程度大于门槛值时，多元化程度对绩效存在减弱作用[①]。首先对动态面板模型中的内生性变量进行剔除随机扰动项处理得到其外生模拟值，再使用加入因变量滞后项的门槛回归模型求得核心变量的门槛值和回归结果。考虑到绩效受到其前期值的惯性影响，则可以构建动态面板门槛模型如下：

$$DQ_{i,t} = \beta_0 + \beta_1 DQ_{i,t-1} + \beta_2 DT_{i,t} I(DT_{i,t} \leq \gamma) + \beta_3 DT_{i,t} I(DT_{i,t} > \gamma) + \sum \beta_n Control_{i,t} + \varepsilon_{i,t}$$

$$TAGR_{i,t} = \beta_0 + \beta_1 DQ_{i,t-1} + \beta_2 DT_{i,t} I(DT_{i,t} \leq \gamma) + \beta_3 DT_{i,t} I(DT_{i,t} > \gamma) + \sum \beta_n Control_{i,t} + \varepsilon_{i,t}$$

门槛模型中，$DT_{i,t}$ 为外生解释变量多元化程度，$I(\cdot)$ 为示性函数，门槛变量也同样为多元化程度 $DT_{i,t}$，γ 为待估计的多元化程度"拐点"即门槛值，β_2 为 DT 小于等于门槛值时的系数，而 β_3 为 DT 大于门槛值时的系数。参考莫龙炯和景维民（2018）的估计过程，首先，对门槛效应是否存在进行检验，从而确定门槛个数以及门槛模型的形式；然后，使用"格点搜寻法"（Grid Search）搜索合意的、可能的门槛值，并采用"自助抽样法"（Bootstrap）对不同门槛值及类型下的估计结果进行 1000 次模拟，最终得到使门槛模型残差平方和最小的门槛个

---

① 莫龙炯、景维民：《转型时期混合所有制的经济增长效应》，《经济学动态》2018 年第 11 期。

数、门槛值和回归结果。表6-11列示了门槛效应检验的结果，可以发现，当以短期绩效为被解释变量时，文化传播类传媒上市公司样本下多元化程度对短期绩效的影响拒绝了双门槛模型而选择单门槛模型（单门槛模型P值显著），以熵指数DT衡量其门槛值为0.418；信息技术类传媒上市公司样本下多元化程度对短期绩效的影响拒绝了双门槛模型而选择单门槛模型（单门槛模型P值显著），以熵指数DT衡量其门槛值为0.392；文化传播类公司多元化程度的门槛值大于信息技术类公司多元化程度的门槛值。当以长期绩效为被解释变量时，文化传播类传媒上市公司样本下多元化程度对长期绩效的影响拒绝了双门槛模型而选择单门槛模型（单门槛模型P值显著），以熵指数DT衡量其门槛值为1.280；信息技术类传媒上市公司样本下多元化程度对短期绩效的影响拒绝了双门槛模型而选择单门槛模型（单门槛模型P值显著），以熵指数DT衡量其门槛值为0.581；文化传播类公司多元化程度的门槛值大于信息技术类公司多元化程度的门槛值。由表6-11中的门槛效应检验结果可知，均应当选择单门槛模型进行回归和分析。

表6-11　　　　　　　　　门槛效应检验结果

绩效	公司	模型	H0	H1	门槛值	95%置信区间	P值	结论
短期绩效 DQ	文化传播类	单门槛	无门槛	1个门槛	0.418	[0.056, 0.650]	0.033	拒绝双门槛模型，选择单门槛模型
		双门槛	1个门槛	2个门槛	0.056 0.405	[0.056, 0.962] [0.392, 0.581]	0.107	
	信息技术类	单门槛	无门槛	1个门槛	0.392	[0.186, 0.477]	0.000	拒绝双门槛模型，选择单门槛模型
		双门槛	1个门槛	2个门槛	0.392 0.577	[0.186, 0.509] [0.527, 0.981]	0.200	
长期绩效 TAGR	文化传播类	单门槛	无门槛	1个门槛	1.280	[0.050, 1.480]	0.033	拒绝双门槛模型，选择单门槛模型
		双门槛	1个门槛	2个门槛	0.271 1.280	[0.050, 1.234] [0.477, 1.480]	0.333	
	信息技术类	单门槛	无门槛	1个门槛	0.581	[0.016, 0.989]	0.047	拒绝双门槛模型，选择单门槛模型
		双门槛	1个门槛	2个门槛	0.498 0.777	[0.016, 0.686] [0.016, 0.989]	0.233	

二 多元化程度与短期绩效的门槛模型回归结果

表 6-12 中列示了文化传播和信息技术两类样本下，多元化程度对短期绩效影响的门槛模型回归结果。可以发现，就文化传播类传媒上市公司而言，模型的 F test 值为 9.83 且在 1% 的水平下显著，表明所设定的门槛模型具有较好的有效性和合理性，同时组内 R^2 为 0.5328，表明模型的拟合程度较高。以熵指数 DT 衡量的多元化程度门槛值为 0.418，即当多元化程度小于等于 0.418 时，DT 对短期绩效 DQ 的影响系数为 2.548 且在 1% 的水平下显著，表明文化传播公司的多元化程度在达到门槛值水平之前对企业短期绩效存在显著促进作用；而当多元化程度大于 0.418 时，DT 对短期绩效 DQ 的影响系数为 -0.487 且在 5% 的水平下显著，表明文化传播公司的多元化程度在超过门槛值水平之后将导致企业短期绩效出现显著下降。

就信息技术类传媒上市公司而言，模型的 F test 值为 3.72 且在 1% 的水平下显著，表明所设定的门槛模型具有较好的有效性和合理性，同时组内 R^2 为 0.5073，表明模型的拟合程度较高。以熵指数 DT 衡量的多元化程度门槛值为 0.392，即当多元化程度小于等于 0.392 时，DT 对短期绩效 DQ 的影响系数为 1.459 且在 1% 的水平下显著，表明信息技术公司的多元化程度在达到门槛值水平之前对企业短期绩效存在显著促进作用；而当多元化程度大于 0.392 时，DT 对短期绩效 DQ 的影响系数为 -0.409 且在 5% 的水平下显著，表明信息技术公司的多元化程度在超过门槛值水平之后将导致企业短期绩效出现显著下降。

门槛模型回归结果显示，文化传播类和信息技术类传媒上市公司的多元化程度对短期绩效的影响均存在先促进后阻碍的倒"U"形非线性关系。具体从企业短期绩效提升的角度而言，文化传播类公司多元化程度的门槛值高于信息技术类公司，文化传播类公司应当在多元化程度达到 0.418 之前持续推进多元化发展，而信息技术类公司应当在多元化程度达到 0.392 之前持续推进多元化发展。同时，在低于门槛值的阶段，文化传播类公司多元化程度对短期绩效提升的促进作用大于信息技术类公司，而在高于门槛值的阶段，文化传播类公司多元化程度对短期绩效提升的阻碍作用同样大于信息技术类公司，这进一步证实和强化了本章上一节的结论，文化传播类公司短期绩效对于多元化战略的执行有较强的敏感性，在控制发展节奏并达到一定多元化程度的条件下，能有效且显著促进企业短期绩效的提升。而信息技术类公司的短期绩效对于多元化战略的执行相对更加缺乏敏感性，更适合发展专业化的核心业务。

表6-12　　　　　多元化程度与短期绩效门槛模型回归结果

DQ	文化传播类公司				信息技术类公司			
	Coef.	Robust Std. Err.	t	P>t	Coef.	Robust Std. Err.	t	P>t
L1. DQ	0.074	0.085	0.170	0.084 *	0.128	0.102	1.860	0.062 *
dt（$dt_{i,t} \leq \gamma$）	2.548	0.978	-3.630	0.000 ***	1.459	0.677	3.620	0.001 ***
dt（$dt_{i,t} > \gamma$）	-0.487	0.206	-2.360	0.020 **	-0.409	0.172	-2.370	0.022 **
ownconl	2.298	0.848	2.710	0.008 ***	-0.327	0.735	-0.440	0.659
trdshrpot	0.113	0.250	0.450	0.653	-0.669	0.302	-2.210	0.032 **
dirnum	-1.117	0.411	-2.720	0.008 ***	-1.201	0.683	-1.760	0.085 *
ind	-4.503	1.792	-2.510	0.013 **	-0.421	1.886	-0.220	0.824
dual	-0.134	0.157	-0.860	0.393	-0.412	0.195	-2.120	0.040 **
pay	-0.139	0.149	-0.940	0.352	0.069	0.161	0.430	0.669
size	0.671	0.122	5.480	0.000 ***	0.260	0.147	1.770	0.083 *
leverage	-0.210	0.365	-0.580	0.566	-0.018	0.437	-0.040	0.968
scta	-1.220	0.248	-4.910	0.000 ***	-0.236	0.434	-0.540	0.589
age	-0.091	0.032	-2.850	0.005 ***	-0.115	0.065	-1.750	0.086 *
_cons	-7.582	2.958	-2.560	0.012 **	-1.438	3.943	-0.360	0.717
F test	9.83 ***				3.72 ***			
R^2（within）	0.5328				0.5073			
门槛值	$\gamma = 0.418$				$\gamma = 0.392$			
个体固定效应	控制				控制			
时间固定效应	控制				控制			
N	198				110			

注：*、**、***分别表示在10%、5%和1%的水平下显著，回归中使用稳健标准误差以控制异方差问题。

三 多元化程度与长期绩效的门槛模型回归结果

表6-13中列示了文化传播和信息技术两类样本下，多元化程度对长期绩效影响的门槛模型回归结果。可以发现，就文化传播类传媒上市公司而言，模型的F test 值为13.21且在1%的水平下显著，表明所设定的门槛模型具有较好的有效性和合理性，同时组内R^2为0.6053，表明模型的拟合程度较高。以熵指数DT衡量的多元化程度门槛值为1.280，即当多元化程度小于等于1.280时，DT对长期绩效tagr的影响系数为1.892且在5%的水平下显著，表明文化传播公司的多元化程度在达到门槛值水平之前对企业长期绩效存在显著促进作用；而当多元化程度大于1.280时，DT对长期绩效tagr的影响系数为-1.016且在5%的水平下显著，表明文化传播公司的多元化程度在超过门槛值水平之后将导致企业长期绩效出现显著下降。

就信息技术类传媒上市公司而言，模型的F test值为4.95且在1%的水平下显著，表明所设定的门槛模型具有较好的有效性和合理性，同时组内R^2为0.5781，表明模型的拟合程度较高。以熵指数DT衡量的多元化程度门槛值为0.581，即当多元化程度小于等于0.581时，DT对长期绩效tagr的影响系数为0.462且在5%的水平下显著，表明信息技术公司的多元化程度在达到门槛值水平之前对企业长期绩效存在显著促进作用；而当多元化程度大于0.581时，DT对长期绩效tagr的影响系数为-0.168且在10%的水平下显著，表明信息技术公司的多元化程度在超过门槛值水平之后将导致企业长期绩效出现显著下降。

门槛模型回归结果显示，文化传播类和信息技术类传媒上市公司的多元化程度对长期绩效的影响均存在先促进后阻碍的倒"U"形非线性关系。具体从企业长期绩效提升的角度而言，文化传播类公司多元化程度的门槛值高于信息技术类公司，文化传播类公司应当在多元化程度达到1.280之前持续推进多元化发展，而信息技术类公司应当在多元化程度达到0.581之前持续推进多元化发展。同时，在低于门槛值的阶段，文化传播类公司多元化程度对长期绩效提升的促进作用大于信息技术类公司，而在高于门槛值的阶段，文化传播类公司多元化程度对长期绩效提升的阻碍作用同样大于信息技术类公司，这进一步证实和强化了本章第四节的结论，文化传播类公司长期绩效对于多元化战略的执行有较强的敏感性，在控制发展节奏并达到一定多元化程度的条件下，能有效且显著促进企业长期绩效的提升。而信息技术类公司的长期绩效对于多元化战略的执行相对更加缺乏敏感性，更适合发展专业化的核心业务。

表 6-13　　　　　多元化程度与长期绩效门槛模型回归结果

TAGR	文化传播类公司				信息技术类公司			
	Coef.	Robust Std. Err.	t	P>t	Coef.	Robust Std. Err.	t	P>t
L1. TAGR	-0.476	0.068	-7.020	0.000***	-0.549	0.117	-4.670	0.000
dt（$dt_{i,t} \leq \gamma$）	1.892	1.075	2.690	0.010**	0.462	0.215	2.150	0.034**
dt（$dt_{i,t} > \gamma$）	-1.016	0.386	-2.630	0.012**	-0.168	0.214	-1.780	0.064*
ownconl	-0.118	0.903	-0.130	0.896	0.027	1.693	0.020	0.987
trdshrpot	-0.194	0.263	-0.740	0.462	0.062	0.650	0.100	0.924
dirnum	-0.136	0.443	-0.310	0.760	0.263	1.472	0.180	0.859
ind	-2.011	1.875	-1.070	0.286	-0.233	4.097	-0.060	0.955
dual	-0.255	0.158	-1.610	0.111	0.697	0.447	1.560	0.125
pay	-0.166	0.156	-1.060	0.290	0.429	0.365	1.170	0.246
size	0.706	0.123	5.720	0.000**	1.260	0.311	4.050	0.000***
leverage	-0.675	0.384	-1.760	0.081*	-0.358	0.965	-0.370	0.712
scta	-1.125	0.257	-4.380	0.000***	-0.356	0.945	-0.380	0.708
age	-0.089	0.031	-2.840	0.005***	-0.422	0.140	-3.020	0.004***
_cons	-9.879	2.998	-3.300	0.001***	-26.259	8.815	-2.980	0.005***
F test	13.21***				4.95***			
R^2（within）	0.6053				0.5781			
门槛值	$\gamma = 1.280$				$\gamma = 0.581$			
个体固定效应	控制				控制			
时间固定效应	控制				控制			
N	198				110			

注：*、**、***分别表示在10%、5%和1%的水平下显著，回归中使用稳健标准误差以控制异方差问题。

第六节 稳健性检验

本节中重点列示了稳健性结果。短期绩效由托宾 Q 值作为替换比例，长期绩效由营业收入增长率作为替换比例，具体结果见表 6-14 至表 6-17。从结果看，就多元化程度和短期绩效的关系而言，表 6-14 中总体多元化和短期绩效的倒"U"形非线性关系在文化传播类公司中成立，在信息技术类公司中不成立，与原始结果一致，结果稳健。表 6-15 中多元化程度和短期绩效的门槛模型回归结果显示，无论是文化传播类公司还是信息技术类公司，其多元化程度门槛值以及门槛值前后的系数方向、显著性均与本章第五节中的原始结果基本一致，无明显差异，结果稳健。就多元化程度和长期绩效的关系而言，表 6-16 中总体多元化倒"U"形在文化传播类公司和信息技术类公司中均不成立，与原始结果一致，结果稳健。表 6-17 中多元化程度和长期绩效的门槛模型回归结果显示，无论是文化传播类公司还是信息技术类公司，其多元化程度门槛值以及门槛值前后的系数方向、显著性均与本章第五节中的原始结果基本一致，无明显差异，结果稳健。

综上结果表明，各稳健性检验回归结果与原始回归结果均基本保持一致，表明本书基于各研究假设的实证结果较为稳健、可靠。

表 6-14　　总体多元化经营与短期绩效相关性分析

q	文化传播类公司				信息技术类公司			
	Coef.	Corrected Std. Err.	z	P>z	Coef.	Corrected Std. Err.	z	P>z
L1. q	0.192	0.015	12.720	0.000**	0.290	0.105	2.770	0.006***
DT	5.605	1.574	3.560	0.000***	−3.367	1.948	−1.730	0.084*
DT^2	−3.029	1.241	−2.440	0.015**	2.177	1.050	2.070	0.038**
ownconl	1.403	1.818	0.770	0.440	−0.921	6.233	−0.150	0.883
trdshrpot	3.192	0.704	4.530	0.000***	7.545	3.073	2.460	0.014**
dirnum	−2.328	0.971	−2.400	0.016**	1.411	3.306	0.430	0.670
ind	1.255	3.134	0.400	0.689	9.942	10.596	0.940	0.348

续表

q	文化传播类公司 Coef.	Corrected Std. Err.	z	P>z	信息技术类公司 Coef.	Corrected Std. Err.	z	P>z
dual	0.135	0.402	0.340	0.736	-2.118	1.397	-1.520	0.130
pay	1.475	0.293	5.040	0.000***	-0.647	0.747	-0.870	0.386
size	-3.619	0.291	-12.420	0.000***	-0.043	0.659	-0.070	0.948
leverage	5.367	1.437	3.730	0.000***	1.724	3.808	0.450	0.651
scta	-3.543	0.656	-5.400	0.000***	-3.782	1.243	-3.040	0.002***
age	0.344	0.097	3.560	0.000***	-0.176	0.196	-0.900	0.368
_cons	54.081	7.431	7.280	0.000***	4.428	21.126	0.210	0.834
N	198				110			
AR(1)(p)	-2.497	(0.013)			-1.951	(0.051)		
AR(2)(p)	0.911	(0.362)			0.989	(0.323)		
Sargan test(p)	12.971	(0.450)			8.271	(0.826)		
Wald 检验(p)	18459.02	(0.000)			3172.98	(0.000)		

注：*、**、***分别表示在10%、5%和1%的水平下显著，回归中使用稳健标准误差以控制异方差问题。

表6-15　　多元化程度与短期绩效门槛模型回归结果

q	文化传播类公司 Coef.	Robust Std. Err.	t	P>t	信息技术类公司 Coef.	Robust Std. Err.	t	P>t
L1.q	-0.014	0.081	-2.080	0.053*	0.176	0.065	2.720	0.009
dt($dt_{i,t} \leq \gamma$)	2.787	1.293	2.150	0.033***	2.029	1.224	2.310	0.025**
dt($dt_{i,t} > \gamma$)	-1.096	0.810	-1.920	0.56*	-0.772	0.819	-1.430	0.159
ownconl	-3.068	3.507	-0.870	0.384	-3.809	3.524	-1.080	0.285
trdshrpot	1.570	1.086	1.450	0.151	3.027	1.423	2.130	0.039
dirnum	-0.353	1.711	-0.210	0.837	0.228	3.232	0.070	0.944
ind	-4.465	7.317	-0.610	0.543	13.537	9.316	1.450	0.153
dual	-0.363	0.625	-0.580	0.562	-0.860	0.924	-0.930	0.357
pay	0.983	0.612	1.610	0.111	2.696	0.779	3.460	0.001

续表

q	文化传播类公司				信息技术类公司			
	Coef.	Robust Std. Err.	t	P>t	Coef.	Robust Std. Err.	t	P>t
size	-2.361	0.474	-4.980	0.000***	-4.041	0.682	-5.930	0.000
leverage	2.968	1.512	1.960	0.052*	7.945	2.133	3.720	0.001
scta	-1.752	1.092	-1.600	0.111	-3.114	2.090	-1.490	0.143
age	0.351	0.127	2.770	0.007***	0.551	0.302	1.830	0.074
_cons	35.641	11.232	3.170	0.002***	-1.438	3.943	-0.360	0.717
F test	5.52***				23.66***			
R^2（within）	0.4106				0.8674			
门槛值	$\gamma=0.485$				$\gamma=0.364$			
个体固定效应	控制				控制			
时间固定效应	控制				控制			
N	198				110			

注：*、**、***分别表示在10%、5%和1%的水平下显著，回归中使用稳健标准误差以控制异方差问题。

表6-16　　总体多元化经营与长期绩效相关性分析

Growth	文化传播类公司				信息技术类公司			
	Coef.	Corrected Std. Err.	z	P>z	Coef.	Corrected Std. Err.	z	P>z
L1.Growth	0.031	0.003	10.090	0.000***	-0.059	0.059	-1.000	0.318
DT	-0.018	0.640	-0.030	0.978	-0.207	0.226	-0.920	0.359
DT^2	1.025	0.438	2.340	0.019**	0.214	0.124	1.720	0.086*
ownconl	-0.489	0.866	-0.560	0.572	-1.457	0.794	-1.840	0.066*
trdshrpot	-0.304	0.266	-1.140	0.253	-0.258	0.369	-0.700	0.485
dirnum	0.628	0.389	1.610	0.107	-0.954	0.748	-1.280	0.202
ind	-1.629	1.652	-0.990	0.324	-2.813	4.279	-0.660	0.511
dual	-1.064	0.267	-3.990	0.000***	-0.173	0.094	-1.850	0.064*
pay	-3.117	0.099	-31.530	0.000***	-0.319	0.171	-1.870	0.062*

续表

	文化传播类公司				信息技术类公司			
Growth	Coef.	Corrected Std. Err.	z	P>z	Coef.	Corrected Std. Err.	z	P>z
size	0.231	0.106	2.180	0.029**	0.172	0.098	1.760	0.079*
leverage	-3.519	0.684	-5.140	0.000***	0.632	0.299	2.110	0.035**
scta	3.073	0.519	5.920	0.000***	-0.336	0.123	-2.730	0.006***
age	-0.073	0.055	-1.320	0.187	-0.053	0.014	-3.750	0.000***
_cons	41.183	2.709	15.200	0.000***	5.580	5.000	1.120	0.264
N	198				110			
AR (1) (p)	-1.019	(0.308)			-1.417	(0.156)		
AR (2) (p)	-1.009	(0.313)			0.298	(0.766)		
Sargan test (p)	23.961	(0.090)			7.597	(0.960)		
Wald 检验 (p)	531924.33	(0.000)			350.55	(0.000)		

注：*、**、***分别表示在10%、5%和1%的水平下显著，回归中使用稳健标准误差以控制异方差问题。

表6-17　多元化程度与长期绩效门槛模型回归结果

	文化传播类公司				信息技术类公司			
growth	Coef.	Robust Std. Err.	t	P>t	Coef.	Robust Std. Err.	t	P>t
L1. growth	0.038	0.091	2.120	0.047**	-0.023	0.127	-0.180	0.860
dt ($dt_{i,t} \leq \gamma$)	0.493	1.481	2.330	0.034**	0.415	2.957	2.140	0.047**
dt ($dt_{i,t} > \gamma$)	-1.274	1.458	-2.190	0.045**	-0.696	0.170	-4.100	0.000***
ownconl	-1.408	6.200	-0.230	0.821	-0.076	0.823	-0.090	0.927
trdshrpot	0.365	1.801	0.200	0.840	-0.415	0.284	-1.460	0.151
dirnum	-0.307	3.020	-0.100	0.919	-1.193	0.656	-1.820	0.075
ind	-3.581	12.766	-0.280	0.780	0.739	1.834	0.400	0.689
dual	-0.176	1.085	-0.160	0.871	-0.013	0.189	-0.070	0.947
pay	-2.263	1.067	-2.120	0.036	0.051	0.147	0.350	0.730
size	1.285	0.831	1.550	0.125	-0.105	0.137	-0.770	0.447
leverage	-1.082	2.641	-0.410	0.683	0.039	0.421	0.090	0.928

续表

growth	文化传播类公司				信息技术类公司			
	Coef.	Robust Std. Err.	t	P>t	Coef.	Robust Std. Err.	t	P>t
scta	−0.647	1.768	−0.370	0.715	0.225	0.416	0.540	0.591
age	−0.157	0.213	−0.740	0.462	−0.014	0.061	−0.240	0.813
_cons	9.949	19.463	0.510	0.610	4.271	3.626	1.180	0.245
F test	10.65***				8.42***			
R^2（within）	0.7276				0.4073			
门槛值	$\gamma=1.272$				$\gamma=0.671$			
个体固定效应	控制				控制			
时间固定效应	控制				控制			
N	198				110			

注：*、**、***分别表示在10%、5%和1%的水平下显著，回归中使用稳健标准误差以控制异方差问题。

第七节 本章小结

本章基于研究假设构建相应的实证模型，运用面板平稳性检验明确各变量不存在单位根为平稳变量，运用相关性检验明确两两变量之间初始的、直观的线性相关关系，运用多重共线性检验排除了可能对回归结果造成干扰的共线性问题，运用异方差检验明确截面个体之间存在异质性问题，运用内生性检验发现了核心解释变量的内生性问题，运用高次项遗漏检验判断需要加入二次项以验证倒"U"形关系。在上述检验的基础上，使用动态面板系统GMM两步法模型（对异方差稳健标准误差进行控制）对多元化程度和企业绩效倒"U"形关系进行回归验证，并使用更加高级复杂的实证方法，即动态面板门槛模型进一步对多元化程度门槛值及其非线性系数进行了估计。对我国传媒上市公司多元化程度与绩效关系进行了实证研究。

第七章

研究结果与讨论

第一节 假设检验结果汇总

本书基于多元化与绩效两个研究维度的划分,探讨了中国传媒企业多元化类型和多元化程度与绩效之间的关系。多元化类型与绩效研究主要可以划分为:信息技术类传媒上市公司多元化类型与短期、长期绩效之间的实证检验;文化传播类传媒上市公司多元化类型与短期、长期绩效之间的实证检验。多元化程度与绩效关系研究考察传媒企业总体多元化与绩效是否为倒"U"形曲线关系,并在此基础上测算出最优的多元化程度。

根据这些研究内容,本书利用2012—2019年77家传媒上市公司的非平衡面板数据,对12个研究假设进行了分析验证,最终实证检验结果如表7-1所示。

表7-1　　　　　　　　假设检验结果汇总

假设	假设内容	检验结果
H1-1	信息技术类公司相关多元化程度与短期绩效为正相关关系	得到验证
H1-2	信息技术类公司相关多元化程度与长期绩效为正相关关系	得到验证
H2-1	信息技术类公司非相关多元化程度与短期绩效为负相关关系	得到验证
H2-2	信息技术类公司非相关多元化程度与长期绩效为负相关关系	得到验证
H3-1	文化传播类公司相关多元化程度与短期绩效为负相关关系	得到验证

续表

假设	假设内容	检验结果
H3-2	文化传播类公司相关多元化程度与长期绩效为正相关关系	得到验证
H4-1	文化传播类公司非相关多元化程度与短期绩效为正相关关系	得到验证
H4-2	文化传播类公司非相关多元化程度与长期绩效为负相关关系	未得到验证
H5-1	中国信息类上市公司总体多元化经营与短期绩效存在先升后降的倒"U"形曲线关系	未得到验证
H5-2	中国信息类上市公司总体多元化经营与长期绩效存在先升后降的倒"U"形曲线关系	未得到验证
H5-3	中国文化传播类上市公司总体多元化经营与短期绩效存在先升后降的倒"U"形曲线关系	得到验证
H5-4	中国文化传播类上市公司总体多元化经营与长期绩效存在先升后降的倒"U"形曲线关系	得到验证

第二节 实证研究结果

本书首先对中国传媒上市公司的多元化经营现状进行了描述性统计分析，接着对传媒上市公司的多元化程度与绩效关系与绩效关系，以及传媒上市公司的多元化类型进行了实证分析，这三部分的主要结论如下。

一 中国传媒上市公司多元化经营现状研究结论

第一，由整体性分析可知，中国传媒上市公司开展多元化经营是相当普遍的，多元化公司个数多于非多元化公司且以相关多元化经营为主，传媒类上市公司多元化程度高于我国上市公司的整体多元化程度。就信息技术和文化传播两类传媒上市公司而言，信息技术类上市公司多元化程度低于文化传播类上市公司，信息技术类公司的相关和非相关多元化程度均低于文化传播类公司。信息技术类公司短期绩效低于文化传播类公司，但从长期绩效来看，与短期绩效相反，表现为信息技术类公司高于文化传播类公司。

第二，对不同业务单元数下绩效进行对比分析后发现，我国传媒上市公司专业化经营或高程度多元化经营情况下短期绩效高于低程度多元化经营，但不同业务单元数情况下短期绩效不存在显著差异。我国传媒类上市公司专业化经营或低程度多元化经营情况下长期绩效高于高程度多元化经营，但不同业务单元数情况下长期绩效不存在显著差异。就信息技术类传媒上市公司而言，大多数信息技术类公司在多元化程度低的情况下其短期绩效水平也同样较低，但不同业务单元数情况下短期绩效不存在明显差异。大多数信息技术类上市公司在多元化程度低的情况下其长期绩效水平较高，但不同业务单元数情况下长期绩效不存在明显差异。就文化传播类传媒上市公司而言，业务单元较多时短期绩效水平较高，但在不同业务单元数情况下文化传播类上市公司短期绩效不存在明显差异。业务单元较多时长期绩效水平相对较低，但不同业务单元数情况下文化传播类上市公司长期绩效不存在明显差异。

第三，对是否多元化下绩效进行对比可以发现，多元化经营的公司短期绩效低于一般水平，专业化公司的短期绩效高于一般水平，但实行多元化经营的公司和未实行多元化经营的公司短期绩效不存在显著差异。实行多元化经营的公司和实行专业化经营的公司在长期绩效上有所差异，具体表现为实行多元化经营的公司长期绩效低于专业化经营。就信息技术类传媒上市公司而言，实行多元化经营的公司短期绩效低于专业化公司，但是否实行多元化经营对于上市公司短期绩效而言并不存在显著的差异。实行多元化经营的公司长期绩效高于专业化公司，但是否实行多元化经营对于上市公司长期绩效而言不存在显著的差异。就文化传播类传媒上市公司而言，实行多元化经营的公司短期绩效低于专业化公司，是否实行多元化经营对于上市公司短期绩效而言不存在显著差异。是否实行多元化的文化传播类上市公司其长期绩效存在显著的差异性，即实行多元化的公司长期绩效低于未实行多元化的公司。

第四，根据熵指数（DT）中位数分组的绩效对比分析的结果显示，DT高组的公司短期绩效低于DT低组，但DT高低分组下的短期绩效不存在显著差异。DT高组的公司和DT低组的公司在长期绩效上存在显著差异，具体表现为多元化程度高的公司在长期绩效上低于多元化程度低的公司。就信息技术类传媒上市公司而言，DT低组的公司短期绩效低于DT高组的公司，但DT高低分组下的短期绩效不存在显著差异。DT低组的公司长期绩效低于DT高组的公司，但DT高低分组下的长期绩效不存在显著差异。就文化传播类传媒上市公司而言，DT低组的公司短期绩效低于 DT 高组的公司，但 DT 高低分组下的短期绩效不存在显著差异。DT 低组的公司长期绩效高于 DT 高组的公司，但 DT 高低分组下的长期绩效不存在显著差异。

第五，根据非相关多元化指数（DU）中位数分组的绩效对比分析的结果显示，DU 高组的公司短期绩效低于 DU 低组的公司，但 DU 高低分组下的短期绩效不存在显著差异。DU 高组的公司和 DU 低组的公司在长期绩效上有差异，具体表现为非相关多元化程度高的公司在长期绩效上低于非相关多元化程度低的公司。就信息技术类传媒上市公司而言，DU 低组和 DU 高组信息技术类上市公司短期绩效存在显著差异，具体表现为非相关多元化程度高的公司在长期绩效上低于非相关多元化程度低的公司。DU 低组的公司长期绩效和 DU 高组的公司长期绩效存在显著差异，具体表现为非相关多元化程度高的公司在长期绩效上低于非相关多元化程度低的公司。就文化传播类传媒上市公司而言，DU 低组的公司短期绩效高于 DU 高组的公司，但 DU 高低分组下的短期绩效不存在显著差异。DU 低组和 DU 高组文化传播类上市公司长期绩效存在显著差异，具体表现为非相关多元化程度高的公司在长期绩效上低于非相关多元化程度低的公司。

第六，根据相关多元化指数（DR）中位数分组的绩效对比分析的结果显示，DR 高组的公司短期绩效高于 DR 低组，但 DR 高组的公司和 DR 低组的公司在短期绩效上不存在显著差异。DR 高组的公司长期绩效低于 DR 低组，但 DR 高组的公司和 DR 低组的公司在长期绩效上不存在显著差异。就信息技术类传媒上市公司而言，DR 高组的公司和 DR 低组的公司短期绩效存在显著差异，具体表现为相关多元化程度高的公司在短期绩效上高于相关多元化程度低的公司。DR 低组的公司长期绩效低于 DR 高组的公司长期绩效，但 DR 高低分组下的长期绩效不存在显著差异。就文化传播类传媒上市公司而言，DR 低组的公司短期绩效高于 DR 高组的公司，但 DR 高低分组下的短期绩效不存在显著差异。DR 低组的公司长期绩效高于 DR 高组的公司，但 DR 高低分组下的长期绩效不存在显著差异。

第七，根据赫芬达尔指数（H）中位数分组的绩效对比分析结果显示，H 高组的公司短期绩效高于 H 低组的公司，但 H 高低分组下的短期绩效不存在显著差异。H 高组和 H 低组公司长期绩效存在显著差异，具体表现为传媒类上市公司在低多元化程度下长期绩效高于高多元化程度公司。就信息技术类传媒上市公司而言，H 低组的公司短期绩效低于 H 高组的公司，但在 H 高低分组下不存在显著差异。H 高低分组下多元化程度较低公司的长期绩效低于多元化程度较高公司，长期绩效不存在显著差异。就文化传播类传媒上市公司而言，H 低组的公司短期绩效低于 H 高组的公司，但在 H 高低分组下不存在显著差异。H 高低分组下长期绩效存在显著差异，多元化程度较低公司的长期绩效高于多元化程度较高公司。

总体而言，以不同多元化指标为依据进行分组的描述性统计结果表明，多元化程度和传媒上市公司的短期、长期绩效之间的直观关系随着分组的不同产生了较大的差异，其原因可能主要在于样本范围或指标的选择等方面的差异。需要注意的是，描述性统计和差异检验只是初步、直观地反映企业多元化程度和绩效之间的简单关系，两者的实际关系需要进一步通过适当的回归模型来深入探讨。

二 中国传媒上市公司多元化类型与绩效关系结论

第一，系统 GMM 回归结果表明，文化传播类传媒上市公司的相关多元化对其短期绩效存在显著负向影响，H3-1 得到验证；而信息技术类传媒上市公司的相关多元化与其短期绩效为正向相关关系但显著性较差，假设 H1-1 基本得到验证。这一实证结果表明信息技术类传媒上市公司短期应当从事相关多元化发展。

第二，文化传播类传媒上市公司的非相关多元化对其短期绩效存在显著的正向影响，假设 H4-1 得到验证；信息技术类传媒上市公司的非相关多元化程度对其短期绩效存在显著的负向影响，假设 H2-1 得到验证。文化传播类公司和信息技术类公司在非相关多元化与短期绩效的实证结果中呈现截然不同的结果，其本质原因是两类公司的战略意图及业务性质存在差异。这一实证结果表明文化传播类传媒上市公司短期应当从事非相关多元化发展。

第三，文化传播类传媒上市公司的相关多元化对其长期绩效存在显著正向影响，假设 H3-2 得到验证；而信息技术类传媒上市公司的相关多元化与其长期绩效为显著正向相关关系，假设 H1-2 得到验证。由两类公司的结果可以认为我国传媒类上市公司的长期绩效与相关多元化是显著正相关,公司以核心业务为基础,开展同心多元化业务,在合理的战略布局下能得到较高的回报。这一实证结果证明文化传播类和信息技术类传媒上市公司长期都应当从事相关多元化发展。

第四,文化传播类传媒上市公司的非相关多元化程度对其长期绩效存在显著的正向影响,假设 H4-2 未得到验证;信息技术类传媒上市公司的非相关多元化程度对其长期绩效存在显著性较低的负向影响,假设 H2-2 基本得到验证。文化传播类公司和信息技术类公司在非相关多元化程度与长期绩效的实证结果中呈现截然不同的两种结果,其本质原因是文化传播类公司以主流媒体为主,更适合跨界发展。这一实证结果表明文化传播类传媒上市公司长期还应当从事非相关多元化发展。

第五,本书通过将各实证模型中的短期绩效指标替换为托宾 Q 值、长期绩效指标替换为营业收入增长率进行稳健性检验,由系统 GMM 回归结果可知,除了假设 H3-1 的回归结果与原始回归结果有所差异,其余稳健性回归结果与原始结果保持一致,证明本书基于各研究假设的实证结果具有较强的稳健性和可靠性。

三 中国传媒上市公司多元化程度与绩效关系结论

第一,系统 GMM 回归结果表明,文化传播类传媒上市公司的总体多元化与其短期绩效呈现显著的正相关关系,而总体多元化的二次项与其短期绩效呈现显著的负相关关系,因此对于文化传播类传媒上市公司,总体多元化与短期绩效呈现显著的倒"U"形非线性关系,假设 H5-3 得到验证。信息技术类传媒上市公司的总体多元化与其短期绩效呈现显著的负相关关系,而总体多元化的二次项与其短期绩效呈现显著的正相关关系,因此对于信息技术类传媒上市公司,总体多元化与短期绩效未呈现显著的倒"U"形非线性关系,假设 H5-1 未得到验证。上述实证结果表明,文化传播类传媒上市公司短期绩效对于多元化战略的执行有较强的敏感性,将总体多元化水平控制在一定程度以内,能促进企业短期绩效的持续提升;而信息技术类公司短期绩效对于多元化战略的执行缺乏敏感性,更适合专业化的核心业务。

第二,系统 GMM 回归结果表明,文化传播类传媒上市公司的总体多元化与其长期绩效呈现显著的正相关关系,而总体多元化的二次项与其长期绩效呈现负相关关系但显著性较差，因此对于文化传播类传媒上市公司，总体多元化与短期绩效呈现显著性较差的倒"U"形非线性关系，假设 H5-4 基本得到验证。信息技术类传媒上市公司的总体多元化、总体多元化二次项与其长期绩效均不存在显著的相关关系。因此，对于信息技术类传媒上市公司，总体多元化与长期绩效未呈现显著的倒"U"形非线性关系，假设 H5-2 未得到验证。上述实证结果表明，文化传播类公司总体多元化控制在一定程度内可以提高企业绩效；信息技术类企业上市时间普遍较晚，考察期内的企业大多处于生命周期的成长期阶段，绩效可能尚未表现出下行的趋势，在此阶段信息技术类企业依然要以相关多元化经营为主。

第三，动态面板门槛模型回归结果表明，文化传播类和信息技术类传媒上市公司的多元化程度对短期绩效的影响均存在先促进后阻碍的倒"U"形非线性关系。具体从企业短期绩效提升的角度而言，以熵指数 DT 衡量多元化程度，文化传播类公司多元化程度的门槛值高于信息技术类公司，文化传播类公司应当在多元化程度达到 0.418 之前持续推进多元化发展，而信息技术类公司应当在多元化程度达到 0.392 之前持续推进多元化发展。同时，在低于门槛值的阶段，文化传播类公司多元化程度对短期绩效提升的促进作用大于信息技术类公司；而在高于门槛值的阶段，文化传播类公司多元化程度对短期绩效提升的阻碍作用同样大于信息技术类公司。这进一步证实了文化传播类公司短期绩效对于多元化战略的执行有较强的敏感性，在控制发展节奏并达到一定多元化程度的条件下，能有效且显著促进企业短期绩效的提升；而信息技术类公司的短期绩效对于多元化战略的执行相对更加缺乏敏感性，更适合发展专业化的核心业务。

第四，动态面板门槛模型回归结果表明，文化传播类和信息技术类传媒上市公司的多元化程度对长期绩效的影响均存在先促进后阻碍的倒"U"形非线性关系。具体从企业长期绩效提升的角度而言，以熵指数 DT 衡量多元化程度，文化传播类公司多元化程度的门槛值高于信息技术类公司，文化传播类公司应当在多元化程度达到 1.280 之前持续推进多元化发展，而信息技术类公司应当在多元化程度达到 0.581 之前持续推进多元化发展。同时，在低于门槛值的阶段，文化传播类公司多元化程度对长期绩效提升的促进作用大于信息技术类公司，而在高于门槛值的阶段，文化传播类公司多元化程度对长期绩效提升的阻碍作用同样大于信息技术类公司，这进一步证实和强化了本书中多元化类型与绩效关系的结论，文化传播类公司长期绩效对于多元化战略的执行有较强的敏感性，在控制发展节奏并达到一定多元化程度的条件下，能有效且显著促进企业长期绩效的提升；而信息技术类公司的长期绩效对于多元化战略的执行相对更加缺乏敏感性，更适合发展专业化的核心业务。

第五，本书通过将各实证模型中的短期绩效指标替换为托宾 Q 值、长期绩效指标替换为营业收入增长率进行稳健性检验，由系统 GMM 模型结果和面板门槛模型结果可知，各稳健性回归结果与原始回归结果均不存在明显差异，证明本书基于各研究假设的实证结果是稳健且可靠的。

第三节　研究结果的启示

本书通过实证研究检验了传媒企业多元化与绩效之间的关系，从实证研究结果中主要可以归纳出以下几点启示。

一　不同传媒上市公司的不同多元化类型会对企业绩效产生不同的影响

（一）文化传播类企业从事非相关多元化经营可以在短期提供资金支持，但从长期来看，在利用非相关多元化维持生存的同时，还要坚持相关多元化发展

从实证研究的结果来看，文化传播类企业在短期需要通过非相关多元化来为企业提供资本支持，相关多元化经营由于变现能力差，在短期难以成为盈利的主要来源（假设 H3-1、假设 H4-1 得到了验证）。这与现实层面传统媒体的发展处境也是吻合的，传统媒体在广告收入锐减，主业发展遇到瓶颈，以及新媒体冲击的背景下，依托原有的经营业务难以维持短期和长期的发展目标，因此在产业发展取向上要注重发展非相关多元化领域，这是当前为了维持企业生存的合理选择。

文化传播类企业短期内以非相关多元化经营为主，理论上来说也是有依据的。一方面，绩效水平差的企业会导致进一步地提升多元化程

度，特别是当企业具备多元化所需要的内外部资源时。绩效越好的企业则会倾向于开展相关多元化经营，而绩效差的企业则会开展非相关多元化经营[1]。多元化的目的其实是获得不同业务资源的共享所带来的协同效应，多元化绩效水平的优劣一定程度上要依赖企业对内部资源能否充分合理的利用。企业的有形资源（如设备、厂房等）虽然能产生价值，但并不是稀缺资源，也不能为企业带来竞争优势，而无形资源（如企业战略资产、商誉等）具有稀缺性和不可流动性，能够为企业带来竞争优势，所以以有形资产为基础的相关多元化并不能提高企业绩效，以无形资源为基础的相关多元化才可以提高企业价值[2]。

另一方面，产业所处的生命周期对于多元化战略的选择也有影响，利润低和发展潜力小的行业中的企业会通过新的行业从事多元化经营[3]。产业生命周期可以分为培育期、成长期、成熟期和衰退期。当企业自身处在成熟期或衰退期的行业，或者企业的主营业务处于产业成熟期或衰退期时，企业会选择新的业务领域维持生存，低利润率的企业更偏爱防御性的多元化[4]。将企业的资源从不景气的产业中转移出来是保证企业生存下去的主要办法[5]，企业可以比较不同业务的绩效水平，把企业内部资源合理配置到盈利能力强的业务之中。行业的长期发展充满不可预测性，生产要素不断变化和产业升级的现实选择都使得企业长期只经营一种业务的风险增大，在衰退期实现产业链的转移和延伸是企业的合理发展路径。

从长期来看，假设 H4-2 的实证结果表明文化传播类企业的非相关

---

[1] Park, C., "Prior Performance Characteristics of Related and Unrelated Acquirers", *Strategic Management Journal*, Vol. 24, No. 3, 2003, pp. 471-480.

[2] Tanriverdi, H. et al., "Knowledge Relatedness and Performance of Multibusiness Firms", *Strategic Management Journal*, Vol. 26, No. 2, 2005, pp. 85-108.

[3] Stipert, J. L. & Duhaime, I. M., "Seeing the Big Picture: The Influence of Industry, Diversification, and Business Strategy on Performance", *Academy of Management Journal*, Vol. 40, No. 3, 1997, pp: 560-583.

[4] Park, C., "The Effect of Prior Performance on the Choice between Related and Unrelated Acquisitions: Implications for the Perfoemance Consequences of Diversification Strategy", *Journal of Management Studies*, Vol. 39, No. 7, 2002, pp. 1003-1019.

[5] Anand, J., Singh, H., "Asset Redeployment, Acquisitions and Corporate Strategy in Declining Industries", *Strategic Management Journal*, Vol. 18, No. 1, 1997, pp. 99-118.

多元化与长期绩效呈显著正相关关系，说明文化传播类企业长期依然可以坚持非相关多元化来促进产业发展。这和目前大多数学者的观点相悖，学者们普遍认为传统媒体要以相关多元化为主，谨慎涉足甚至放弃非相关多元化经营。我国传统媒体在主业发展到一定程度之后，不论资源禀赋是否匹配都倾向于进军高度不相关的领域，比如房地产、互联网金融等，理论和现实层面的背离则可以视作传统媒体求生存的被迫选择，当相关产业难以实现当期盈利时，传统媒体为了分摊经营风险和财务压力，就必须转向资金回笼快的领域。

传统媒体长期来看还是要将相关多元化作为经营的重点领域，假设H3-2得到检验，说明传统媒体的相关多元化经营与长期绩效显著正相关。从传统媒体的双重属性角度来说，传统媒体的产业属性从本质上来说只是为了维持生产活动顺利进行所采取的必要经营模式，其最根本的属性依然是从事舆论宣传、社会瞭望的事业单位。本书所谈到的绩效概念更多的是从产业盈利的角度来度量的，但传统媒体更重要的是具有党和政府的舆论宣传工具性质的事业单位，这是传统媒体的立足之本，如果将这个根基动摇，任何产业经营都是没有意义，也是不可持续的。从传统媒体的内部经营活动来说，传统媒体的相关多元化经营与主业高度重叠，相关多元化的发展某种意义上可以认为是其核心竞争力的发展，因此，持续地发展相关多元化，可以维持传统媒体的舆论主体地位，还可以减少由高度非相关多元化带来的风险。

所以，传统媒体短期内可以以非相关多元化经营为主，相关多元化为辅，但从长期来看，在维持非相关多元化经营的同时，还要兼顾相关多元化的发展，着眼于构建完整的文化产业价值链，目标是建立跨行业的综合性文化传播集团，以此维护传统媒体的竞争力和影响力。

（二）信息技术类企业目前来看只适合从事以核心竞争力为基础的相关多元化经营，非相关多元化不能使绩效提升

本书针对信息技术类企业相关多元化和非相关多元化战略的短期绩效和长期绩效表现，所提出的假设H1-1、假设H1-2、假设H2-1和假设H2-2均得到了验证，说明我国的信息技术类企业无论是短期和长期都应该坚持相关多元化经营为主，谨慎涉足非相关多元化领域。这个结果和目前大多数行业的多元化类型与绩效关系研究结果是一致的，说明

我国的信息技术类企业和文化传播类企业不同，具有一般行业的普适性特征。

信息技术类企业主要包含了影视传媒、互联网和游戏动漫类的新媒体企业，这类企业成立和上市时间相较于文化传播类企业来说普遍较晚，但是这类企业属于技术和资本高度密集型行业，各类型的投资机构都热衷于对该行业中的企业进行大规模的资本注入，使得信息技术类的新媒体企业可以有充足的实力来专注核心竞争力的培育，发展相关多元化领域，而不需要通过非相关多元化来分散既有的内部资源。

从生命周期来说，信息技术类企业代表的新媒体企业处在培育期和成长期，处在该周期中的企业一般都会专注于相关产业领域，而不会贸然进入不熟悉的不相关领域。因此目前来看我国的信息技术类企业依然要坚持以核心竞争力为主的相关多元化领域，着重培育内生型的产业价值链。

二 传媒上市公司要在合理的多元化程度内开展多元化经营

多元化程度是有合理边界的，文化传播类和信息技术类企业要在最优多元化程度内开展多元化经营。本书通过动态面板门槛模型计算出了文化传播类和信息技术类企业的最优多元化程度，也就是两类企业的多元化合理边界，这是以往研究不曾涉及的内容。从实证结论中可以发现，文化传播类传媒上市公司绩效对于多元化战略的执行有较强的敏感性，将总体多元化水平控制在一定程度以内，能促进企业绩效的持续提升；而信息技术类公司绩效对于多元化战略的执行缺乏敏感性，可能因为信息技术类企业上市时间普遍较晚，考察期内的企业大多处于生命周期的成长期阶段，绩效可能尚未表现出下行的趋势，在此阶段中信息技术类企业依然要以相关多元化经营为主。

另外，从实证结论中可以发现，我国传媒上市公司多元化经营公司个数高于专业化经营公司，而且多元化水平高于我国传媒上市公司的平均值。这说明我国的传媒企业在坚持主业的基础上，开展多元化经营战略的较为普遍，具有很高的资本逐利性，但这并不代表传媒企业可以盲目地靠提高多元化程度来获取持续性的发展，文化传播类和信息技术类企业要在最优多元化程度内开展多元化经营。本书使用动态面板门槛模型验证了文化传播类企业和信息技术类企业是有最优的多元化发展空间的，也就是两类企业的多元化合理边界，这是以往研究不曾涉及的内容。

实证过程中测量多元化程度使用了熵指数，计算得出的熵指数数值越高则表示企业的多元化程度越高，而使用动态面板门槛模型计算出了文化传播类企业和信息技术类企业的最优多元化阈值。文化传播类企业以熵指数 DT 衡量多元化程度时，短期多元化程度达到 0.418 和长期多元化程度达到 1.280 时，可以提高企业绩效；信息技术类企业短期多元化程度达到 0.392 和长期多元化程度到达 0.581 时，可以提高企业绩效。这里计算出的阈值可以理解为两类企业最优多元化的发展区间，在达到最优多元化程度阈值之前，两类企业都可以充分发挥内部和外部资源优势，开展相关多元化和非相关多元化经营，而当超过最优多元化程度的阈值之后，就应该减少多元化的投入，维持既有的业务水平。

观察动态面板门槛模型的回归结果可以发现，文化传播类企业的最优多元化阈值要相对高于信息技术类企业，这反映了文化传播类企业的多元化发展空间要相对大于信息技术类企业。文化传播类企业涉及的多元化经营，特别是非相关多元化经营一般都比信息技术类企业要广泛，而且文化传播类企业可以从多元化经营中获取更多的资产溢价，来更好地促进主业的可持续发展，这在本次实证研究中也得到了验证。

三　政府对于不同的传媒上市公司提供不同的政策支持

（一）财政扶持具有事业属性的文化传播类企业

制度环境因素对企业绩效的影响在发展中国家和转型经济国家中的作用更加明显[1]。研究中国企业的战略决策更需要考虑转型经济背景下的制度影响因素[2]。我国的传统媒体处在转型时期，转型经济体中市场机制发育不完善，资源分配容易存在政府直接参与的情况，企业发展要高度依赖非市场性因素的作用[3]。企业采用多元化战略的主要目的是在寻找新的价值增值的机会，但是不同于新媒体企业，我国传统媒体利用

---

[1] Makino, S., et al., "Dose Country Matter?", *Strategic Management Journal*, Vol. 25, No. 10, 2004, pp. 1027-1043.

[2] Li, M., et al., "Diversification and Economic Performance: An Empircal Assessment of Chinese Firms", *Asia Pacific Journal of Management*, Vol. 20, No. 2, 2003, pp. 243-265.

[3] Khanna, T., Palepu, K., "Is Group Affliction Profitable in Emerging Markets, An Analysis of Diversified Indian Business Groups", *Journal of Finance*, Vol. 55, 2002, pp. 867-891.

多元战略来实现绩效提升的过程中不仅受到内部资源配置的作用，更重要的还要受外部非市场环境的影响，而非市场力量主要来自政府的资源配置。

传统媒体在发展壮大的过程中，政府对行业准入设置了严格的控制，具有垄断性质的传统媒体通过政治关联建立的事业属性来维护自身的产业发展。非市场机制所分配的资金等通用性资源可以维持多种经营模式，因而依靠非市场性资源进行投融资的企业容易出现高度多元化的现象[①]。国有性质的企业更倾向于开展多元化经营[②]，因为与政府关系密切的企业能获得更多的资金支持，人员、土地等通用性资源也有直接的优惠，企业有充足的底气开展高风险高收益的非相关多元化经营。反之，更多依赖市场资源配置的企业则会倾向相关领域的经营，谨慎开展非相关多元化经营。传统媒体依赖非市场体系获得的通用性资源往往可以支持多种经营形式，所以传统媒体会最大限度地使用通用性资源，进入不相关领域投资，这是理性的经济主体在一定时期做出的合理决策，也解释了传统媒体高度非相关多元化经营的内在动因。

改革开放后确立的新闻媒体"事业单位、企业化管理"模式沿用至今，事业单位具有公益属性，既要宣传党和政府的路线方针，而又要通过产业经营来实现盈利，这种具有"过渡性特征"（李向阳，2014）[③]的模式在如今受到挑战。新媒体参与市场竞争之后，传统媒体依靠新闻资源变现出现了乏力，主要表现在广告受新媒体打压，媒介融合业务难以实现盈利，再加上产业经营所涉及的高度非相关领域面临升级困难，传统媒体很难在不熟悉的领域实现可持续性发展。所以，传统媒体的经济职能在逐渐弱化，事业属性和产业属性兼具的模式需要被重新考量。

长期来看，传统媒体除了依靠非相关多元化经营来反哺主营业务之外，作为传统媒体依赖的非市场环境主体的政府，要为具有事业属性的传统媒体提供财政支持。目前已有相关政策出台，2018年，党的十九

---

① 李善民、周小春：《公司特征、行业特征和并购战略类型的实证研究》，《管理世界》2007年第3期。
② 陈信元、黄俊：《政府干预、多元化经营与公司业绩》，《管理世界》2007年第1期。
③ 李向阳：《超越拐点：直面徘徊的思考与破解"悖论"的视角》，《现代传播》2014年。

届三中全会通过的《中共中央关于深化党和国家机构改革的决定》中指出，向社会提供公益服务的事业单位，要推动管办分离，强化公益属性，破除逐利机制，从事经营活动的事业单位，要推进事企分开。二十大报告提出，我国的传媒企业是构建中国话语和中国叙事体系，讲好中国故事、传播好中国声音的重要组织，要繁荣发展文化事业和文化产业，坚持把社会效益放在首位、社会效益和经济效益相统一，深化文化体制改革，完善文化经济政策。同时，二十大报告还指出，要深化国资国企改革，加快国有经济布局优化和结构调整，推动国有资本和国有企业做强做优做大，提升企业核心竞争力。"事业单位、企业管理"的模式在中央高度重视意识形态安全、传统媒体事业属性强化的时期，将会被重新构建，政府的财政支持加上原有的多元化产业经营将重新助力传统媒体的发展。

（二）政策层面为信息技术类企业提供公平竞争的市场环境，推动文化市场繁荣

信息技术类企业代表的新媒体公司基本占据了除传统媒体外文化市场的半壁江山，合理有效地推进信息技术类企业发展，实际上间接地就推动了我国文化产业的发展。

信息技术类企业不具有事业属性，因此可以按照一般产业的情况来对待，从企业内部来说，信息技术类企业需要专注地利用核心竞争力来维持市场地位，具备持续竞争的优势；从外部来说，政府需要为信息技术类企业提供公平的竞争环境，使信息技术类企业能够利用市场的优胜劣汰机制，为我国的文化产业繁荣做出贡献。

制度安排对于新媒体企业来说同样重要，政府相关部门应该继续建设和完善制度环境，顺应人工智能、云计算等数字信息技术的发展趋势，合理规划产业链布局，为新媒体的发展探索出符合中国实际发展需求的创新发展之路。

第四节　研究局限和展望

本书在研究过程中，通过对传媒上市公司多元化现状的描述性分析，多元化类型和绩效关系分析，以及多元化程度与绩效关系分析，来

探讨我国传媒企业的多元化相关问题。试图通过对数据的筛选和处理，在保证数据信度效度的基础上，结合理论分析，得到具有实践指导意义的研究结论。但由于研究视角、研究能力等方面的制约，本书存在一些研究局限和不足之处，也是未来研究中可以改进的地方。主要是以下几点。

一　实证研究的改进方向

（1）本书选取时间段为2012—2019年的数据进行实证分析，虽然相比既有的实证研究来说时间段并不短，也符合一般企业的生命周期规律，但这个时间段仍然不够长。而且本研究考察了传媒企业的长期绩效，研究结果一定程度上受到了时间段的制约。随着传媒企业多元化扩张领域的增多，时间维度对于考察多元化与绩效关系有重要意义。未来研究可以扩大实证研究的时间范围，对比企业采取多元化战略前后的绩效变化，并且可以运用生命周期理论考察处于不同阶段的传媒企业多元化与绩效关系的差异。

（2）本书使用传媒上市公司的财务数据进行实证分析，并利用理论工具对实证结果进行阐释，为了使研究的理论建构更为扎实，还可以对具有代表性的传媒企业进行个案研究，从案例探索中印证实证研究结果的有效应和适用性。

（3）本书在进行多元化程度测算时，选用了熵指数（DT）指标进行测量，这是目前多元化测量指标中最常用的一个。未来研究中可以加入另外的多元化指标进行测量，综合验证多元化程度与绩效之间的关系。

（4）政策导向对于我国的传媒企业有着重要的外部性影响，不同时间段政策的更迭会对传媒企业的战略决策起到重要作用，从而直接影响传媒上市公司的经营绩效。在未来研究中可以加入政策要素等外部变量，更加客观地反映我国传媒企业的多元化战略与绩效之间的关系。

二　研究维度可以从混合多元化的角度拓展

（1）多元化程度的合理配比与混合多元化概念的提出。本书在分析传媒企业多元化与绩效关系的维度时，重点探讨了传媒企业相关多元化、非相关多元化的不同多元化类型，以及多元化程度对于绩效的影响。但事实上，以传统媒体为主的传媒企业在实行多元化战略时，更多从事的是混合多元化，也就是兼顾相关多元化和非相关多元化的经营策略。未来研究中，可以探讨传媒企业混合多元化的合理程度，以及传媒企业内部相关多元化和非相关多元化合理配比的问题，这将对传媒企业的产业布局提供更加具有可操作性的建议。

（2）本研究的研究维度主要是多元化类型和多元化程度，对于我国的传媒企业来说，还可以对多元化经营进行更为全面的分析，比如考察产品多元化、行业多元化和地域多元化对于企业绩效的影响，这是其他产业多元化研究领域较多涉及的议题，目前传媒领域相关的研究极少。

参考文献

一　中文著作类

宝贡敏：《现代企业战略管理》，河南人民出版社2001年版。

陈强：《高级计量经济学及Stata应用》，高等教育出版社2014年版。

陈咏英：《公司多元化的经济后果：基于代理成本角度的经验证据》，中国财政经济出版社2008年版。

陈正昌等：《多变量分析方法：统计软件应用》，中国税务出版社2005年版。

程立：《公司治理、多元化与企业绩效》，复旦大学出版社2008年版。

杜强、贾丽艳：《SPSS统计分析从入门到精通》，人民邮电出版社2011年版。

胡汝银：《中国上市公司成败实证研究》，复旦大学出版社2003年版。

胡正荣等：《大融合·大变革——2014年中国电视产业发展综述》，崔保国《中国传媒产业发展报告（2016）》，社会科学文献出版社2016年版。

康荣平、柯银斌：《企业多元化经营》，经济科学出版社1999年版。

李怀祖：《管理研究方法论》，西安交通大学出版社2004年版。

李瑞：《出版传媒上市公司投融资研究》，中国传媒大学出版社2005年版。

刘冀生：《企业经营战略》，清华大学出版社 1995 年版。

刘明：《中国传媒上市实践与探索》，中国人民大学出版社 2011 年版。

刘友金：《企业可持续多元化经营战略》，中国经济出版社 2008 年版。

罗以澄、吕尚彬：《中国社会转型下的传媒环境与传媒发展》，武汉大学出版社 2010 年版。

潘可武：《媒介经营管理的理念与实践》，中国传媒大学出版社 2010 年版。

宋旭琴、蓝海林：《我国多元化企业组织结构与绩效的关系研究》，经济科学出版社 2008 年版。

覃志刚：《企业多元化经营绩效：理论与实证》，中国财政经济出版社 2009 年版。

谭力文、吴先明：《战略管理》，武汉大学出版社 2006 年版。

吴敬链等：《读懂中国改革》，中信出版社 2014 年版。

薛薇：《统计分析与 SPSS 的应用》，中国人民大学出版社 2001 年版。

杨林：《转型经济中的多元化发展战略与企业价值关系研究：理论分析、实证检验及其战略调整》，经济管理出版社 2009 年版。

尹义省：《适度多角化——企业成长与业务重组》，生活·读书·新知三联书店 1999 年版。

喻国明：《传媒新视界：中国传媒发展前沿探索》，新华出版社 2011 年版。

张建同等：《应用统计学》，清华大学出版社 2010 年版。

赵曙光、张志安：《媒介资本市场案例分析》，华文出版社 2004 年版。

周军、王文岩：《多元化陷讲》，中国物资出版社 2004 年版。

二　中文译作类

［英］贝赞可著：《公司战略经济学》，武亚军译，北京大学出版社 1999 年版。

［美］本·H. 贝戈蒂克安著：《媒体垄断》（第六版），吴靖译，

河北教育出版社 2004 年版。

［英］格里·约翰逊、凯万·斯科尔斯著：《战略管理》（第六版），王军等译，人民邮电出版社 2004 年版。

［美］古扎拉蒂著：《计量经济学》（第三版），林少宫译，中国人民大学出版社 2000 年版。

［英］吉莉安·道尔著：《理解传媒经济学》，李颖译，清华大学出版社 2004 年版。

［美］杰恩·巴尼（Jay B. Barney）著：《获得与保持竞争优势》（第二版），王俊杰等译，清华大学出版社 2003 年版。

［美］罗伯特·哈里斯、阿米达·拉塞尔著：《多元化趋势》，郭武文、周志毅译，华夏出版社 2004 年版。

［美］罗伯特·皮卡特著：《媒介经济学》，冯建三译，运流出版公司 1994 年版。

［美］罗杰·菲德勒：《媒介形态变化——认识新媒介》，明安香译，华夏出版社 2000 年版。

［美］迈克尔·波特著：《竞争论》，高登第、李明轩译，中信出版社 2003 年版。

［美］迈克尔·波特著：《竞争优势》，陈小悦译，华夏出版社 2005 年版。

［美］汤姆·彼得斯、罗伯特·沃特曼著：《追求卓越》，胡玮珊译，中信出版社 2012 年版。

［美］汤姆森·斯蒂克兰德著：《战略管理》，段盛华、王智慧译，北京大学出版社 2003 年版。

三　论文类（期刊论文、论文集、学位论文、报纸）

陈国权：《2017 中国报业发展报告》，《编辑之友》2018 年第 2 期。

陈国权：《谁为媒体提供经济支持？——1949 年以来中国媒体经济体制变迁与趋势》，《新闻与传播研究》2018 年第 10 期。

陈信元、黄俊：《政府干预、多元化经营与公司业绩》，《管理世界》2007 年第 1 期。

崔涛：《煤炭企业多元化、产业协同与企业绩效研究》，博士学位论文，中国矿业大学，2015 年。

参考文献

邓新明：《我国民营企业政治关联、多元化战略与公司绩效》，《南开管理评论》2011 年第 4 期。

丁和根、陶大坤：《传媒上市公司经营业务与绩效关联性实证分析》，《东岳论丛》2012 年第 12 期。

高帅：《中国房地产上市公司治理结构、多元化与企业绩效研究》，博士学位论文，清华大学，2016 年。

顾永才：《出版企业多元化经营的动因、条件与路径研究》，《科技与出版》2015 年第 3 期。

顾永才：《我国出版企业多元化与专业化经营之辩》，《现代出版》2013 年第 5 期。

郭全中：《传统媒体多元化转型研究》，《新闻与写作》2017 年第 12 期。

郭全中：《多元化战略是馅饼，也可能是陷阱——传统媒体跨界风险及对策探讨》，《新闻实践》2011 年第 1 期。

郭昕炜、徐康宁：《转型期间中国企业多角化经营的动因分析》，《现代经济探讨》2001 年第 2 期。

何秉卓：《中国保险公司多元化经营与绩效的关系研究》，博士学位论文，浙江大学，2016 年。

何郁冰、丁佳敏：《企业多元化战略的内部关联及其对绩效的影响——来自中国制造业上市公司的经验证据》，《科学学研究》2005 年第 11 期。

洪道麟、熊德华：《中国上市公司多元化与企业绩效分析：基于内生性的考察》，《金融研究》2006 年第 11 期。

胡挺、沈文华：《整体上市、多元化战略转型与经济后果——以广州日报报业集团为例》，《财会通讯》2015 年第 9 期。

胡正荣、李继海：《我国媒介规制变迁的制度困境及其意识形态根源》，《新闻大学》2005 年第 1 期。

姜付秀等：《多元化经营、企业价值与收益波动研究——以中国上市公司为例的实证研究》，《财经问题研究》2006 年第 11 期。

金晓斌等：《公司特质、市场激励与上市公司多元化经营》，《经济研究》2002 年第 9 期。

李玲、赵瑜纲：《中国上市公司多样化经营的实证研究》，《证券市场导报》1998年第5期。

李善民、周小春：《公司特征、行业特征和并购战略类型的实证研究》，《管理世界》2007年第3期。

李善民、朱滔：《多元化并购能给股东创造价值吗？——兼论影响多元化并购长期绩效的因素》，《管理世界》2006年第3期。

李向阳：《超越拐点：直面徘徊的思考与破解"悖论"的视角》，《现代传播》2014年第9期。

李雪峰：《多元化经营与公司绩效关系研究》，博士学位论文，华中科技大学，2011年。

李雅筝、周荣庭：《国内出版上市企业多元化经营与其绩效影响的实证分析》，《科技与出版》2015年第10期。

李志辉、李梦雨：《我国商业银行多元化经营与绩效的关系——基于50家商业银行2005—2012年的面板数据分析》，《南开经济研究》2014年第1期。

林晓辉、吴世农：《股权结构、多元化与公司绩效的研究》，《证券市场导报》2008年第1期。

林晓辉：《中国上市公司多元化的动因和绩效研究》，博士学位论文，厦门大学，2008年。

刘力：《多元化经营及其对企业价值的影响》，《经济科学》1997年第3期。

刘石成：《中国企业多元化战略选择的误区及其启示——以广东的实例为据》，《宏观经济研究》2008年第3期。

刘素雅：《中国传媒上市公司多元化与企业绩效的实证分析》，《沿海企业与科技》2017年第3期。

刘永红：《论出版集团核心竞争力与多元化经营的关系》，《出版与印刷》2004年第4期。

刘志彪：《市场结构和公司结构的决定》，《产业经济研究》2004年第2期。

鲁珍、冯根尧：《传媒企业地域多元化对企业绩效的影响研究——基于深沪两市14家传媒企业的实证分析》，《特区经济》2013年第

8 期。

毛蕴诗：《多元化经营三维模型及多元化经营的几个命题》，《中山大学学报》（社会科学版）2004 年第 6 期。

梅楠：《我国传媒企业区域多元化及业务多元化对绩效影响的研究》，《中国软科学增刊（上）》2009 年。

莫龙炯、景维民：《转型时期混合所有制的经济增长效应》，《经济学动态》2018 年第 11 期。

南开大学公司治理评价课题组：《中国上市公司治理状况评价研究——来自 2008 年 1127 家上市公司的数据》，《管理世界》2010 年第 1 期。

潘瑞娇：《多元化理论与中国上市公司多元化经营影响因素研究》，博士学位论文，复旦大学，2005 年。

苏冬蔚：《多元化经营与企业价值：我国上市公司多元化溢价的实证分析》，《经济学刊》2005 年第 10 期。

苏静：《出版集团多元化经营的现实困惑及发展方向》，《编辑之友》2014 年第 8 期。

苏昕、刘昊龙：《多元化经营对企业绩效的影响——高管持股的调节作用》，《经济问题》2017 年第 1 期。

田恒：《中国企业多元化经营的绩效及影响因素研究》，博士学位论文，武汉大学，2014 年。

汪家驷：《报业经济的战略思考》，《当代传播》2004 年第 1 期。

王凤云：《传媒企业多元化经营绩效实证研究》，《兰州大学学报》（社会科学版）2013 年第 5 期。

王建军：《广播电视产业多元化跨界发展战略布局》，《中国广播电视学刊》2014 年第 9 期。

王宇、覃朝霞：《中国电视媒体的多元化经营》，《新闻记者》2002 年第 8 期。

魏成龙、刘建莉：《我国商业银行的多元化经营分析》，《中国工业经济》2007 年第 12 期。

温柔、范以锦：《转型不是转行——报业多元化经营之我见》，《新闻界》2014 年第 10 期。

向志强、杨珊:《中国传媒上市公司多元化经营与公司绩效关系实证研究》,《新闻与传播研究》2015年第8期。

肖星、王琨:《关于集团模式多元化经营的实证研究——来自"派系"上市公司的经验证据》,《管理世界》2006年第9期。

谢江林:《"跨界"四思——广播电视媒体多元化经营路径及策略》,《南方论坛》2014年第1期。

谢耘耕:《媒介多元化投资及其风险》,《新闻界》2004年第3期。

徐建中:《论出版多元化经营战略的模式选择》,《编辑之友》2006年第3期。

杨林:《多元化发展战略与企业价值关系:理论、实证及其战略调整研究》,博士学位论文,南京大学,2006年。

杨庆国等:《出版集团多元化经营创新模式研究——基于国内25家出版集团数据统计及模式建构》,《出版科学》2011年第6期。

杨荣:《出版传媒集团多元化战略转型方向研究》,《现代出版》2015年第6期。

姚德权、邓阳:《出版类上市公司多元化经营绩效的实证分析》,《现代传播》2016年第1期。

姚俊等:《我国上市公司多元化与经济绩效关系的实证分析》,《管理世界》2004年第11期。

余鹏翼等:《上市公司股权结构、多元化经营与公司绩效问题研究》,《管理科学》2005年第1期。

喻国明等:《"个人被激活"的时代:互联网逻辑下传播生态的重构——关于"互联网是一种高维媒介"观点的延伸探讨》,《现代传播(中国传媒大学学报)》2015年第5期。

张钢、张东芳:《我国高新技术上市公司的多元化与经营绩效》,《工业技术经济》2004年第5期。

张平:《我国企业集团行业多元化与绩效的实证研究》,《科技管理研究》2011年第12期。

张卫国等:《上市公司多元化战略与经济绩效关系实证分析》,《重庆大学学报》2002年第11期。

张毅等:《中国上市物流企业多元化战略与绩效:成本效率中介作

用研究》,《管理运作》2013年第2期。

张翼等:《中国上市公司多元化与公司业绩的实证研究》,《金融研究》2005年第9期。

郑华、韦小柯:《企业多元化战略对绩效的非线性影响》,《生产力研究》2008年第3期。

朱春阳:《传媒集团:如何实现创新成长的效率优化》,《新闻大学》2008年第4期。

朱鸿军、王浩:《传媒上市公司资本结构对企业价值的影响——对中国2005—2011年A股市场面板数据的实证研究》,《新闻与传播研究》2013年第6期。

左占平、李双成:《广电传媒产业多元化经营与绩效实证研究》,《河北经贸大学学报》2014年第6期。

四 外文类(著作、期刊论文)

Aggarwal, R., A. Samwick., "Why do Managers Diversify Their Firms? Agency Reconsidered", *Journal of Finance*, Vol. 58, No. 1, 2003, pp. 71–118.

Alchiain, A., Demsetz, H., "Production Information Costs, and Economic Organizations", *American Economic Review*, Vol. 62, 1972, pp. 777–795.

Amihud, Y., Lev, B., "Risk Reductionas a Managerial Motive for Conglomerate Mergers", *The Bell Journal of Economics*, Vol. 12, No. 2, 1981, pp. 605–617.

Amit, R., Livnat, J., "Diversification and the Risk–return Trade–off", *Academy of Management Journal*, Vol. 31, 1988, pp. 154–166.

Anand, J., Singh, H., "Asset Redeployment, Acquisitions and Corporate Strategy in Declining Industries", *Strategic Management Journal*, Vol. 18, No. 1, 1997, pp. 99–118.

Ansoff, H. I., "Managing Strategic Surprise by Response to Weak Signals", *California Management Review*, Vol. 18, No. 2, 1975, pp. 21–33.

Ansoff, "Strategies for Diversification", *Havard Business Review*, Vol. 9, No. 10, 1957, pp. 113–124.

Arnould, R., "Conglomerate Growth and Public Policy", in Gordon, L. ed., *Eeonomicss of Conglomerate Growth*, Department of Agrieultural Eeonomics, Corvallis, OR, Oregon State University, 1969, pp. 72-80.

Barney, J., "Firm Resources and Sustained Competitive Advantage", *Journal of Management*, Vol. 17, No. 1, 1991, pp. 99-120.

Barney, J., *Gaining and Sustaining Competitive Advantage*, Reading, MA: Addison-Wesley, 2002.

Barney, J. B., "Is the Resource-based View a Useful Perspective for Stategic Management Research? Yes", *Academy of Management Review*, Vol. 26, No. 1, 2001, pp. 41-56.

Beny, C., "Corporate Growth and Diversifieation", *Journal of Law and Economics*, Vol. 14, 1971, pp. 371-383.

Berger, P., E. Ofek, "Diversifieation's Effect on Firm Value", *Journal of Financial Economics*, No. 37, 1995, pp. 39-65.

Berger, P. G., Ofek, E., "Causes and Effects of Corporate Refocusing Programs", *Review of Financial Studies*, Vol. 12, No. 2, 1999, pp. 311-345.

Bergh, D. D., "Predicting Diverstiture of Unrelated Acquisitions: An Integrative Model of Ex Ante Conditions", *Strategic Management Journal*, Vol. 18, No. 9, 1997, pp. 715-731.

Berle, A., Means, G., *The Mordern Corporation and Private Property*, New York: MacMillian, 1932.

Berry, C., "Corporate Diversification and Market Structure", *Bell Journal of Economics and Management Science*, No. 5, 1974, pp. 196-204.

Berry, C. H., "Corporate Growth and Diversification", *Journal of Law and Economics*, Vol. 14, 1971, pp. 371-383.

Bettis, R. A., Hall, W. K., "Diversification Strategy, Accounting Determined Risk, and Accounting Determined return", *Strategic Management Journal*, Vol. 25, No. 2, 1982, pp. 254-264.

Bettis, R. A., "Performance Difference in Related and Unrelated Diversified Firms", *Strategic Management Journal*, Vol. 2, No. 4, 1981, pp. 379-393.

Blundel, R., Bond, S., "Initial Conditions and Moment Restrictions in Dynamic Panel Data Models", *Journal of Econometrics*, 1998, pp. 115-143.

Bromiley, P., Cummings, L. L., "Transactions Costs in Organizations with Trust", *Research on Negotiation in Organizations*, Vol. 5, 1995, pp. 219-250.

Busenitz, L. W., et al., "Country Institutional Profiles: Unlocking Entrepreneurial Phenomena", *Academy of Management Journal*, 2000, pp. 994-1003.

Campa, J. M., Kedia, S., "Explaining the Diversification Discount", Unpublished Manuscript, Harvard Business School, No. 4, 1999.

Campa, J. M., S. Kedia., "Explaining the Diversification Discount", *Journal of Finance*, Vol. 57, No. 4, 2002, pp. 1931-1962.

Cassano, J., "The Link between Corporate Strategy, Organization, and Performance Chap. 7", in Babian, H. and H. Glass eds., *Handbook of Business Strategy*, 1987.

Caves, R., "Diversifieation and Seller Coneentration: Evidence from Changes, 1963 - 1972", *Review of Economics and Statistics*, Vol. 63, 1981, pp. 289-293.

Caves, R. E., et al., *Competition in the Open Economy: A Model Applied to Canada*, Cambridge, MA: Cambridge University Press, 1980.

Chandler, A. D., *Strategy and Structure: Chapters in the History of the American Industrial Enterprise*, Cambridge, MA: MIT Press, 1962.

Chandler, A., *The Visible Hand*, Belknap Press, 1977.

Chang, Y., Thomas, H., "The Impact of Diversification Strategy on Risk - Return Performance", *Strategic Management Journal*, Vol. 10, No. 3, 1989, pp. 271-284.

Chartterjee, S., "Excess Resources and Mode of Entry: Theory and Evidence", *Academy of Management Journal*, Vol. 33, 1990, pp. 780-800.

Chatterjee, S., Harrison, J. S., Bergh, D. D., "Failed Takeover Attempts, Corporate Governance and Refocusing", *Strategic Management Journal*, Vol. 24, No. 1, 2003, pp. 87-96.

Chatterjee, S., Wernerfelt, B., "Related or Unrelated Diversification: A Resource based Approach", *Academy of Management Best Paper Proceedings*, Vol. 12, No. 7, 1988, pp. 7-11.

Coase, R. H., "The Nature of the Firm", *Economica*, Vol. 4, No. 16, 1937, pp. 386-405.

Comment, R., Jarrell, G. A., "Corporate Focus and Stock Returns", *Journal of Financial Econmonics*, No. 37, 1995, pp. 67-87.

Davis, P. S., et al., "Business Unit Relatedness and Performance: A Look at the Pulp and Paper Industry", *Strategic Management Journal*, Vol. 13, No. 5, 1992, pp. 349-361.

Dubofsky, P., Varadarajan, P., "Diversification and Measures of Performance: Additional Empirical Evidence", *Academy of Management Journal*, Vol. 13, 1987, pp. 597-608.

Fama, E. F., Jensen, M. C., "Agency Problems and Residual Claims", *Journal of Law & Economics*, Vol. 26, 1983, p. 327.

Gibbons, R., K. Murphy, "Optimal Incentive Contracts in the Presence of Career Concerns: Theory and Evidence", *Journal of Political Economy*, Vol. 100, No. 3, 1992, pp. 2479-2506.

Gollop, F. M., Monahan, J. L., "A Generalized Index of Diversification: Trends in U. S. Manufacturing", *Review of Economics and Statistic*, Vol. 73, 1991, pp. 318-330.

Goold, M., et al., *Strategy and Styles, The Role of the Center in Diversified Corporations*, Basil Blackwell, Oxford, 1986.

Goold, M., Luchs, K., "Why Diversify? Four Decades of Management Thinking", *Academy of Management Executive*, Vol. 7, No. 3, 1993, pp. 7-25.

Gort, M., *Diversification and Integration in American Industry*, Princeton, N. J.: Princeton University Press, 1962, p. 128.

Graham, J., et al., "Does Corporate Diversification Destroy Value", *Journal of Finance*, No. 2, 2002, pp. 695-720.

Grant, R., et al., "Diversity, Diversification, and Profitability among British Manufacturing Companies", *Academy of Management Journal*, Vol. 13, 1882, pp. 771-801.

Grant, R., *Contemporary Strategy Analysis*, Oxford: Blackwell, 1998.

Greenwood, R., et al., "Theorizing Change: The Role of Professional Associations in the Transformation of Institutionalized Fields", *Academy of Management Journal*, 2002, pp. 58-80.

Hadlock, C., et al., *Corporate Structure and Equity Offerings: Are There Benefits to Diversification*, Journal of Business in Press, 2002.

Hill, C. W. L., et al., "Corperative and Competitive Structures in Related and Unrelated Diversified Firms", *Organization Science*, Vol. 3, 1992, pp. 510-521.

Hitt, M. A., et al., "A Mid-Range Theory of the Interactive Effects of International and Product Diversification on Innovation and Performance", *Journal of Management*, Vol. 20, No. 2, 1994, pp. 297-326.

Hoskisson, R., et al., "Construct Validity of an Objective (Entropy) Categorical Measure of Diversification Strategy", *Strategic Management Journal*, Vol. 14, No. 3, 1993, pp. 215-235.

Hoskisson, R. E., et al., "Corporate Divestiture Intensity in Restructuring Firms: Effects of Governance, Strategy, and Performance", *Academy of Management Journal*, 1994, pp. 1207-1251.

Hyland, D., *Why Firms Diversify: An Empirical Examination*, Unpublished manuscript, University of Texas at Arlington, 1999.

Ingram, P., et al., *The New Institutionalism in Strategic Management*, JAI; 2002.

Jacquemin, A., Berry, C., "Entropy Measure of Diversification and Corporate Growth", *Journal of Industrial Economics*, Vol. 27, 1979, pp. 359-369.

James Robin, "A Resource-based Approach to the Multibusiness

Firm: Empirical Analysis of Portfolio Interrelationships and Corporate Financial Performance", *Strategic Management Journal*, Vol. 5, No. 4, 1995, pp. 277-299.

Jensen, M. C, Ruback, R. S., "The Market for Corporate Control: The Scientific Evidence", *Journal of Financial Economics*, Vol. 11, 1983, pp. 5-50.

Jensen, M. C., Meckling, W. H., "Agency Costs of Free Cash Flow, Corporate Finance and Takeovers", *Ameriean Eeonomic Review*, Vol. 76, 1999, pp. 323-339.

Jensen, M. C., Meckling, W. H., "Theory of the Firm: Managerial Behavior, Agency Costs and Ownership Structure", *Journal of Financial Economics*, Vol. 3, No. 4, 1976, pp. 305-360.

John, Ofek, "Asset Sales and Increases in Focus", *Journal of Financial*, Vol. 37, 1995, p. 105.

Jung, J., Chan-Olmsted, S. M., "Impacts of Media Conglomerates' Dual Diversification on Financial Performance", *Journal of Media Economics*, Vol. 18, No. 3, 2005, pp. 183-202.

Kahneman, D., Tversky, A., "Prospect Theory: An Analysis of Decisions under Risk", *Econometrica*, Vol. 47, 1979, pp. 262-291.

Khanna, N., Palepu, K., "Why Focused Strategies May Be Wrong for Emerging Markets", *Harvard Business Review*, Vol. 75, 1997, pp. 41-48.

Khanna, N., Palepu, K., *Coproarte Scope and Institutional Context: An Empirical Analysis of Diversified Indian Business Groups*, Unpublished Manuscript, Harvard University, 1999.

Khanna, T., Palepu, K., "Is Group Affliction Profitable in Emerging Markets, An Analysis of Diversified Indian Business Groups", *Journal of Finance*, Vol. 5, 2002, pp. 867-891.

Khanna, T., Rivkin, J. W., "Estimating the Performance Effects of Business Groups in Emerging Markets", *Strategic Management Journal*, Vol. 22, No. 1, 2001, pp. 45-74.

Kreye, T. R. , *The Impact of Corporate Industrial and International Diversification on Firm Value: Evidence from Germany*, The University of St. Gallen, Doctor Dissertation, 2007.

Lamont, O. A. , Polk, C. , "Financial Constraints and Stock Returns", *The Review of Financial Studies*, Vol. 14, No. 2, 2002, pp. 529-554.

Lamont, O. , Polk, C. , *The Diversification Discount: Cash Flows vs. Returns*, Unpublished Manuscript, University of Chicago, 1999.

Lang, L. , et. al. , "Corporate Diversifieation and Firm Performance", *Journal of Political Economy*, No. 102, 1992, pp. 1248-1280.

Levit, T. , "Dinosaurs among the Bears and Bulls", *Harvard Business Review*, No. 53, 1975, pp. 41-53.

Lewellen, W. G. , "A Pure Financial Rationale for the Conglomerate Merger", *Journal of Finance*, No. 26, 1971, pp. 521-537.

Li, M. , et al. , "Diversification and Economic Performance: An Empircal Assessment of Chinese Firms", *Asia Pacific Journal of Management*, Vol. 20, No. 2, 2003, pp. 243-265.

Li, S. X. , Greenwood, R. , "The Effect of within Industry Diversification on Firm Performance Synergy Creation, Multi-market Contect and Market Structuration", *Strategic Management Journal*, Vol. 25, 2004, pp. 1131-1153.

Lubatkin, M, Chatterjee, S. , "Extending Modern Portfolio Theory into the Domain of Corpoate Diversification: Does it Apply?", *Academy of Management Journal*, Vol. 37, No. 1, 1994, pp. 109-136.

Lubatkin, M. , O'Neill, H. M. , "Merger Strategies and Capital Market Risk", *Academyof Management Journal*, 1987, pp. 665-684.

MacDonald, J. M. R. "D and the Directions of Diversification", *The Review of Economics and Statistics*, Vol. 67, No. 4, 1985, pp. 583-590.

Mahoney, J. T. , Pandian, J. R. , "The Resource-based View within the Conversation of Strategic Management", *Strategic Management Journal*, Vol. 13, No. 5, 1992, pp. 363-380.

Makino, S., et al., "Dose Country Matter?", *Strategic Management Journal*, Vol. 25, No. 10, 2004, pp. 1027-1043.

Maksimovic, V., Philips, G., "Do Conglomerate Firms Allocate Resources Efficiently", *Journal of Finance*, 2001.

Mansi, S. A., Reeb, D. M., "Corporate Diversification: What Gets Discounted", *Journal of Finance*, Vol. 57, 2002, pp. 2167-2183.

Markides, C., "Consequences of Corporate Refocusing: Exante Evidence", *Academy of Management Journal*, Vol. 35, 1992, pp. 398-412.

Markides, C., "The Economic Characteristics of De-diversifying Firms", *British Journal of Management*, Vol. 3, 1992, pp. 91-100.

Martin, J., A. Sayrak, "Corporate Diversification and Shareholder Value: A Survey of Recent Literature", *Journal of Corporate Finance*, No. 9, 2003, pp. 37-57.

Michel, A., Shaked, I., "Multinational Corporations vs. Domestic Corporations: Financial Performance and Characteristics", *Journal of International Busines Studies*, Vol. 17, No. 3, 1986, pp. 89-100.

Montgomery, C. A., "Product-market Diversification and Market Power", *Academy of Management Journal*, Vol. 28, No. 4, 1985, pp. 789-798.

Montgomery, C. A., "The Measurement of Firm Diversification: Some New Empirical Evidence", *Academy of Management Journal*, Vol. 25, 1982, pp. 299-307.

Morck, R., et al., "Management Ownership and Market Valuation: An Empirical Analysis", *Journal of Financial Economics*, No. 20, 1988, pp. 293-315.

Muller, D. C., "A Life Cycle Theory of the Firm", *Journal of Industrial Economics*, Vol. 20, No. 3, 1972, pp. 199-220.

Muller, D. C., "A Theory of Conglomerate Mergers", *Quarterly Journal of Economics*, No. 83, 1969, pp. 643-659.

Myers, S. C., "Determinants of Corporate Borrowing", *Joumal of Financial Economics*, No. 5, 1977, pp. 147-175.

Nathason, D. A. J. C., "What Happens to Profits When a Company Diversifies?", *Wharton Magazine*, Summer, 1982, pp. 19-26.

Nayyar, R. R., "On the Measurement of Corporate Diversification Strategy: Evidence from Large U. S. Service Firms", *Strategic Management Journal*, Vol. 13, No. 3, 1992, pp. 219-235.

Newman, K. L., "Organizational Transformation during Institutional Upheaval", *Academy of Management Review*, 2000, pp. 602-619.

North, D. C., *Institutions, Institutional Change, and Economic Performance*, Cambridge University Press, 1990.

Orlando Richard, B. M. A. K., "The Impact of Racial Diversity on Intermediate and Long-term Performance: The Moderating Role of Environmental Context", *Strategic Management Journal*, No. 28, 1992, pp. 1213-1233.

Osorio, D. B., et al., "Four Decades of Research on Product Diversification: A Literature Review", *Management Decision*, Vol. 50, No. 2, 2012, pp. 325-344.

Palepu, K., "Diversification Strategy, Profit Performance and the Entropy Measure", *Strategic Management Journal*, Vol. 6, No. 3, 1985, pp. 239-255.

Palich, L. E., et al., "Curvilinearity in the Diversification-performance Linkage: An Examination of over Three Decades of Research, *Strategic Management Journal*, Vol. 21, No. 2, 2000, pp. 155-174.

Park, C., "Prior Performance Characteristics of Related and Unrelated Acquirers", *Strategic Management Journal*, Vol. 24, No. 3, 2003, pp. 471-480.

Park, C., "The Effect of Prior Performance on the Choice between Related and Unrelated Acquisitions: Implications for the Perfoemance Consequences of Diversification Strategy", *Journal of Management Studies*, Vol. 39, No. 7, 2002, pp. 1003-1019.

Peng, M. W., et al., "What Determines the Scope of the Firm over Time? A Focus on Institutional Relatedness", *Academy of Management Review*, Vol. 30, No. 3, 2005, pp. 622-633.

Peng, M. W., "Institutional Transitions and Strategic Choices", *Academy of Management Review*, Vol. 28, No. 2, 2003, pp. 275-296.

Penrose, E. T., *The Theory of the Growth of the Firm*, Oxford: Oxford University Press, 1959.

Peters, T., R. H. Waterman, *In Search of Excellence*, New York: Harper&Row, 1982.

Pitts, R. A., D. H. Hopkins, "Firm Diversity: Conceptu Alization and Measurement", *Academy of Management Review*, Vol. 7, No. 4, 1982, pp. 620-629.

Prahalad, C., Hamel, G, "The Core Compentency of a Corporation", *Harvard Business Review*, Vol. 68, No. 3, 1990, pp. 79-91.

Qian, G. M., et al., "The Performance Implications of Intra-and Inter-regional Geographic Diversification", *Strategic Management Journal*, Vol. 31, No. 9, 2010, pp. 1018-1030.

Rajan, R., et al., "The Cost of Diversity: The Diversification Discount and Inefficient Investment", *The Journal of Finance*, Vol. 55, No. 1, 2000, pp. 35-80.

Ramanujan, V., P. Varadarajam, "Research on Corporate Diversification: A Synthesis", *Strategic Management Journal*, Vol. 10, No. 6, 1989, pp. 523-551.

Ramaswamy, K., et al., "Variations in Ownership Behavior and Propensity to Diversify: A Study of the Indian Corporate Context", *Strategic Management Journal*, Vol. 23, No. 4, 2002, pp. 345-358.

Reed, R., Luffman, G A., "Diversification: The Growing Confusion", *Strategic Management Journal*, Vol. 7, No. 1, 1986, pp. 29-35.

Rhoades, S., "The Effect of Diversification Onf Industry on Industry Profit Performance: 1963", *Review of Economics and Statistecs*, No. 55, 1973, pp. 146-155.

Ruekert, R. W., et al., "The Organization of Marketing Activities: A Contingency Theory of Structure and Performance", *Journal of Marketing*, No. 9, 1985, pp. 13-25.

Rumelt, R. R., *Strategy, Structure, Economic Performance*, Boston, Harvard University Press, 1974.

Scharfstein, D. S., Stein, J. C., "The Dark Side of Internal Capital Markets: Divisional Rent-seeking and Inefficient Investment", *The Journal of Finance*, Vol. 55, No. 6, 2000, pp. 2537-2564.

Scott, R. *Institutions and Organizations*, Thousand Oaks, CA: Sage Publications, 1995.

Servaes, H., "The Value of Diversification during the Conglomerate Mergerwave", *Journal of Finance*, Vol. 11, No. 4, 1996, pp. 1201-1226.

Shleifer, A. and Vishny, R. W., "Politicians and Firms", *The Quarterly Journal of Economics*, Vol. 109, No. 4, 1994, pp. 995-1025.

Simmonds, P. G., "The Combined Diversification Breadth and Mode Dimensions and the Performance of Large Diversified Firms", *Strategic Management Journal*, Vol. 11, No. 9, 1990, pp. 399-410.

Staudt, T. A., "Program for Product Diversification", *Harvard Business Review*, No. 32, 1954, pp. 121-131.

Stein, J., "Internal Capital Markets and the Competition for Corporate Resources", *Journal of Finance*, Vol. 52, 1997, pp. 111-133.

Stipert, J. L. & Duhaime, I. M., "Seeing the Big Picture: The Influence of Industry, Diversification, and Business Strategy on Performance", *Academy of Management Journal*, Vol. 40, No. 3, 1997, pp: 560-583.

Stulz, R., "Managerial Discretion and Optimal Financing Policies", *Journal of Financial Economics*, Vol. 26, No. 1, 1992, pp. 3-27.

Tanriverdi, H. et al., "Knowledge Relatedness and Performance of Multibusiness Firms", *Strategic Management Journal*, Vol. 26, No. 2, 2005, pp. 85-108.

Teece, D. J., "Ecoonomics of Scope and the Scope of the Enterprise", *Journal of Economic Behavior and Organization*, Vol. 80, No. 1, 1980, pp. 223-247.

Teece, D. J., "Towards an Economic Theory of the Multiproduct

Firm", *Journal of Economic Behavior and Organization*, Vol. 3, No. 3, 1982, pp. 39-63.

Van Kranenburg, H., et al., "Measurement of International and Product Diversification in the Publishing Industry", *Journal of Media Economics*, Vol. 17, No. 2, 2004, pp. 87-104.

Varadarajan, P., "Product Diversity and Firm Performance: An Empirical Investigation", *Journal of Marketing*, No. 3, 1986, pp. 43-57.

Villalonga, B., *Diversification Discount or Premium? New Evidence from BITS Establishment - level Data*, Unpublished Manuscript, Anderson Graduate School of Management, University of California, Los Angeles, 2000.

Wernerfelt, B., C. Montgomery, "Tobin's Q and the Importance of Focus in Firm Performance", *American Economic Review*, No. 78, 1988, pp. 247-250.

William, L. et al., "The Determinants of Posituve Long-term Performance in Strategic Mergers: Corpoeate Focus and Cash", *Journal of Banking Finance*, No. 3, 2004, pp. 523-552.

Williams, J., et al., "Conglometrate Revisited", *Strategic Management Journal*, Vol. 9, No. 5, 1988, pp. 403-414.

Williamson, et al., *Analysis and Antitrust Implications: A Study in the Economics of Internal Organization*, New York: Free Press, 1975.

Williamson, O. E., *The Ecomomic Institutions of Capitalism: Firms, Markets and Relational Contracting*, New York: Free Press, 1985.

Wrigley, L. W., *Divisional Autonomy and Diversification*, Cambridge: Harvard Business School, 1970.